KATHRYN S. BLAIR

Breve relato de la historia de México

punto de lectura

Breve relato de la historia de México
D.R. © Kathryn S. Blair , 2011

 punto de lectura

De esta edición:

D.R. © Santillana Ediciones Generales, SA de CV
Av. Río Mixcoac 274, Col. Acacias
CP 03240, México, D.F.
Teléfono: 54-20-75-30
www.puntodelectura.com.mx

Primera edición en Punto de Lectura (formato MAXI): mayo de 2011

ISBN: 978-607-11-1134-0

Diseño de cubierta:

Impreso en México

KATHRYN S. BLAIR

Breve relato de la historia de México

punto de lectura

Agradecimiento

A Guadalupe Jiménez, gran historiadora y amiga, por leer y corregir el texto, así como añadir las notas explicativas.

A Rosa Fernández de Petrovich, excelente traductora y amiga de siempre.

MÉXICO: CONTRUYENDO UNA NACIÓN

Introducción

He vivido en México durante setenta años. México ha sido y es mi "tierra", mi ancla. Nací en Cuba y llegué aquí con mis padres norteamericanos cuando tenía tres años de edad. Mi esposo es mexicano y tenemos hijos, nietos y bisnietos a ambos lados de la frontera.

Crecí en dos mundos: el de la cultura cálida donde el tiempo se mide por lo que es importante en ese momento, donde las prioridades cambian y uno se ajusta a las circunstancias; el otro mundo, el anglosajón, era de reglas y planeación estricta.

De niña me sentía atraída por los remedios mágicos de la hierbera, el aroma de la cera y la tenue luz de las veladoras en una iglesia oscura, el olor irresistible de las fritangas en cualquier esquina y la alegre música de la marimba o el organillo. Si se me perdía algo, sabía que podía recurrir a San Antonio, poniéndolo boca abajo en casa de mi mejor amiga mexicana. Se rezaba una oración especial y su poder mágico hacía que aparecieran los objetos perdidos. (A San Antonio no le importaba que fueras anglicana.)

El Colegio Americano en el que estudié era una mezcla de acentos y un encuentro de etnias donde no importaba si eras blanco, moreno o amarillo (asistían alumnos de muchas embajadas). Detenerme a mirar el escaparate de una tienda u observar cómo hacía sus gracias el mono de un organillero me hacía llegar casi siempre tarde, pero la impuntualidad era normal con los amigos. En México muchos días transcurrían sin las restricciones de un programa preestablecido. Se encontraba una respuesta espontánea a la circunstancia del momento.

Mi México anglosajón se resumía en los comentarios de frustración que expresaban mi padre y sus amigos al compartir nuestra mesa. "¿Porqué no pueden hacer las cosas bien?", "Se comprometen a algo y luego hacen lo que les da la gana". Los temas favoritos eran la corrupción imperante, "la mentalidad del mañana" y la falta de mantenimiento. Sin embargo, mi padre comentaba con admiración: "Da un alambre a un mexicano y podrá arreglar cualquier cosa". Si los invitados eran mexicanos, se oían grandes quejas y críticas del gobierno, pero algún chiste espontáneo acababa con el asunto, y se veía un encogimiento de hombros que significaba: "Así es, pasemos a otra cosa".

La experiencia mexicana dejó siempre una marca indeleble y una nostalgia inexplicable en el corazón de muchos de mis amigos estadounidenses y aunque mi padre siempre decía que "el país de Dios está al Norte del Río Grande", nunca se fue de México. Murió aquí a la edad de noventa y siete años.

Como observadora y participante de la vida mexicana siempre he admirado la habilidad de los mexicanos para adaptarse a las circunstancias. Como estudiosa de la Historia de México, me maravilla ver los conflictos que este país ha sobrevivido. México es antiguo, pero todavía está en proceso de surgir y tratar de definirse a sí mismo. Como los muros exteriores del templo mayor en la antigua Capital Azteca, México ha crecido a base de estratos. Nada parece estar acabado o ser permanente. Con una población que sobrepasa los veinte millones, la Ciudad de México sigue creciendo en un estado de constantes cambios. Las calles que van en una dirección hoy, pueden ir en sentido contrario mañana.

Para muchos extranjeros, México presenta contrastes difíciles de entender: riqueza excesiva y pobreza extrema, altos edificios y chozas, una clase bien educada, capaz, que ha viajado al extranjero y campesinos hambrientos y analfabetas.

Hoy en día sobreviven cincuenta y tres lenguas y dialectos indígenas, pero la población indígena pura está en vías de extinción. La conquista forjó una nueva clase de mexicano, el mestizo, mezcla principalmente de la cultura española e indígena, y de varios matices en el color de su piel. Tras la Independencia, permanecieron en México inversionistas norteamericanos y europeos que se agregaron a la mezcla y, desde entonces, personas de muchas partes del mundo son ahora mexicanas. La población se compone de cerca de ciento diez millones de habitantes, habla un lenguaje común, el español, y profesa mayormente una religión, la católica. Sin embargo, no se comparte la riqueza de igual manera. La delgada capa superior la ocupan los extremadamente ricos (Carlos Slim, el hombre mas rico del mundo, según los 400 de Forbes, es mexicano). La capa inmediatamente inferior comprende la clase media alta y baja, ambas emergentes. Bajo ellas, el cincuenta por ciento de la población total está formada por las clases rurales y urbanas, mal pagadas, poco o nada educadas y que luchan por sobrevivir y alimentar a sus familias. Tanto para los profesionistas bien preparados como para la clase baja agobiada por la pobreza, la perspectiva del otro lado de la frontera se presenta como el mitológico Valhalla.

Cerca de doce millones de mexicanos, legales e ilegales, viven hoy en día en los Estados Unidos. Estos inmigrantes han agregado un nuevo sabor al melting pot americano: el chile. Actualmente se puede encontrar comida mexicana en cualquier supermercado y abundan los restaurantes mexicanos en ciudades como Los Ángeles, Chicago, Nueva York, etcétera.

A diferencia de los primeros inmigrantes europeos que crearon el melting pot estadounidense, los mexicanos han conservado su cultura y su idioma, y sólo tienen que volver a cruzar la frontera para revitalizar sus vínculos. Las estaciones de radio emiten canciones mexicanas, las telenovelas se difunden en español. En ciudades como Los Ángeles y San Antonio se escucha tanto español como inglés. Muchas librerías ofrecen libros en español y muchas palabras españolas ya se han infiltrado en el idioma inglés.

Durante muchas generaciones, los vecinos al norte de la frontera enfocaron su mirada a través del Atlántico e ignoraron a sus vecinos del otro lado del Río Grande. Hoy saben que el Río Grande no es tan grande y que los mexicanos saben nadar. Se han suscitado debates a cada rato en el Congreso de Estados Unidos para ver qué se hace con los inmigrantes que continúan fluyendo a través de ese río y toda la frontera. Pero nada se resuelve. Los problemas son múltiples y, aunados al tráfico de drogas, hoy en día representan un gigantesco dolor de cabeza para ambos países. Solamente entendiendo los problemas que afectan a ambas naciones, y teniendo la voluntad de trabajar conjuntamente para resolverlos se podrán encontrar soluciones viables.

Cuando salí de México a terminar la Preparatoria en los Estados Unidos, aprendí lo que es un choque cultural. Para los estadounidenses, México era como las ciudades fronterizas: caminos de tierra, perros sarnosos y niños semidesnudos. No podían creer que "mi México" era una ciudad de volcanes y pirámides, de teatros, ópera, un castillo, hermosos jardines y compañeros de escuela de todo el mundo. Me prometí a mi misma que algún día ayudaría corregir esa ignorancia.

El conocer la historia de un país ayuda a conocer a su gente. En este contexto he escrito "mi" historia de México. He tratado de ser fiel a la historia correcta pero también he agregado cortas escenas noveladas para darle sabor cotidiano a la narración. Espero que ayude al lector a entender lo que ha tenido que superar México para construir su nación.

Kathryn Skidmore Blair,
Ciudad de México, 2010

PRÓLOGO

Existe una frontera de casi tres mil kilómetros entre México y los Estados Unidos, y al sur de esa frontera hay una historia de más de cinco mil años. Los españoles conquistaron México cien años antes de que los padres peregrinos (pilgrims) del Mayflower desembarcaran en Massachusetts. En la parte norte de America habitaban indios nómadas en su mayoría, mientras que ya antes de la conquista habían surgido y desaparecido señoríos indígenas en México.

¿Quiénes eran esos polifacéticos mexicanos? Las máscaras y esculturas de su antiguo pasado nos muestran facciones asiáticas, negras, semíticas e incluso caucásicas. Con orígenes misteriosos, la cultura mesoamericana todavía hoy desconcierta a arqueólogos y antropólogos. Una cosa es cierta, sin embargo: México, la nación que conocemos actualmente, nació del fuego y se forjó en trescientos años de dominio español.

Desde la conquista en 1521, el México indígena fue moldeado y cincelado para llegar a convertirse en una nación de raza mixta y cultura europea al lograr su independencia en 1821. Tras un siglo de conflictos, luchas de poder, invasión de su territorio por los Estados Unidos y por Francia, una guerra civil, una larga dictadura y una revolución devastadora, se empezó a construir finalmente la estabilidad en los años veinte.

La historia de México es una crónica de constante transformación. Con la llegada del nuevo milenio el país ha vivido otro gran cambio. La elección de 2000 fue la primera vez en su historia que México vive una transición democrática de gobierno. Vicente Fox, candidato de la oposición, ganó la elección. Rompió la base del partido único (el PRI) que había gobernado al país durante setenta y un años a partir de la Revolución. Hoy en día México vive un periodo importantísimo, la transición de un gobierno totalitario a una incipiente democracia. Nuevos partidos se han formado, nuevos retos enfrentan su gobierno y sus ciudadanos —en especial los innegables magnos problemas de la economía y la droga—. Pero México es una nación joven, dinámica y como su historia muestra, sabe enfrentar adversidades, sobrevivir y levantarse.

Profundizar y estudiar las distintas épocas del pasado constituye una ardua labor. La historia ha sido hecha por los pueblos y escrita del punto de vista de quien la concibe. Pero en una cosa todos estamos de acuerdo: la historia no se limita a los perímetros geográficos. Los acontecimientos que suceden en un lugar pueden afectar a otro punto de la tierra. En este contexto, les invito a traspasar la relación lineal de fechas y datos y saborear la magia que caracteriza México.

CAPITULO 1

Desde la creación de la Tierra, fuerzas misteriosas se han agitado en su núcleo y fenómenos cósmicos la han afectado periódicamente. Desde que el hombre logró caminar erecto, miró hacia el cielo con asombro y fascinación, a partir de entonces continúa maravillándose ante esa bóveda celestial.

Los pueblos indígenas de México miraban siempre hacia arriba, hacia el cielo: la morada de los dioses que regían los elementos de los que dependía su existencia. El español del siglo XVI enfocaba su atención hacia abajo, hacia la tierra, buscando respuestas materiales. Su Dios había caminado por el mundo.

EL ENTORNO

Desde la punta austral de Sudamérica, la imponente cordillera de los Andes bordea la costa del Pacífico y corre hacia el norte, desde las cumbres nevadas hasta el Ecuador. En el Istmo de Panamá desciende hacia el mar, levantándose de nuevo, forma volcanes y altas montañas a través de Centroamérica; ahí comienza a ensancharse América del Norte y esta impresionante cadena montañosa se divide en dos ramales: La Sierra Madre Oriental y la Sierra Madre Occidental, creando entre ellas una vasta meseta.

Al cortar sus escarpadas y abruptas rutas a través de México, estas imponentes cadenas dividen al país en regiones aisladas, separadas y distintas. A consecuencia de ello se formaron más de ciento sesenta lenguas y culturas diferentes. El mismo paralelo y la misma montaña albergan alturas de nubes perpetuas y junglas tropicales. Campos de maíz crecen en las laderas verticalmente, desafiando la ley de la gravedad.

Norte árido, sur verdeante, montañas precipitándose hacia amplias playas tropicales y frondosas selvas. Tormentas violentas azotan el Golfo de México, mientras cálidas brisas acarician las costas del Pacífico. Valles escondidos están protegidos por montañas, entre cañones y profundas barrancas. Pocos lagos pequeños, y aún menos, ríos, navegables sólo en cortos tramos. Suelo desnudo y estéril en las áreas planas y polvorientas, barrido por tormentas de arena e inundaciones intempestivas, tierras áridas y restos de erupciones volcánicas donde abundan los cactus y los matorrales espinosos. Al cruzar un barranco, un arroyo alimenta un valle exuberante. El agua es escasa en gran parte del territorio. Densos bosques de pinos cubren parte de la ladera de una montaña, y de erosionados declives, la otra. Un mosaico de altitudes, vegetación diversa y climas contrastantes constituyen esta parcela del planeta, llamada México.

LAS PRIMERAS CULTURAS MESOAMERICANAS

Hace unos siete mil años, nómadas y cazadores-recolectores circulaban por todo México. Hacia el año 3000 a. C., empezaron a asentarse como pueblos. El primero en dejar alguna evidencia importante de su existencia en Mesoamérica fue un pueblo desconocido: los olmecas.

En el 1200 a. C., los olmecas se asentaron en los bosques de las tierras bajas a lo largo de la costa del Golfo de México, donde el continente norte se estrecha en forma de embudo. Su religión se basaba en el mundo natural y cósmico, y el poderoso jaguar era su dios. Crearon grandes centros ceremoniales, idearon un calendario y construyeron canales de irrigación. Se dice que es la cultura madre, dado que a partir de ellos se desarrollaron otras civilizaciones que extendieron su influencia hacia el norte, hasta el Valle de Anáhuac, donde se asienta la Ciudad de México hoy en día.

En el estado de Tabasco, al sur, los Olmecas dejaron cabezas de piedra gigantescas, para asombro y perplejidad de futuros arqueólogos. Esculpidas en basalto y de casi tres metros de altura, estas cabezas presentan características extraordinarias: cascos, gruesos labios, narices anchas y ojos oblicuos. Todavía hoy se debate el origen de este extraordinario pueblo.

En la parte más meridional de México surge la península de Yucatán. Las aguas tranquilas y claras del Caribe bañan sus costas. Olas color turquesa acarician sus blancas playas y la selva tropical techa la jungla contigua que cubre cualquier vestigio humano. En este lugar floreció y desapareció la gran civilización maya, descendiente de la cultura olmeca.

En algunos valles fértiles existen rastros que datan del año 2000 a. C. Pero fue en el periodo clásico de la historia pre-colombina, entre 250 y 900 a. C., cuando se desarrolló y floreció esta gran civilización hasta alcanzar su cénit. Abarcando una amplia área, una geografía diversa, y vegetación y recursos minerales varios, la necesidad de comerciar se hizo imprescindible para los pueblos mayas. Se creó una red compleja de ciudades-estado,[1] con sus templos de piedra surgiendo por encima de la bóveda de la jungla. Senderos de blanca arena conectaban ciudades que abarcaban Yucatán, Quintana Roo y Chiapas en México, toda Guatemala y partes de El Salvador, Honduras y Belize en Centroamérica.

Los señores de estas ciudades-estado reivindicaban su linaje heredado de los dioses. Su gran destreza como arquitectos y astrónomos les llevó a desarrollar un calendario tan exacto como el actual. Su uso del cero y sus cálculos matemáticos preceden a los conocimientos indostanos. El cero es la nada de la cual todo empieza. La religión, el arte, la política y la guerra tejían el patrón vital de los mayas. Leían el futuro observando los ciclos cósmicos: las cosechas se sembraban, crecían y se recolectaban al repetirse las estaciones, cada una nutriendo a la otra, como el nacimiento y la muerte. El hombre nace de la tierra, pero aspira al cielo. Creían que su tránsito aquí es para aportar luz al misterio de la existencia. Tal como los antiguos egipcios, los mayas desarrollaron un complejo sistema de escritura pictográfica. La historia debía ser preservada para predecir el futuro; para comprender su destino creían que el hombre debía estudiar el cosmos. Ahí estaba escrito el futuro.

Mientras tribus migratorias se asentaban y prosperaban en las mesetas de México, la jungla se apoderó de la civilización maya; su desaparición no ha sido todavía explicada satisfactoriamente.

Hacia el principio del primer milenio d. C. en la alta planicie central surgieron y empezaron a dominar la región nuevos centros agrícolas, sociales y religiosos. La

---

[1] La ciudad-estado se denominaba *altepetl*.

gran metrópoli de Teotihuacan floreció y decayó en este periodo clásico. Estos maestros de la construcción edificaron dos grandes pirámides dedicadas al sol y la luna, respectivamente, que dominaban el centro ceremonial de varios kilómetros cuadrados.

En Oaxaca, los agricultores mixtecos y zapotecos utilizaban sistemas de irrigación y trazaban los movimientos celestiales. Para fines del milenio el esplendor de ambas civilizaciones había pasado.

Durante unos tres mil años diversas culturas dejaron magníficas estructuras desde los valles del altiplano hasta la región tropical de México; la Venta en el estado de Tabasco, Tajín en Veracruz, Teotihuacan y Tula cerca de la Ciudad de México, Monte Albán y Mitla en Oaxaca, Palenque, Uxmal, Chichén Itzá y Tulum en la península de Yucatán, son sólo algunas de las principales. Pero lo más importante es que dejaron profundas huellas en la psique del pueblo mexicano.

¿Quiénes eran estos pueblos? ¿Cómo llegaron? Muchos estudiosos han especulado que podrían ser tribus asiáticas que atravesaron la parte norte del mundo por el Estrecho de Bering y emigraron durante miles de años hacia climas más benignos. Thor Heyerdahl sugiere que los pueblos que se asentaron en el Golfo llegaron en balsas desde África del Norte. ¿Podrían ser los mayas la tribu perdida de Israel? ¿Cruzaron algunos el Pacífico desde la India o China? Una cosa es cierta: estos clanes, tribus e imperios crearon su propio mundo, ellos mismos y por sí mismos. Hasta el día en que llegaron los españoles, no conocían otro mundo.

En México, un país de geografía áspera y dura, la altitud cuenta más que la latitud; región fría en la cima de la montaña y caliente en la base. En la vasta extensión de la República, un lugar es privilegiado sobre todos los otros: el altiplano central, una meseta surgida del rigor volcánico hace miles de años cuando la Sierra Madre se dividió en dos ramales. Como una herradura gigantesca, el valle de Anáhuac corona la llanura central. Dos volcanes de cimas nevadas adornan el panorama proyectando su silueta abrupta contra el cielo anteriormente azul intenso, cristalino y transparente. Cinco lagos poco profundos relfejan las montañas que se alzan desde el valle. La luz del día palidece rápidamente cuando el sol irrumpe en el cielo en una explosión de gloria y desaparece.

El Valle de Anáhuac se llama hoy el Valle de México. Inviernos y primaveras secos transforman el verde paisaje en ocre-café. Luego, aparecen nubes luminosas y una larga estación de lluvias nutre la tierra apergaminada donde se asienta la Ciudad de México. Es aquí donde, en una isla, fundaron los aztecas su ciudad-templo, Tenochtitlan, en 1325 d. C. A una altitud de dos mil doscientos treinta y cinco metros, el clima era seco y templado y el aire enrarecido refractaba la luz deslumbrante. Cuando Cortés conquistó a los aztecas, en 1521, México-Tenochtitlan ofrecía una vista fascinante de templos, canales y calzadas. Sin embargo, para cuando se logró la independencia trescientos años más tarde, los lagos casi habían desaparecido, fueron drenados o rellenados por los novohispanos, quienes construyeron la capital barroca de la Nueva España sobre las ruinas de las estructuras geométricas y multicolores de los aztecas.

Anáhuac: lugar de imperios antiguos, sede de la poderosa Nueva España y de la capital de la República Mexicana. Hoy en día, la Ciudad de México se extiende en todas direcciones; a veces el smog oscurece a las montañas y el tráfico obstaculiza las nuevas avenidas. Caliente al sol, fresco a la sombra. Días cálidos. Noches frías. Luz brillante, sombra oscura. La luz cambiante mezcla lo visible y lo invisible creando una realidad ficticia.

LLegada de los mexicas
(también conocidos como aztecas)

Hacia el año 1260 d. C., una tribu de nómadas, conocidos como los mexicas, buscaba un lugar para asentarse en el altiplano central de México. Habían vagado durante dos siglos sin tierra, sin amigos y perseguidos, guiados por su sacerdote-astrólogo Tenoch. El nombre mítico de Aztlán, un sitio de donde habían partido en algún lugar del lejano norte, era como un débil recuerdo mientras emigraban siempre hacia el sur, guiados por Hutizilopochtli, su Dios-Mago. Generación tras generación, una guardia de élite llevaba en una litera a su dios de piedra, quien les ordenaba plantar maíz, robar, hacer la guerra y seguir hacia la tierra prometida donde encontrarían en una isla un águila en un nopal con una serpiente en su pico. Saldrían centellas de sus ojos de piedra en caso de rebelarse o si se cansaban de viajar. Exigía sangre humana en sacrificio para que el sol continuara dando vida a la tierra.

Despojados de una cultura propia y ante la necesidad de sobrevivir, los mexicas habían observado, robado y matado a las poblaciones por donde viajaban. Al pasar por la tierra de los toltecas llegaron a la ciudad de Tula, magnífica muestra cultural de la generosidad del dios Quetzalcóatl, el dios sol de los toltecas, cuyo símbolo era la serpiente emplumada que unía la tierra y el cielo. Centinelas gigantes guardaban su templo. Este gran dios había proporcionado a su pueblo conocimientos y sabiduría nunca antes vistos. Además, se decía que había vivido antiguamente entre ellos como un hombre blanco que predicaba en contra de los sacrificios humanos. Los toltecas sucumbieron en el año 1100 d. C. y hasta hoy no se conoce la causa de su desaparición. Dos siglos después, los aztecas, habían asimilado la cultura y adoptado la historia tolteca como propia.

Tras captar el impacto de la cultura tolteca en la región, los mexicas continuaron su camino. Desde lo alto de una montaña contemplaron el centro ceremonial de Teotihuacan abandonado y con sus dos pirámides monumentales cubiertas de maleza.[2] Este pueblo del sol había sufrido incursiones de tribus seminómadas y había abandonado su metrópoli en el año 750 d. C., dejando allí solamente leyendas pasadas de generación en generación. Igual que para los toltecas su dios era Quetzacóatl. Los mexicas tomaron nota y siguieron caminando con su propio dios-guerrero estoico. La tierra prometida se encontraba más adelante, en el lugar donde las aguas resplandecían.

1269. Era el año de la celebración del Fuego Nuevo, el antiguo rito que marcaba un ciclo de cincuenta y dos años y un nuevo comienzo:

---

[2] Los arqueólogos siguen investigando las causas de la desaparición de ese suntuoso centro ceremonial.

Tras un día de larga caminata, Tizoc, un joven guerrero mexica, se puso en cuclillas y dejó volar su imaginación mientras observaba oscurecerse el cielo. Algunas nubes iluminadas por el sol poniente parecían lagos de aguas brillantes. En su imaginación vio una ciudad resplandeciente llena de canales e islas que se formaba en las nubes. ¿Acaso estaba cerca de su destino final? De repente, una lengua de fuego surco el cielo y fue devorada por las aguas celestiales. Asustado, Tizoc corrió a resguardarse entre los árboles.

En la ciudad de los canales, allende los mares, en el oriente lejano, un joven veneciano observaba el firmamento cuando sintió una gran emoción al ver aparecer un brillante haz de luz, que desapareció tras algunos instantes. El joven provenía de una familia de exploradores y soñaba con conocer tierras exóticas. En el año 1271, su sueño se hizo realidad. El joven Marco Polo partió con su padre y su tío hacia la China, la fabulosa tierra desconocida. Viajando por barco, a caballo y a pie, escalando montañas y atravesando vastos desiertos, entraron en el imperio de Kublai Khan. Allí permanecieron como huéspedes de honor durante veinticuatro años, en los que con los privilegios otorgados a los embajadores se les permitió viajar y aprender todo lo que quisieran dentro del imperio. En 1295 regresaron a Venecia contando historias fantásticas de aquel país lejano y trayendo muestras de especias y sedas exóticas.

En Venecia, Marco Polo estaba inquieto e impaciente. Fascinado por el mar, había estudiado cartas, mapas y gráficas, convencido de poder encontrar, navegando, una ruta más corta al oriente. La guerra con Génova era inminente, y se alistó como capitán de una galera veneciana en la poderosa flota Adriática. Su carrera fue corta, pues Marco Polo fue capturado y encarcelado por los genoveses.

Otro personaje entró a compartir el pequeño calabozo en que se encontraba Marco Polo: Rustichello de Pisa, un joven inteligente, culto, lingüista y, sobre todo, buen oyente. Durante un año escribió las historias que Marco Polo contaba de sus viajes extraordinarios. Cuando los prisioneros fueron puestos en libertad, Rustichello compiló un libro acerca de las maravillosas aventuras de Marco Polo.

Para el año 1325, el libro había causado gran sensación en Europa, que apenas estaba rompiendo las cadenas medievales.

El águila y la serpiente

Furtivamente, los mexicas habían entrado al Valle de Anáhuac, en 1269, año del Fuego Nuevo, un rito de renovación practicado cada cincuenta y dos años. Pero todavía no podían encontrar el anhelado descanso. Continuaron tozudamente hasta el lugar en que aparecían cinco lagos. De repente, un transparente cielo azul se reflejó en las aguas del lago de Texcoco y los mexicas lloraron de alegría desde la ribera. Los altos campos de maíz indicaban la presencia de ciudades-estado poderosas, circundando los cinco lagos. Pero los ojos de los mexicas no se apartaban de su sacerdote-astrólogo Tenoch, quien indicaba hacia la señal tan esperada: ahí en una isla pantanosa se veía un águila posada en un nopal, con una serpiente en su pico.[3]

---

[3] No es seguro que fuera una serpiente, era el símbolo del agua y el fuego.

¡Habían llegado! Ahí fundarían la gran ciudad de los dioses, Tenochtitlan, que crecería; plantarían maíz y recolectarían ricas cosechas. Se alegrarían con la plata y el oro, las piedras preciosas y las plumas brillantes. Desde ese punto conquistarían los cuatro rincones del mundo. Construirían grandes templos: a Huitzilopochtli, que les había sabido conducir desde el yermo; a Quetzalcóatl, el dios del sol dador de vida; a Tláloc, el dios de la lluvia; y a muchos otros dioses que gobernarían su vida diaria. Sacrificarían prisioneros y esclavos para satisfacer a sus dioses. Despojarían y cobrarían tributos a los pueblos conquistados y crearían un estado cuyo esplendor no tendría igual. Serían conocidos como los aztecas[4] y dominarían las inmensas tierras de México. Así estaba escrito.

Vadeando las aguas llenas de maleza, los mexicas se lavaron el polvo de su largo viaje. Después, silenciosamente, el pequeño grupo se introdujo al antiguo bosque de Chapultepec y compartió el agua fresca y dulce de un manantial en el cerro.

En el año Dos-Casa de acuerdo con la Piedra de Sol, o 1325 en el calendario gregoriano, los mexicas plantaron sus primeras raíces culturales. Construyeron un templo rudimentario de adobe para albergar a Huit-zilopochtli, en la isla donde habían visto el águila. Habían sobrevivido tras largos y pesados años de camino. Los arrogantes habitantes de las ciudades-estado vecinas llamaron a la tribu "los hombres-perro". Los aztecas fueron expulsados de Chapultepec, enviaron a lugares desiertos. Pero sus años de nómadas les habían

---

[4] Los indígenas que dominaron el altiplano de la tribu de los mexicas, tenochcas o culhuas fueron llamados *aztecas* erróneamente por los españoles, porque se decía que habían emigrado de Aztlán, un lugar mítico en el norte de México. Utilizaré el nombre de aztecas por ser conocidos así universalmente.

enseñado a vencer las adversidades y la terrible voz de su dios demandaba sangre. Habían probado ser excelentes guerreros. Finalmente, sus enemigos les concedieron un terreno volcánico y rocoso, infestado de reptiles cerca de las riberas del lago Texcoco, el mayor de los cinco del valle.

Los mexicas se comieron las serpientes, eliminaron esa amenaza y empezaron a construir islas en las partes poco profundas del lago.

En una soleada mañana de 1373, Tezozomoc, nieto de Tizoc, el joven aventurero, construía su tejado con juncos del pantano. Su casa y la de su clan estaban en una pequeña isla cerca de la orilla. Era un buen lugar, había peces, aves y cañas en abundancia. La joven esposa de Tezozomoc y las otras mujeres tejían enormes esteras que los hombres atarían posteriormente a estacas clavadas en el fondo del lago, poco profundo, y así formarían una estructura en forma de canasto. Las esteras cercarían una parcela llena de rocas, hierbas y barro. Los árboles se enraizarían y se podría plantar y recolectar pronto el maíz en sus islas flotantes. Ya existía una red de canales que unían los plantíos de maíz de los distintos clanes.

Un alto templo de piedra resplandecía en el centro ceremonial en la isla principal, coronado por dos estructuras gemelas que albergaban al dios de la guerra y al dios de la lluvia, las dualidades que regían la vida de los aztecas. Tezozomoc y miembros de otros clanes acababan de pintar con colores minerales molidos y estuco blanco el templo piramidal, festoneándolo de rojo brillante, amarillo y negro. Se habían encendido los fuegos sagrados para dar la bienvenida al nuevo ciclo de cincuenta y dos años. Había que quemar todo lo viejo. Las esteras, la cerámica nueva y los metates ya estaban listos para ponerlos en las casas. Teozomoc pensaba complacido que también su casa estaría lista para recibir un hijo, pues estaba seguro de que iba a ser un varón. Continuó trabajando sin descanso hasta que el Dios Sol comenzó su viaje nocturno.

De repente el suelo tembló y cayeron cenizas del cielo.[5] Tezozomoc, atemorizado, vio una gran lengua de fuego surcando el espacio hacia el poniente. Un viento intenso hizo que sujetara fuertemente las cañas de su tejado, el agua que circundaba la isla parecía arder.

—¿Qué es esto? —gritó Tezozomoc.

—¿Qué significa esto? —gritaron las mujeres.

Al otro lado de las grandes aguas, hacia el este, Europa había comenzado a comerciar con las antiguas tierras de Genghis Khan: China. Su riqueza y enormes dimensiones presentaban oportunidades en un mundo hasta entonces desconocido. Caravanas cruzaban las grandes extensiones de Asia luchando contra los elementos y los merodeadores, para llevar de regreso objetos preciosos y valiosos. Especias, sedas, brocados, marfil tallado, lacas y porcelanas eran solicitadas en las cortes de Europa y entre la nueva clase de mercaderes adinerados. Entre las cosas traídas por estos mercaderes había un polvo muy poderoso que ardía rápidamente y que al ponerse en una cápsula explotaba lanzando un proyectil en el aire: la pólvora.

Antes de su muerte, Tezozomoc llegó a ver a su hijo vestir la túnica de Sumo Sacerdote. Negra, larga y bordada con cráneos, la capucha ocultaba el cabello áspero y ma-

---

[5] Seguramente la erupción del volcán Popocatepetl.

te que colgaba en capas más allá de sus hombros. Sus ojos azabache resaltaban en su cara oscura y tersa y su nariz prominente daba un aire de dignidad a su alta figura. Su cabeza contenía toda la sabiduría y conocimientos tras haber estudiado profundamente los signos astrales y astrológicos. En su mano, una daga de obsidiana de la que escurría el precioso liquido de la vida. Obsidiana y sangre, negro y rojo, oscuridad y luz; había que mantener el equilibrio de la noche y el día. Alimentar a los dioses para que ellos los alimentaran. El sacrificio era un medio de vida. Lentamente el pregonero levantó su brazo derecho y sopló en su concha de caracol. Una larga nota lúgubre recorrió los canales de Tenochtitlan.

Colón

En 1469, la boda de Isabel de Castilla y Fernando de Aragón unió los reinos más poderosos de España bajo una misma corona. Su poder echaría a los moros del territorio español tras setecientos años de ocupación. Eliminaría al islam y unificaría la península bajo el cristianismo. Los reyes católicos establecieron la Santa Inquisición como un departamento de su gobierno para fortalecer la monarquía y purgar de herejes y judíos a su pueblo. El edicto era: "confiesa a Cristo o vete al destierro". La Inquisición tenía lazos con el Papa pero no estaba bajo su jurisdicción.

A principios de siglo XV, navegantes portugueses comenzaron a explorar la costa de África buscando un camino más corto hacia las "Islas de las Especias". Entre ellos se encontraba un joven genovés.

El joven e inquieto genovés había leído acerca de los viajes de Marco Polo. Había estudiado también las teorías de los geógrafos y los reportes de los marinos. "Si navego hacia el oeste llegaré al oriente", era la idea que bullía en su cabeza. Había seguido con atención los viajes de los portugueses en una nueva nave, la carabela, que era rápida contra el viento. Habían navegado por la costa de África hasta lo que después sería el Ecuador. En 1488, los portugueses habían doblado el Cabo de Buena Esperanza para llegar a la India, Indonesia y China, el preciado oriente. Portugal se consideraba dueño de la ruta comercial con el oriente. El tiempo apremiaba. Cristóbal Colón sabía que había una ruta más corta. Creía firmemente en su destino. ¡Debía hacerse a la mar! Tenía que encontrar un patrón que financiara su expedición.

Desde 1477, Colón había visitado Lisboa, la capital más animada de Europa. El rey de Portugal había escuchado su plan y lo había rechazado. "Es costoso y poco práctico", le habían aconsejado sus expertos. Colón escuchaba repetir esa frase una y otra vez durante varios años. Finalmente, en 1482, presentó su plan a Isabel y Fernando de España, pero la guerra contra los moros absorbía la atención de los reyes de España en ese momento.

Astrónomos aztecas estudiaban una nueva constelación que apuntaba con certeza hacia el este de Anáhuac. "¿Qué existía más allá de las grandes aguas hacia el oriente?", se preguntaban. "¿Qué peligro acechaba allí?"

Los tambores sonaban, las canoas llenaban los canales, la gente sollozaba en la gran plaza de Tenochtitlan. En 1468, Moctezuma Ilhuicamina I había muerto. Durante los treinta años de su reinado, este astuto guerrero-estadista había expandido el imperio azteca al este de los volcanes nevados hasta la costa, donde había varios pueblos a quienes obligaban a pagar impuestos. Posteriormente había llevado sus ejércitos hacia el valle de Oaxaca, a unos mil kilómetros hacia el sur y sometido a los reinos de los mixtecas de esa región. La astucia de Moctezuma I igualaba a la de Maquiavelo. Con el pretexto del comercio observaba la riqueza y el poderío de una ciudad, establecía lazos comerciales y después lanzaba un ataque sorpresa, conquistaba y demandaba tributo. Los nuevos gobernantes eran temidos y odiados, pues saqueaban los pueblos, robaban las mujeres, golpeaban y humillaban al vencido. Los ejércitos vencedores regresaban triunfantes a Tenochtitlan llevando una larga fila de cautivos atados y encadenados, cuyo destino era la esclavitud o el sacrificio a los dioses. Cuando una cuidad era conquistada, se establecía ahí una guarnición para ejecutar las órdenes de Moctezuma I.

Grandes riquezas comenzaron a llegar a Tenochtitlan a consecuencia de los tributos: oro, plata, jade, obsidiana, piedras preciosas, madera, cal para la construcción, textiles en gran cantidad, plumas preciosas, mariscos exquisitos traídos desde las costas por corredores en relevos, perlas, miel, aguacates, frutas tropicales, tabaco para las pipas de los grandes señores, plantas, flores y árboles floridos para los jardines de los nobles, animales para sus colecciones, pájaros exóticos para las grandes pajareras, armaduras acolchadas y otros pertrechos de guerra, etcétera. Uno de los tributos más apreciados era la semilla de cacao, de donde se hace el chocolate, y que constituía un producto muy utilizado en el sistema de trueque.

En poco más de cien años, los humildes mexicas se habían vuelto los Señores de la Tierra.

Bajo Moctezuma I abundaba el trabajo. Sin poseer bestias de carga, los medios de transporte eran las canoas y piraguas, además de emplear humanos en labores de carga. El trabajo en el Templo Mayor continuaba sin descanso y cada gobernante cubría los muros con otro exterior, de mayor tamaño, a pesar de que los trabajos habían sido afectados por las frecuentes inundaciones y los años de hambre.

Los dioses habían dotado a un hombre de una inteligencia y habilidad extraordinarias: Nezahualcóyotl, el rey de Texcoco, del linaje tolteca, pariente y aliado de Moctezuma. Como hábil ingeniero, inventó un sistema para controlar las inundaciones, construyó un dique de casi quince kilómetros y tres anchas calzadas que conectaban la ciudad-isla a tierra firme, fueron construidas sobre pilotes y convertidas en diques que dividían el agua salada de la dulce del lago de Xochimilco. También se realizaron trabajos para transportar agua de los manantiales de Chapultepec por medio de acueductos. Rey, ingeniero, diplomático y poeta, Nezahualcóyotl fundó una escuela para filósofos y poetas en su palacio. Como seguidor de las enseñanzas del dios Quetzalcóatl, aborrecía los sacrificios en masa y construyó un adoratorio a un espíritu omnipotente, un dios desconocido a quien llamó: "El señor de todas partes". No había imágenes que representaran a esta deidad, puesto que no tenía un hogar fijo.

El cuerpo de Moctezuma I fue incinerado con sus esclavos y enterrado. Ascendió al trono un joven y vigoroso rey: Axayácatl.

Cuando trató de extender su imperio hacia el norte, Axayácatl fue derrotado por los purépechas,[6] un pueblo

---

[6] El nombre correcto de este pueblo es "purépechas". Tarasco fue otro error de nombre debido a los españoles.

poderoso, en una batalla devastadora. Le sucedió un hermano, quien marchó hacia el territorio pobre y seco del norte y murió en desgracia poco después. Bajo su sucesor, el imperio se expandió pero los ejércitos aztecas tuvieron que sofocar rebeliones al mismo tiempo que conquistaban nuevas ciudades-estado.

En 1485, los sacerdotes-astrólogos observaron una estrella muy brillante en una constelación que apuntaba hacia el oriente.

Más allá de los mares, en Extremadura, España, nacía un niño del vientre de su madre con un vigoroso grito. Le bautizaron con el nombre de Hernán Cortés.

CAPÍTULO II

CORTÉS Y MOCTEZUMA

Moctezuma II, nieto de Moctezuma I, nació bajo signos místicos.[7] Cuando el Gran Hechicero desenrolló el libro del destino, vio augurios positivos indicando que el niño llegaría a una posición de liderazgo, aunque no sin antes pasar por grandes pruebas. Sería un guerrero de alto rango, impartiría justicia sabiamente y llenaría de riquezas la cámara del tesoro.

De joven fue seleccionado para estudiar en el Calmecac, una institución de educación superior, privilegiada, donde los jóvenes nobles con talento aprendían ciencias astronómicas, escritura pictográfica, tácticas de guerra y a expresarse correctamente en náhuatl, la lengua apropiada para hablar a los jefes visitantes y a los dioses.

Mientras Moctezuma Xocoyotzin se preparaba para su alto puesto, la gran ciudad de Tenochtitlan experimentaba un ritmo febril de construcción para alcanzar su máxima grandeza. Se erigió un sistema de diques y se edificaron acueductos y puentes levadizos que abrían y cerraban las calzadas según llegaban amigos o enemigos. Los pintores aplicaban capas de estuco blanco y franjas de colores brillantes: azul, negro y amarillo, a

---

[7] Moctezuma II, Xocoyotzin, noveno Huey, *tlaotani* (emperador).

los palacios, la biblioteca, los mercados, las escuelas y las casas de techos planos. El Teocalli, templo piramidal, albergaba en sendos adoratorios al pavoroso rey de la guerra, Huitzilopochtli y al de la lluvia, Tlaloc, se alzaba más de quince metros dominando el centro ceremonial de Tenochtitlan y dominando también las vidas de sus súbditos y vasallos. Guarniciones de guerreros se habían establecido en todas las provincias, creando una red de comunicaciones desde las grandes aguas del este a las del oeste y a través de las selvas hasta el sur más lejano.

La música de los tambores del Templo Mayor aumentaba al ritmo de los sacrificios. La cámara del tesoro rebosaba riquezas. A lo largo de las tres calzadas, filas de prisioneros entraban a la ciudad y en la fiesta de la dedicación del Gran Templo, cientos de cautivos eran sacrificados en nombre de los dioses insaciables. Pero los sacerdotes estaban intranquilos, pues al estudiar los cielos, el calendario y sus libros mágicos encontraban signos de mal augurio.

Una fría mañana de 1492, Colón, desesperado, había decidido marchar de España a Francia en compañía de su hijo. Agotados y con frío tras algunas jornadas de camino, después de la puesta del sol, la luna llena iluminó un monasterio franciscano y ahí pararon a descansar. Fray Juan Pérez les dio la bienvenida y escuchó con atención y compasión al desilusionado genovés. El religioso había sido confesor de la reina Isabel y logró una audiencia con ella. Colón llegó a Granada a tiempo para presenciar la rendición del último baluarte de los árabes en España.

Emocionada por la victoria, Isabel recibió al entusiasta genovés. Una visión de futuras riquezas y rico comercio la hicieron tomar la decisión de vender sus joyas para financiar la expedición, según se decía.

Financiados por Isabel la Católica y con una carta para el Gran Khan, Colón y ochenta y ocho aventureros se prepararon para viajar a lo desconocido. Sus guías eran las estrellas y un nuevo invento: la brújula. Las velas de sus carabelas se enfilaron hacia el sol poniente. Era el año 1492, en el que realizaba el primero de cuatro viajes a América. El último lo hizo en 1502.

En 1502, Moctezuma II, noveno rey de los aztecas, ascendió al trono como "Primer Orador". El sol poniente era la gran preocupación de Moctezuma II y de varias generaciones de sus antepasados. La vida dependía del sol. Aparecía en la mañana, viajaba por el cielo durante el día y desaparecía a las regiones ignotas de la noche. Ahí tenía que luchar con su hermano gemelo para sobrevivir y surgir triunfante a la mañana siguiente. Todos nacían con una enorme deuda: mantener al sol vivo. Existía una dependencia mutua: alimentar a los dioses para ser alimentados por ellos.

Tal como predijeron los adivinos, Moctezuma II fue un buen rey. Era sobrio y serio de carácter, justo, temido y respetado por su pueblo. Con gran valor realizó campañas hacia las costas, logrando consolidar el este y el oeste. Pero intrigas y rebeliones plagaban su reinado y soplaban vientos de descontento y malos presagios en su imperio.

En su cuarto y último viaje, Colón había hecho contacto con los mayas. La historia de una extraña aparición en las aguas de Yucatán "como una montaña flotando en el mar" se extendió por las selvas y las montañas, y llegó a oídos de Moctezuma II.

Las "Guerras Floridas", llevadas a cabo con el propósito de capturar prisioneros para los sacrificios, se estaban convirtiendo en verdaderas batallas. Moctezuma atacó a su vecino Tlaxcala y fue derrotado. Las guerras se combatían en varios frentes.

Algunos años más tarde, desde la azoteas de su palacio, Moctezuma vio un cometa tan brillante que incendió el firmamento y pareció manar fuego, como una gran herida en el cielo. ¿Qué presagiaba ese acontecimiento? Convocó a sus astrólogos y adivinos, pero al decir éstos que no habían visto ningún cometa, Moctezuma, enojado, los mandó encerrar en jaulas.

Continuaron ocurriendo más indicios de futuros desastres: cayó nieve en Tenochitlan, olas gigantescas surgieron en el lago en un día en calma y rompieron los diques, nació un niño con dos cabezas, comenzó una nueva guerra contra Tlaxcala en 1515 y las derrotas se sucedieron una tras otra. Los capitanes fueron despojados de su honor y de su rango. Otro desastre fue la división en las filas de su aliado Texcoco, la gran ciudad-estado, a pesar de que su jefe y muchos señores nobles eran parientes de Moctezuma II.[8]

Desde niño a Hernán Cortes le habían intrigado las historias de los navegantes, de los viajes de Colón y la existencia de las nuevas islas al otro lado del mundo.

Contagiado por la fiebre de ir a las Indias, Cortés, a los diecinueve años, dejó su hogar y su familia en España para iniciar una nueva vida en la Isla de la Española (Santo Domingo). Ahí vivió durante siete años como terrateniente y funcionario. En 1511 formó parte de la expedición, comandada por Diego de Velázquez, que

---

[8] Los presagios fueron un modo de explicar lo inexplicable.

conquistó y reclamó para España la isla de Cuba. Considerada la joya del Nuevo Mundo, Cuba atrajo a gran cantidad de aventureros. Algunas expediciones hacia el oeste de Cuba habían comprobado que existía una larga franja de tierra firme. El capitán de una expedición anterior, Juan de Grijalva, había vuelto de Yucatán en 1518 con historias de un imperio de fábula y algunos objetos de oro para comprobar su existencia. Hernán Cortés escuchó atentamente el relato y decidió explorar la tierra firme. Durante ocho años había esperado en Cuba esta oportunidad. Había llegado su momento. A los treinta y cuatro años de edad, alto, robusto y astuto, Cortés era un hombre notable. Era un jinete consumado, un buen militar, un cristiano ferviente y un letrado que había estudiado en la Universidad de Salamanca y podía leer el *Libro de Horas* en latín. [9]

La tierra recién descubierta se convirtió en una obsesión para Cortés. Tenía la firme convicción de estar destinado a conquistar un imperio inexplorado. Al igual que Colón, estaba impulsado por un sentimiento providencialista, y en esa creencia se basaba su mayor fuerza.

Con ingenio y diplomacia, Cortés obtuvo la autorización del gobernador Velázquez para capitanear una expedición a tierra firme, pero intuyendo que el gobernador iba a cancelar dicha autorización, Cortés partió silenciosamente de Cuba al amparo de la noche. Once barcos componían su flota y seiscientos ocho hombres sus fuerzas. Marineros, soldados, escopeteros, ballesteros, algunos negros y un sacerdote conformaban una mezcla de gente de bien y de aventureros. Completaban el equipo dieciséis caballos, cinco perros y diez cañones.

---

[9] El primer libro que llegó a México fue un Libro de Horas, en Yucatán.

Con viento favorable la flota cruzó rápidamente las ciento sesenta millas que los separaban de Yucatán, morada de los descendientes de la gran civilización maya.

Un firme propósito animaba a Cortés y un miedo atroz afligía a Moctezuma II. Cortés estaba decidido a utilizar sus armas a la menor provocación u hostilidad de la población. Pero los hados le reservaban un plan mejor. Recibió tres regalos inesperados: dos intérpretes y una fecha mítica para arribar a las costas de México: 1519, el año Uno-Caña de los aztecas.

Al oír acerca de las "grandes torres que flotaban en el mar", un marinero español que había naufragado en una expedición anterior contactó a la flota y fue recogido por Cortés en la punta de Yucatán. Gerónimo de Aguilar había estado prisionero entre los mayas durante ocho años y hablaba el idioma de los nativos correctamente.

Tras un encuentro en la costa sur en el que los nativos armados con palos y arcos capitularon rápidamente ante el estruendo de los cañones y de las "flechas mortales de los hombres-animales que corrían más que los venados", el señor del pueblo regaló a los visitantes veinte esclavos, entre los que se encontraba una joven de alto rango que había sido vendida como esclava a los mayas por su madre azteca y que hablaba la lengua maya y el náhuatl. La llamaban Malintzin (Malinche).

> Fuerzas misteriosas ejercían su conjuro: con sus dos intérpretes, Cortés podía ahora comunicarse con los habitantes de las nuevas tierras.

Explorando con cautela la costa, Cortés llevó su flota a un canal bien protegido, en un sitio al que llamaron Vera Cruz lugar de la Verdadera Cruz. Allí, arrodillándose con sus hombres en señal de oración y gratitud, proclamó la pertenencia de aquella tierra al emperador Carlos V y plantó una cruz y la bandera española.

Moctezuma II se consumía de ansiedad. Le ofrecían treinta platos diferentes en cada comida y le servían su chocolate en una copa de oro, pero había perdido el apetito. Los grandes señores mantenían la cabeza inclinada en presencia de su soberano semi-divino sin poder hablar hasta que él lo hiciera.

Sentía en su frente febril la mano de la desgracia. Le habían llegado informes del desembarco de hombres blancos en las grandes aguas del este. Misteriosamente habían aparecido lenguas de fuego en el templo de una diosa, destruyendo el adoratorio, quemando sus muros salpicados de sangre. Y durante varias noches, la gente llena de temor había oído la voz del espíritu de una mujer llorando por los canales: "Hijos míos, hay que huir de la ciudad. Hijos míos, ¿a dónde los llevaré? ¿Dónde los esconderé para que no se pierdan para siempre?"[10]

"Quetzalcóatl está enojado", dijeron los consejeros de más confianza a Moctezuma II, mirándole directamente a los ojos. "Tú lo has considerado un dios menos importante." Moctezuma II agachó la cabeza. Se retiró en secreto a una cueva en donde consultó a su oráculo: "¿Qué debo hacer? ¿Por qué me ha caído esta terrible desgracia?". El oráculo habló:

Soy Quetzalcóatl, la Serpiente Emplumada, el dios más importante, el dador de la vida, el más cercano al sol, como el águila, y más cercano a las cavernas del mal y la

---

[10] La leyenda de "la Llorona" todavía persiste en México y algunos aseguran que aún oyen su llanto en las noches.

oscuridad bajo la tierra, como la serpiente. Te ordené construir un templo a la Serpiente Emplumada como hicieron tus antepasados los toltecas, los mixtecos, los mayas y los olmecas. ¿No te prometí que guiaría al sol sin peligro a través de la oscuridad? ¿No conviví con ustedes como un ser humano, con rayos de sol en mi barba, guiando y aconsejándoles todos los días de mi vida? ¿No me oponía al sacrificio? ¡Ustedes se han excedido en esto! Cuando me engañaron y decidí desaparecer en las grandes aguas del este, ¿no les prometí que regresaría el año Uno-Caña?

Moctezuma II se arrodilló y lloró amargamente. El año Uno-Caña solamente llegaba una vez cada siglo y estaban precisamente en esa fecha. "¿Estas gentes son de tu pueblo, oh, grande y poderoso señor? ¿Has regresado?", preguntó Moctezuma II.

El oráculo no contestó.

Moctezuma II tomó su decisión; ordenó enviar a los intrusos, las mejores vestiduras, los mejores tejidos, collares de oro, máscaras de jade, capas y penachos de plumas preciosas.

Envió embajadores con instrucciones de ofrecer al gran señor blanco el atuendo de Quetzalcóatl y dar la bienvenida a los "teules" (dioses) con todo el respeto que se merecían. Pero en su interior esperaba que esos dones detuvieran la marcha de los recién llegados hacia Tenochtitlan.

Una fuerza magnética atraía a Cortés hacia las montañas. Además, el destino le había concedido otro regalo: aliados. Miles de vasallos descontentos de los aztecas se le unieron en su marcha desde la costa hasta la fabulosa Ciudad de los Lagos.

Cortés era un jefe muy especial. Dotado de gran valentía y conocimientos militares, poseía también talento para la diplomacia y un enorme sentido visionario y providencialista. A través de su intérprete india, Malinche, supo que él venía a cumplir una profecía. Así mismo, consideraba como una predestinación su papel de capitán de la expedición española. Su deber era la conversión y el bautismo era su medio. ¡Los ídolos de estos pueblos eran demonios! ¡Sus templos estaban ennegrecidos por el humo del infierno!

En un primer encuentro con los señores de una ciudad de la costa, Cortés trató de convencerlos, a través de sus intérpretes, con razonamientos y tacto para que desistieran en la adoración de sus ídolos feos y toscos. Les mostró una imagen de la virgen María con el niño en sus brazos, el único hijo del único Dios. Solamente a ellos deberían adorar. ¡Un trozo de madera! Los jefes se mofaron y siguieron con sus sacrificios humanos. Cortés, enojado, ordenó destruir sus ídolos sagrados. Cuando los caciques y sacerdotes vieron a sus dioses rodando en pedazos por las escaleras de los adoratorios, lloraron amargamente. ¡La Diosa de Cortés era más poderosa! Inclinando la cabeza aceptaron el bautismo y su nueva posición como vasallos del emperador de España.

La primera en bautizarse fue Malinche. Inteligente, noble y de grácil figura, había hecho su elección entre la daga de obsidiana y la espada de hierro. Fue bautizada con el nombre español de "Marina" y fue dada en casamiento según el rito católico a uno de los capitanes de Cortés. En menos de un año ya hablaba español y se había convertido en la traductora única e indispensable del "dios retornado", Cortés. Más tarde daría a luz un hijo del conquistador.

Según iban explorando la región costera los hombres de Cortés, los ídolos eran destruidos y la gente lloraba. Venciendo el miedo a los dioses blancos, Caballeros Águila y Caballeros Jaguar lanzaron sus tropas a la batalla, pero los caballos, los perros feroces, el hierro de las espadas, las armaduras, los cañones, los fusiles y una voluntad también de hierro sobrepasaron con creces a los indígenas. Pensando que esos dioses iban a vencer a Moctezuma II, muchos se unieron a las fuerzas españolas. Entonces, con miles de elementos bajo su mando, Cortés se preparó para marchar hacia el paso cubierto de nieve donde se elevaba un pico de cinco mil metros. Estimulados por la promesa de encontrar oro, la mayoría de sus hombres quisieron arriesgar su vida, pero hubo algunos disidentes y Cortés tomó una decisión trascendental: envió un barco de regreso a Cuba con cartas para el gobernador Velázquez y el emperador Carlos V, acompañadas de los magníficos regalos que le había enviado Moctezuma II. Después, se dice que ordenó quemar las otras diez naves. La suerte estaba echada. No había vuelta atrás.[11]

Los españoles caían en la batalla, vendaban sus heridas y dormían con su armadura puesta y la espada a su lado, mientras marchaban desde las costas tropicales a las alturas donde el frío, la lluvia y el granizo aumentaban su incomodidad y sufrimientos.

Recelosos y en constante vigilancia se aproximaron a los dominios de Moctezuma II. Un momento funesto fue la entrada en la región de Tlaxcala, donde habitaban los enemigos mortales de Moctezuma a quienes éste no había podido vencer. Superados por un enorme ejercito, los hombres de Cortés se pusieron en formación de

---

[11] No quemó sus naves, sólo las desmanteló.

batalla y haciendo el signo de la cruz esperaron el ataque. Los caballos, desconocidos para los nativos, su gran entusiasmo, mejores armas y tácticas más efectivas dieron a los españoles la fuerza para romper las filas indígenas y derrotarlos. Cuando los caciques tlaxcaltecas vieron que sus defensas no eran efectivas, perdieron el valor y aunque su jefe les aconsejó no hacerlo, se unieron a las filas de Cortés. ¡Como aliados de estos extranjeros podrían derrotar a Moctezuma! De esta manera el ejército de Cortés aumentó. En la larga marcha los españoles iban bautizando a miles de nativos.

Continuaron su marcha, "una multitud levantando gran polvareda, algunos en sus armaduras, con espadas relucientes y produciendo un estruendo que se escuchaba desde lejos…", escribió el padre Sahagún. Al acercarse a la sagrada ciudad de Cholula, centro del culto a Quetzal-cóatl, avisaron a los españoles de una emboscada preparada por Moctezuma II. Sin saber si era cierto o no, al llegar a la plaza donde se había reunido una gran multitud, los españoles y sus aliados mataron a miles de indígenas.

Las noticias de la alianza de Tlaxcala con los extranjeros y la masacre de Cholula produjeron gran temor en el corazón de los aztecas, como si la tierra temblara bajo ellos y como si el mundo girara ante sus ojos. Ya fueran hombres o divinidades, los invasores habían demostrado su poder. Desesperado, Moctezuma II trató de parar su marcha enviándoles regalos de oro que, según sus embajadores, "tocaron y manosearon como monos". Envió a miembros de su consejo, a hechiceros, incluso a su sobrino, pero no sirvió de nada. En la mente de Cortés la exploración se había convertido en conquista. Había recibido el visto bueno del gobernador Velázquez y del emperador Carlos V.

En una mañana fría de noviembre, nueve meses después de su llegada a Veracruz, Cortés y su ejército atravesaron el paso entre los dos volcanes que guardaban el Valle de Anáhuac. Los soldados españoles levantaron su vista hacia los altos picos cubiertos de nieve y mirando hacia abajo, entre las nubes cambiantes vieron profundos y peligrosos precipicios. Al bajar de la cima y salir del denso bosque, el panorama fue asombroso. A través de la niebla la ciudad de Tenochitlan relucía en el valle, reflejando su blancura en las aguas de un gran lago. Otras ciudades punteaban el soleado valle, pero los ojos de los españoles estaban fijos en la capital del fabuloso imperio azteca, más hermosa que cualquier ciudad que hubieran visto nunca. Maravillados, descendieron al valle.

Moctezuma II decidió, en contra de sus cuatro grandes consejos de gobierno, dar la bienvenida a los invasores. A los pocos días de llegar con los canales abarrotados de canoas y la multitud agolpándose en la plaza y en las azoteas, los extranjeros hicieron su entrada por la gran calzada. Una mezcla de curiosidad y temor paralizaba a la gente. En silencio observaban la exótica procesión. Al frente en un caballo blanco iba su jefe, con su cara tapada por un extraño sombrero reluciente; a continuación, un abanderado a caballo seguido por lanceros, arcabuceros, cañones, perros tirando de sus correas y soldados con cascos y armaduras sobre caballos inquietos que a los ojos de los nativos parecían ser parte de los mismos hombres. Seguía un sin fin de aliados, saturando el inmaculado centro ceremonial sagrado de la gran Tenochtitlan.

Desde su litera real, Moctezuma II esperaba a sus huéspedes al final de la calzada. A sus espaldas se alzaban los dos adoratorios gemelos del templo. "El templo era parte de un amplio complejo formado por setenta y ocho edificios capaces de albergar a diez mil personas a un tiempo...", escribiría el soldado y cronista Bernal Díaz del Castillo.

Moctezuma II descendió de sus andas. Apoyado en cuatro señores ricamente vestidos, el gran emperador avanzó lentamente "bajo un maravilloso palio de plumas verdes entrelazadas de oro y plata, perlas, piedras verdes que colgaban de unas como mordeduras, lo que era maravilloso a la vista. Vestía ricamente y llevaba zapatos como sandalias de suelas de oro cubiertas de piedras preciosas. Muchos señores caminaban delante del gran Moctezuma II barriendo el suelo que pisaría y poniendo esteras y mantos en el piso para que no tuviera que pisar la tierra. Todos mantenían la cabeza agachada con gran respeto...", según describe la escena Díaz del Casstillo.

Cuando Cortés vio acercarse al gran Moctezuma II, desmontó rápidamente... El sol se reflejaba en su casco como un espejo al quitárselo e inclinarse haciendo una reverencia mostrando respeto. Un orador recitó un discurso de bienvenida largo y sonoro en náhuatl.

Entonces Cortés dio a Moctezuma II un collar de piedras de vidrio que se llaman margaritas, que tienen dentro de sí muchas labores y diversidad de colores, ensartado en cordones de oro con almizcle para que dieran buen olor... Lo puso en el cuello de Moctezuma e iba a besarle, cuando la princesa que acompañaba al gran jefe le sostuvo el brazo para que no lo hiciera, ya que eso era para ella un signo de desprecio.

Entonces habló Moctezuma II, como lo describe el testimonio de Bernal Díaz del Castillo:

> Señor, habéis tenido un largo y cansado viaje, pero habéis llegado a vuestra ciudad, Tenochitlan. No, no estoy soñando ni viendo visiones. En verdad he visto y puesto mis ojos en vuestra cara... venid a nuestra tierra, venid y reposaos. Tomad posesión de vuestros aposentos reales...

Se iba a representar el acto final de un largo drama plagado de controversia.

Como para anunciar a los estados vecinos que se iban a producir grandes desgracias en el imperio de Moctezuma, en 1519 surgieron grandes espirales de humo del cráter del volcán Popocatépetl, acompañadas de ceniza expulsada de su interior incandescente. Sobrecogido por este espectáculo, Cortés describió este acontecimiento en sus Cartas de Relación al emperador de España.

Fuera sincero o fingiera serlo, Moctezuma II actuó como un magnánimo anfitrión. Acuarteló a Cortés y a sus hombres en el palacio de su padre Axayácatl, un laberinto de salas, habitaciones, patios, jardines y grandes pajareras, y puso a su disposición cientos de esclavos. Como huéspedes, gozaron de completa libertad para pasear por la ciudad y así poco a poco se hizo evidente para los aztecas que Cortés y sus hombres eran seres de carne y hueso.

Impresionado por las técnicas tan avanzadas que utilizaban los aztecas, Cortés escribió esto en una carta a Carlos V:

> Las observaciones y la inteligencia de estos nativos son muy superiores a las de los Caribes (entre los que había vivido dieciséis años). Muchos habitantes de estas tierras podrían ser asimilados fácilmente a la sociedad española.

Pronto se dio cuenta Moctezuma de que era el oro lo que hacía brillar los ojos de los hombres de Cortés y para apaciguar su deseo les regaló oro en abundancia.

Para los aztecas llevar joyería de oro o tener una imagen de los dioses en oro en su casa representaba estar unidos a la energía que emanaba del dios, y con desconcierto vieron que los soldados españoles fundían los objetos de oro.[12]

Con la libertad otorgada para vagar por la ciudad, los españoles pronto descubrieron el secreto de la formidable Cámara del Tesoro en el palacio. Los recios aventureros se maravillaron a la vista de tanta riqueza.

Guiado por su sentido místico de culpabilidad, Moctezuma II había cambiado de opinión y una relación de respeto y casi de afecto se había desarrollado entre los dos semidioses. En vano sus consejeros le recomendaron no fraternizar con Cortés, él buscaba charlar y averiguar más sobre su huésped y su misterio.

En sus charlas, con Marina siempre a su lado, Cortés trataba de persuadir a Moctezuma II para que eliminara los sacrificios, pero el celo religioso del gran tlatoani era tan fanático como el de Cortés. Explicó que existía un código de ética en el sacrificio y que no significaba odio o crueldad. Cuando un cautivo era hecho prisionero o un hombre era designado para el sacrificio, se consideraba elegido por el sol, honrado y favorecido. Al morir, se unía al gran Dios-Sol, transformándose en su hijo, un estatus que sólo podía alcanzar siendo la "víctima". A muchos prisioneros se les ofrecía la libertad pero preferían el sacrificio. Moctezuma trató de explicar por todos los medios que no era malo realizar sacrificios, sino que sería malo suprimirlos. La estancia del hombre

---

[12] El oro era el "excremento de los dioses" y tenía un valor ritual, no económico.

en la Tierra era fugaz y su destino era mantener el sol en el cielo. Esta filosofía tan fatalista y el deseo vehemente de la muerte estaban más allá de la capacidad de entendimiento de Cortés, quien, además, estaba seguro de que había sido la crueldad y brutalidad de los aztecas lo que había impulsado a los aliados a unirse a su tropa.

Los españoles se entretuvieron algún tiempo con las excursiones por la ciudad. Las visitas al gran mercado de Tlatelolco mostraban gran cantidad y variedad de mercancía y comida: maíz, frijol, calabazas, nopales, aguacates, tomates, chiles, gusanos de maguey, chapulines, carne de pequeños perros, armadillos, conejos, gran cantidad de aves, montañas de tortillas de harina de maíz, tamales, pescado frito de los ríos y cacao.

Al igual que los tejidos de algodón, las semillas de cacao se vendían solamente a los nobles y mandatarios. La gente del pueblo sólo podía vestirse con ropas tejidas de fibra de maguey.

Las visitas a los zoológicos y a los jardines botánicos, donde se clasificaban las hierbas medicinales, también causaron admiración a los españoles, y las expediciones a los lugares de donde sacaban oro y plata despertaron su ambición y visiones de grandes riquezas. Pero sus nervios empezaron flaquear. Eran huéspedes, no vencedores. Sentían que su seguridad estaba en peligro cada vez que se alejaban del centro de la ciudad. Puentes levadizos en las calzadas cortaban su acceso a tierra firme. Además, al haberles perdido el miedo, la gente les comenzaban a mirar con hostilidad y esta hostilidad se convirtió en furia cuando Pedro de Alvarado, capitán de muy duro carácter, disparó sobre una multitud que cantaba y danzaba celebrando un sacrificio. (Se dice que mató a unos tres mil.) Cortés no estaba en

Tenochtitlan y cuando regresó encontró una muchedumbre vociferante tratando de forzar las puertas de los aposentos de sus hombres.

En una acción atrevida, Cortés y sus capitanes tomaron a Moctezuma II prisionero en su palacio. Con tacto y paciencia, Cortés trató de convencerlo de que renunciara a sus ídolos y de convertirse al cristianismo bautizándose. Moctezuma rechazó rotundamente la proposición y Cortés perdiendo la paciencia, acompañado de cuarenta de sus hombres, subió las escaleras ensangrentadas del templo de Huitzilopochtli y asestó un fuerte golpe entre los ojos del feroz dios, con una barra de hierro.

Cualquier esperanza de apaciguamiento y toda idea de una conquista sin sangre se rompieron en mil pedazos. Comenzó una gran guerra santa.

Llovieron piedras contra los españoles y lanzas y flechas les recibían cada vez que trataban de aventurarse afuera. Los españoles disparaban su cañón y sus ballestas y daban estocadas con sus espadas, pero la lluvia de las piedras era mortal. Al sonido victorioso de los tambores y las caracolas, los españoles hechos cautivos fueron sacrificados en lo alto del templo.

Subiendo a la azotea de su palacio, Moctezuma II trató de apaciguar a sus súbditos, pero fue recibido por una lluvia de piedras arrojadas con tal fuerza que le causaron la muerte.

La batalla aumentó en violencia. Cortés, desesperado, ordenó a sus hombres huir a tierra firme al amparo de la noche. Pero éstos no querían abandonar su oro y cargados con el peso del botín, fueron atrapados en la calzada. Los cuerpos se amontonaban en los puentes y el oro cayó al lago. Doscientos soldados españoles murieron en esa famosa "noche triste". Cortés lloró amargamente al ver a sus soldados capturados y siendo arrastrados a los adoratorios cercanos para ser sacrificados.

EL SOL PONIENTE

La poderosa Tlaxcala dio asilo a los españoles vencidos. Pronto, Texcoco y Tacuba, que habían formado la triple alianza con Moctezuma II, se sometieron a los españoles. De Cuba llegaron refuerzos y en nueve meses Cortés estuvo listo para sitiar Tenochtitlan.

Se construyeron bergantines, se les pusieron velas y se colocaron cañones en las cubiertas. Se diseñó una estrategia para cortar el abastecimiento de agua fresca al enemigo, bloquear sus canales, rellenar los boquetes de las calzadas, quemar sus casas, atacar a sus capitanes y generales, pero ninguna estrategia podía prever el valor y la fiereza con que los aztecas defendieron su ciudad sagrada.

El sitio duró ochenta días. Los cañones disparaban desde el lago, los canales se tornaron rojos de sangre, el fuego se extendía por doquier oscureciendo el cielo con su humo negro y apareció la plaga de la viruela, traída de Europa, que no perdonó a los guerreros ni al nuevo tlatoani Cuitláhuac, sobrino de Moctezuma. El joven Cuauhtémoc, de Tlatelolco, fue nombrado para reemplazarle.

La feroz batalla duró hasta que ya no había ni siquiera raíces que comer o piedras o flechas para disparar. Violencia adentro y violencia afuera. Los cadáveres se apilaban en las calles, en las casas y en los canales. Se dice que murieron treinta mil aztecas y veinte mil aliados de Cortés. "He leído acerca de la destrucción de

Jerusalén, pero no creo que la mortalidad fuera mayor que aquí en México", fueron las palabras de Bernal Díaz del Castillo, quien presenció el sitio de Tenochtitlan.

El torbellino que había soplado sobre el antiguo México durante dos años se extinguió con un doloroso gemido a la caída de la gran ciudad.

Se dice que el joven Cuauhtémoc, el último tlatoani, se presentó ante Cortés con su puñal diciendo: "Estamos vencidos. Toma esto y mátame". Pero Cortés lo mantuvo prisionero y lo torturó para que revelara el escondite del tesoro de Moctezuma, tesoro que nunca se encontró. Más tarde, en la expedición a las Higueras, Cuauhtémoc fue ahorcado al ser acusado de conspiración.[13]

Herido en cuerpo y alma, un Caballero Águila se sentaba entre las ruinas de la gran Tenochtitlan y recordaba las enseñanzas de los dioses: No se puede encontrar la verdad aquí, sólo puede encontrarse más allá de lo tangible y lo visible. *Un poema de Nezahualcóytl fue lo último que cruzó por su mente:*

Hemos venido sólo a dormir,
hemos venido sólo a soñar.
Nuestro cuerpo es una flor
que florece y se marchita,
pues la vida es un don efímero
y este mundo no es permanente.

Hoy en día, en la Plaza de las Tres Culturas, en Tlatelolco, en la Ciudad de México, lugar de las últimas batallas entre españoles y aztecas, una placa proclama:

---

[13] Una hermosa estatua de Cuauhtémoc se levanta hoy en la avenida principal de la Ciudad de México, el Paseo de la Reforma.

El 13 de agosto de 1521, Tlatelolco defendido heroicamente por Cuauhtémoc, cayó bajo el poder de hernán cortés. No fue un triunfo ni una derrota, sino el nacimiento doloroso del pueblo mestizo que es el México de hoy.

CAPITULO III

El Nuevo Mundo

En Europa, otro imperio estaba siendo vencido por la fuerza de un sólo hombre. El sacro imperio romano, cuyos emperadores habían ejercido un poder absoluto en Europa Occidental durante tres siglos, comenzaba a debilitarse. Martín Lutero, excomulgado por la iglesia católica, en sus famosas noventa y cinco cláusulas contra la iglesia católica había provocado cambios políticos y culturales en una sociedad estática. Era tiempo para la Reforma.

1521. El rey Enrique VIII de Inglaterra comenzó un movimiento para poner a la iglesia bajo la autoridad de su corona y romper con el Papa. Así nació la Inglaterra anglicana y después protestante.

Ese mismo año, en España, la rebelión de los comuneros demandando derechos constitucionales fue aplastada por los nobles, aumentando así el poder de Carlos V, el emperador de Habsburgo que había aportado los Países Bajos, Austria y Alemania a la corona española. Añadiendo a estos países las posesiones en Italia, el poderío de España no tenía rival en Europa.

Mientras tanto, en el Pacífico, Magallanes descubrió las Filipinas y las conquistó para España y Miguel

Ángel terminó su trabajo monumental en la Capilla Medici en Florencia.

Una era de ilustración y de renacimiento dio un gran ímpetu creativo a las artes, los nuevos inventos, nuevas leyes, la importancia de la vida secular, los derechos individuales y los nuevos descubrimientos. Se abrió completamente el horizonte.

FRENESÍ DE CONQUISTA

Después de 1500, Europa acometió al Nuevo Mundo como una gran marea, con una furia de expediciones para controlar y dominar las rutas comerciales. A pesar de que las antiguas culturas de los países descubiertos eran superiores en muchos aspectos, los europeos se creían los únicos poseedores de la verdadera religión y los dueños de los mares. Despreciaban la cultura, los valores y los logros de los pueblos y los alteraban o destruían drásticamente.

Una vez que los portugueses cruzaron el Cabo de Buena Esperanza y Colón descubrió las Indias, más tarde bautizado como América, controlar el flujo de mercancías exóticas del este hacia el oeste se volvió la obsesión de los países de Europa.[14] La pólvora fue su mejor aliado; aunque los chinos la conocían desde hacía siglos, fueron los avances en la metalurgia europea los que produjeron una artillería tan formidable. Las galeras turcas, que se movían con base en remeros, esclavos y juncos de guerra chinos mal armados, no se podían comparar con los rápidos barcos mercantes con cañones a sus costados. Desde el punto de vista psicológico, los

---

[14] Era un proceso en una sola dirección, pues hacia Europa solamente llevaban a turcos y esclavos.

europeos estaban preparados para explorar y abiertos a un futuro cambiante y de aventuras, mientras que las culturas antiguas luchaban para quedarse aisladas, incluso de sus vecinos, con quienes habían comerciado durante siglos.

Durante más de un siglo, los portugueses fueron los que encabezaban el comercio europeo con África del Norte y Asia, arrasando con todo lo que se presentaba a su paso, utilizando el poder de sus armas de fuego y construyendo una cadena de fortalezas con bases en el oriente. Ya para 1513, los portugueses habían llegado a las Islas de las Especias (Las Molucas), apoderándose de algunas islas descubiertas por exploradores españoles, hasta que solamente dejaron las Islas Filipinas a la corona española.

Tras establecer una ruta al continente americano, inversionistas, navegantes, soldados-aventureros y la misma corona española se apresuraron a formar y financiar expediciones desde las islas del Caribe en poder de España. La creencia de Colón de haber alcanzado "las Indias", islas que Marco Polo había descrito que estaban en la parte del este de Asia, fue descartada, pero los nativos americanos fueron erróneamente llamados "indios".

Mientras los navegantes portugueses viajaban más hacia el oriente, los españoles exploraban los territorios recién descubiertos. Los barcos españoles navegaban bordeando las costas y cuando se conoció la riqueza del imperio azteca, el oro fue el gran motor de sus expediciones.

La primera mitad del siglo XVI fue una era de descubrimientos y conquistas impresionantes. A principios de siglo, Américo Vespucio navegó al sur del continente americano y los cosmógrafos le dieron su nombre al Nuevo Mundo en 1507, ya muerto Colón.

Para 1511, España había establecido una importante base en Cuba. En 1513, Vasco de Balboa cruzó el Istmo de Panamá y descubrió el Océano Pacífico. Ese mismo año, Ponce de León descubrió la Florida. Mientras Cortés conquistaba Tenochtitlan, Fernando Magallanes navegó siguiendo la costa oriental de Sudamérica y a través de pequeños estrechos en la punta sur del continente, logró llegar al Pacífico y descubrir las Islas Filipinas, nombradas así por el rey Felipe II de España. Desde México, Cortés se dirigió al sur y pronto conquistó los antiguos reinos mayas de Guatemala y Honduras, estableciendo "capitanías" en estas provincias.

Navegando por el Atlántico Sur, los españoles descubrieron el Río de la Plata y allí fundaron Buenos Aires. También cruzaron a pie los Andes y llegaron a Chile. Desde Panamá bajaron hacia el sur y tomaron para la corona los territorios de Nueva Granada, el Alto Perú y Paraguay. En el norte del continente americano, los conquistadores españoles fueron desde la Florida hacia el río Misisipi. Las expediciones encabezadas por Cabeza de Vaca, Hernando de Soto, Vázquez de Coronado y otros consolidaron varios territorios desde la Florida hasta California. Los españoles descubrieron Virginia y las Carolinas, donde no encontraron depósitos minerales ni grandes plantaciones de los nativos. Dominar a las tribus nómadas no les interesaba en ese momento, por lo que se dedicaron a explorar la costa del Pacífico, que prometía un mayor beneficio. Llegaron a Vancouver, Canadá, y nombraron algunas pequeñas islas. A principios de ese siglo, los ingleses ya habían empezado a explorar la península del Labrador y el río Hudson, obsesionados por encontrar un pasaje por el noroeste. No tardó mucho una expedición francesa a cargo de Jacques Cartier en explorar lo que después sería Canadá.

En el año 1528, hubo gran júbilo en España cuando llegaron noticias de que Francisco Pizarro, viajando desde Panamá, había descubierto un "imperio" similar al azteca. Ubicado en la cordillera de los Andes, el imperio inca habría podido controlar la cadena montañosa y explotar sus riquezas portentosas durante siglos.[15] Pizarro venció a los incas en 1533. Al final, en un acto de traición, aceptando oro para perdonar al último de sus reyes, lo mandó ejecutar.

La fiebre de conquista se apagó hacia mediados del siglo XVI. Se trazaron mapas rudimentarios de los dos grandes continentes, Europa y Asia, separados por una enorme extensión de agua, los océanos.

A excepción de Brasil en el hemisferio sur, que fue reclamado por los portugueses a principios de siglo y los territorios septentrionales en el hemisferio norte, reclamados por Francia e Inglaterra. España era la dueña del nuevo mundo llamado simplemente "América". Murieron muchos nativos por enfermedad o trabajo agotador,[16] mientras que en algunas áreas poco pobladas como Costa Rica y Río de la Plata la población nativa fue casi aniquilada. En Chile, en donde los nativos permanecieron en las alturas de los Andes, los conquistadores y los indios permanecieron separados.

Las conquistas dejaron un reguero de sangre y brutalidad. Intolerancia y racismo prevalecieron para reprimir a los nativos y convertirles a la nueva religión. Algunos soldados españoles ambicionaban fama, honra

---

[15] Erróneamente llamado así. Era el imperio de los quechuas y los aymaras. Inca era un cargo, un señor o jefe principal.

[16] La esclavitud de los indios fue prohibida desde el testamento de la reina Isabel la Católica, en las Leyes Nuevas.

y fortuna, y se consideraron instrumento de la providencia. No entendían ni trataron de entender las culturas nativas. La violencia creó más violencia. Pero no se puede negar la fibra y el coraje de aquellos hombres que, navegando en frágiles barcos, en grupos expedicionarios pequeños, soportaban dificultades extremas sin saber a dónde iban ni lo que iban a encontrar al atravesar las sierras y los Andes a pie con sus pesadas armaduras, logrando crear un imperio. Muchos sucumbieron con la misma crueldad que ellos habían aplicado. Se puede decir que América fue conquistada con la espada y la cruz.[17]

A partir del descubrimiento de América, la marcha de la humanidad no pudo ser detenida. Cambió totalmente la imagen que el hombre tenía de sí mismo y de la Tierra en que vivía. ¡La Tierra sí era redonda! Surgió la idea global y la certeza de que toda la gente, en todas partes, vivía en el mismo planeta. El orbe estaba ya configurado.

Después de la noche de la conquista militar de la capital azteca, la tierra y el cielo estaban en una densa penumbra, tan densa que el relámpago sólo podía penetrarla como una chispa, y el trueno sonaba como un débil susurro. Era una oscuridad sin promesa de amanecer. Cuando el sol salió débilmente tras la noche oscura, proyectó un velo gris sobre los templos en ruinas y un viento frío se extendió por los callejones azotando las aguas de los canales de Tenochitlan.

---

[17] Uno de los cargos contra Cortés en su juicio de residencia fue que los indios le querían y buscaban su protección.

Tras la última batalla, después de respirar el olor a muerte y contemplando las ruinas, un marasmo se apoderó de la mente y el corazón de vencedores y vencidos. La victoria era un silencio vacío. Después, como una flecha que encuentra el centro de la diana, un pensamiento surgió en la cabeza de Cortés. "¿Cómo se gobernaría a estos vasallos del emperador de España?" Se calculaba que el Valle de Anáhuac, el corazón del imperio azteca, tenía una vasta población y existían otras etnias y otras ciudades-estado que tenían que ser dominadas y gobernadas.

Conquistar era una cosa, gobernar al conquistado otra. ¿Cómo se debía administrar esta tierra?

Los aztecas lloraban: "han matado a nuestros dioses, han acabado con nuestra danza y han destruido nuestra canción. ¿A dónde iremos? ¿Quién nos guiará?".

Los fuegos celestiales murieron en el río lechoso donde observaban las estrellas y donde la diosa luna se alimentaba.

Una era renacentista barría Europa, pero la Nueva España había nacido en el crepúsculo renovado del feudalismo.

Con su habilidad para aprovechar cada situación, Cortés obtuvo de la corona española el título de capitán general de la Nueva España. Su prioridad fue construir una capital. Ordenó destruir los templos geométricos y sus ídolos, y el escombro se utilizó para rellenar el lago. Pronto comenzó a construirse una ciudad española a la que se llamó simplemente "México". El plan era crear una inmensa plaza central flanqueada por arcos y galerías. Incluía una catedral, las casas reales, un mercado, una escuela, un hospital y el palacio del propio Cortés, en el lugar que había ocupado el de Moctezuma II. Este centro sería habitado principalmente por españoles y los cuatro barrios exteriores por los indios, parientes del linaje real de Moctezuma. La explosión de trabajo que se produjo llevó a fray Toribio de Benavente (Motolinía) a escribir: "Hay más trabajadores aquí que los que levantaron el templo de Jerusalén".

Los artesanos nativos aprendieron rápidamente a utilizar las herramientas de hierro. Para el año 1524, las formas geométricas habían sido remplazadas por estructuras planas de estilo románico, gótico o isabelino. Frente a donde estuvo la gran pirámide del Templo Mayor, los escultores nativos acababan la fachada ornamentada de una gran iglesia cristiana. Las mismas manos morenas que habían esculpido serpientes e ídolos modelaban ángeles regordetes y santos ascéticos. Poco a poco la antigua civilización fue enterrada bajo la nueva, pero la historia se infiltraba entre las piedras que guardaban la vieja cultura.

La conversión de los indios había sido un deber absoluto para Cortés. Comprendía que los indios conquistados vivían en un vacío espiritual. La religión había regido sus vidas. ¿Dónde estaban los coros de jóvenes danzando y llevando flores en las fiestas en honor de los dioses? "Las mismas piedras lloraban pues el dolor era tan intenso…", escribía Fray Diego Durán. Las miradas brillantes, llenas de expectación, eran ahora apagadas, tristes y abatidas. Bajo una máscara de obediencia, hacían lo que les ordenaban e iban donde les decían. En sumisión silenciosa, buscaban encerrar su orgullo, mantenerlo sin mancha y esconder su humillación.

Cortés envió una petición vehemente al emperador Carlos V solicitando el envío de los mejores misioneros para instruir a los indios y salvar sus almas.

En Europa, el Papa estaba siendo contrarrestado por los seguidores de Lutero. El Nuevo Mundo ofrecía a los evangelizadores católicos la oportunidad de retomar su cruzada apostólica.

Los primeros misioneros que llegaron fueron tres monjes de Flandes y doce franciscanos, quienes caminaron descalzos desde Veracruz, atravesando las montañas. Estos humildes hombres de Dios fueron recibidos con estupor y respeto por las masas de indios acostumbrados a la arrogancia y crueldad de muchos conquistadores. El mismo Cortés se arrodilló a besar las enflaquecidas manos de los religiosos y la orla de sus hábitos.

Para el año 1536 habían llegado otros misioneros: siete agustinos y doce dominicos. Gracias a estos frailes mendicantes educados que se dedicaron a aprender el náhuatl, se conservó mucha de la historia de los mexicas, ya que la gran biblioteca de Tenochtitlan fue destruida a petición del primer obispo en su lucha por acabar con la cultura pagana. "Saqueamos la ciudad, pero no encontramos nada de valor, así que quemamos la gran casa donde se almacenaban todas las crónicas de sus antiguas hazañas", escribió Cortés a Carlos V. [18]

Cuenta la tradición piadosa que en el mes de diciembre del año 1531, en la madrugada, Juan Diego, un indio converso, muy devoto, se dirigió a Tlatelolco a oír misa. El lucero del alba brillaba intensamente, mientras se aproximaba al cerro del Tepeyac, donde estaban las ruinas del templo de Tonatzin, la antigua madre de los dioses.

Un testimonio de la época advierte:

---

[18] No todo fue destruido y mucho del mundo indígena permaneció.

Escuchó un canto dulce de ángeles, como un coro de aves y una voz de mujer le llamó por su nombre atrayéndole hacia las ruinas en la cima del cerro. Allí en lo alto estaba una señora con sus vestiduras brillantes como el sol, las rocas en que se posaba irradiando haces de luz, convirtiendo el color seco de los cactus en hojas de un verde luminoso. Juan Diego abrumado se preguntó: "¿Estoy soñando?". La señora le dijo: "Juan, Juan Dieguito, yo soy la virgen María, la madre del único hijo de Dios, el único dador de vida, el creador de donde proceden todas las cosas, Señor de los Cielos y Tierra. Deseo que me construyan un templo aquí. Aquí ofreceré mi amor y mi misericordia a todos los que habitan en esta tierra e invoquen mi nombre. Escucharé todas sus quejas y recibirán alivio a sus penas y tristezas. Ve con el obispo de México y cuéntale todo lo que has visto y oído. Ve".

Asombrado, Juan Diego corrió a llevar el mensaje. "He visto a la Madre de Dios", *dijo al obispo fray Juan de Zumárraga. Pero el obispo no le creyó y pidió alguna prueba de lo que decía. Juan Diego regresó cabizbajo a su pueblo.*

A la semana siguiente, el 12 de diciembre, Juan Diego tuvo que cruzar otra vez por el cerro del Tepeyac de camino al convento de Santiago, donde su tío se estaba muriendo. De nuevo se le apareció la virgen. "Tu tío está completamente curado", *le dijo.* "Ahora ve y di al obispo que me construya una iglesia."

Milagrosamente, aparecieron rosas en su camino, él las recogió en su ayate y se las llevó al obispo. Cuando Juan Diego abrió su ayate en el palacio del obispo, las rosas se esparcieron por el suelo y en el rústico tejido de su tilma apareció la imagen de la virgen María, tal como la había descrito.

"La virgen morena" de Guadalupe se convirtió en la santa patrona de México. Hoy en día, su imagen en el ayate de Juan Diego preside una basílica moderna y funcional. Millones de peregrinos la visitan cada año el 12 de diciembre, día designado por la iglesia católica para celebrar la fiesta de la Guadalupana. En el patio, danzantes emplumados con conchas atadas a sus tobillos bailan rítmicamente al son de los tambores. Moros y cristianos pelean una batalla en una danza, mezclando así la nueva y las antiguas religiones.

Recientemente, el papa Juan Pablo II canonizó a Juan Diego, aceptando como milagroso su encuentro con la virgen. El misterio de la virgen de Guadalupe impresa en la tilma de Juan Diego y el buen estado de conservación del lienzo continúa asombrando tanto a los científicos como a los no creyentes.

La iglesia había cuestionado si los indios tenía alma o no, debido a la práctica de sacrificios humanos, el canibalismo, concubinato y otras acciones escandalosas (se ha dicho que Moctezuma tenía más de cien concubinas). En 1537, el papa Pablo III emitió un edicto considerando que los indios eran seres racionales y por lo tanto sujetos aptos para el bautismo. En la segunda mitad del siglo XVI se bautizaron miles de indios, a veces bajo amenazas y con un mínimo de instrucción (existe la duda de si el converso rezaba a san Miguel o a Hutzilopochtli). Los términos "cristiano" y "persona" se volvieron sinónimos, ligando a la iglesia y el estado tal como habían estado unidos antes de la llegada de los conquistadores.

Los primeros cien años estuvieron marcados por un gran celo misionero. Un nuevo panteón arropado por el cristianismo europeo reemplazó al antiguo. Los ritos de muerte de los aztecas habían inculcado una actitud fatalista en el alma de los indios. La vieja liturgia celebraba la muerte, la nueva liturgia celebraba la vida. Para los pueblos prehispánicos, la muerte y la vida eran aspectos de la misma realidad, los muertos eran en esencia "no-muertos" que pasaban de un plano a otro. Los asuntos no resueltos en ese mundo tendrían que ser resueltos en el otro. Estar en armonía con los dioses era el propósito de esta vida.

Para los cristianos sólo existía un dios. Dios hecho hombre que vino a redimir al hombre de sus pecados y la muerte eterna. Cristo prometió una existencia sin pesares en la vida futura. El camino era la cruz, el mal se castigaba con el fuego del infierno y el cielo era la recompensa por practicar el bien. Los santos reemplazaron a los ídolos. En lugar de una legión de dioses, sólo existía uno, un Dios, cuyo hijo se había sacrificado por los hombres. Los aztecas encontraron intercesión a través de los sacerdotes. Necesitaban consuelo y éste fue el triunfo del México católico.

El misionero fray Pedro de Gante utilizó la música para promover la nueva doctrina. Nacido en Flandes, en 1480, gran humanista, teólogo y músico, era pariente de Carlos V. Estableció la primera escuela de música en América, en 1523, a la orilla del lago de Texcoco, donde una actividad incesante estaba transformando a Tenochtitlan en la capital de la Nueva España. Voces indias se unieron a las españolas para formar un coro y los tambores prehispánicos aprendieron a marcar nuevos ritmos para glorificar al nuevo dios.

Como gobernador de la Nueva España, Cortés estaba entre dos conflictos: la corona de Castilla, deseosa de imponer el orden y la justicia, y los intereses de sus propios hombres. Además continuamente llegaban más aventureros con afán de enriquecerse fácilmente.

El sistema agrario de los aztecas dividía la tierra entre los clanes (calpulli); el individuo trabajaba para la comunidad. Ahora toda la tierra era propiedad de España. Para crear un tipo de gobierno, Cortés estableció el sistema de la encomienda. En principio era una institución benéfica para la cristianización de los indios. Se consignaba un grupo de indígenas al encomendero, un español, quien recibía tributo y servicio de los indios a cambio de protección y enseñanza. También fue la forma de premiar a los conquistadores por su esfuerzo durante la conquista. El encomendero tenía derecho a portar armas y estaba obligado a pagar tributo al estado.

Grandes extensiones de terreno fueron adjudicadas a los soldados de Cortés; la encomienda no concedía título a las tierras, sólo permitía cosechar lo que el trabajo producía. Se crearon abusos y la brutalidad llegó al extremo de que algún encomendero señalaba con marca de hierro a los indígenas bajo su mando.

La corona otorgó encomiendas a los antiguos señores aztecas. Casó a algunas hijas de Moctezuma con señores españoles y a los señores de Tlaxcala y de Texcoco les concedió autoridad sobre sus propias ciudades. De esta manera premiaron Cortés y la corona a sus aliados.

Carlos V promulgó un decreto prohibiendo la encomienda en cuanto supo de los abusos que se estaban llevando a cabo, pero el sistema no se erradicó completamente hasta siete años después.

En 1563, el último encomendero fue relevado de su posición y los administradores españoles tomaron el control hasta 1570.

El emperador de España envió funcionarios, oficiales asalariados que administrarían las nuevas posesiones de ultramar. El primer virrey con autoridad sobre todos los asuntos de la Nueva España llegó en 1535. Gobernó para unos mil españoles y unos tres millones de indígenas. De todas las posesiones en América, la Nueva España era la más poblada y la que aportaba mayores beneficios. La autoridad máxima entre los aztecas, el tlatoani, había sido substituida por otra autoridad: el virrey, como una extensión del rey, era "el otro yo del rey".

Pocos años después de la llegada del virrey, Cortés, desilusionado y sin grandes reconocimientos, volvió a España y fue asignado por Carlos V a la campaña de Argelia; murió en suelo español en 1547.

Cortés entró a la historia cuando España ascendía al poder en el mundo. Cuando desembarcó en las costas del México antiguo, Tenochtitlan había alcanzado su cénit y el descontento había creado fisuras en el imperio de Moctezuma.

Al igual que Colón, Cortés tenía un sentido misionero que intentó cumplir por todos los medios. Fue un actor principal en la intrusión de Europa en América y de la parcial destrucción del mundo de sus pobladores indígenas. Muchos historiadores dicen que si no hubiera sido Cortés, habría sido otro, pues una vez descubierto el continente de América, los indígenas estaban destinados a cambiar su forma de vida. Me pregunto, ¿cómo sería México si los ingleses lo hubieran conquistado?

Con menosprecio, algunos consideran a Cortés como el progenitor de la raza mestiza y a la Malintzin (Malinche) como una traidora. Ella no traicionó a su pueblo, pues no era mexica. A pesar de sus detractores, no se puede negar el valor y astucia de Cortés. Mucho se ha escrito sobre Cortés y Moctezuma, dos hombres poderosos con una visión totalmente diferente del mundo.

Su paso por la historia muestra a uno como vencedor y al otro como vencido.

En su testamento, Cortés pidió ser enterrado en la tierra que había conquistado. Después de muchas exhumaciones en España y México, sus restos reposan finalmente en la Ciudad de México, en el Hospital de Jesús, que él fundó en 1527 y que aún sigue sirviendo a los necesitados.

CAPÍTULO IV

EL BOTÍN DEL REY

Desde el principio de la conquista, el oro había sido la atracción de los conquistadores. Los indígenas extraían el oro y la plata de las vetas visibles en las montañas. Para los europeos, el método utilizado era seguir una veta bajo la tierra a través de las minas. Con el uso de bombas y pozos, las minas producían mayor cantidad de mineral. Varias galerías se podrían conectar en las profundidades de la tierra, creando cavernas subterráneas con grandes cámaras e infinidad de corredores.

En la segunda mitad del siglo XVI, se produjo un auge en el descubrimiento y desarrollo de la minería. La fiebre por obtener oro y plata contagió al rey y a sus súbditos, y la fuerza motriz de la actividad minera fue el trabajo indígena. La mayor parte de los concesionarios de las minas eran encomenderos que tenían derecho a usar a los indios en sus tierras. Al horadar cada vez más profundamente en la mina, el trabajo del minero era brutal; se organizaba en cuadrillas encabezadas por los barreteros. Bajo sus órdenes, los peones abrían túneles, extraían el material con una barra y llenaban los tenates con el mineral. El pesado bulto era llevado en la espalda de un tenatero que lo apoyaba con una correa en su frente. Algunas cargas llegaban a pesar noventa kilos.

Una vez que el tenatero aseguraba su carga a la espalda, comenzaba su penosa ascensión circular a través de cientos de pequeños peldaños esculpidos a los lados del pozo, subiendo más y más hasta llegar a la boca de la mina al ras del suelo. Trabajaban en turnos de ocho a diez horas. Si un hombre resbalaba, caía con su carga a las profundidades de la mina arrastrando con él a los compañeros que venían abajo. "He presenciado escenas que sobrepasan el infierno de Dante", escribió un religioso al respecto. Por eso, para la mayoría de los mineros indígenas la muerte era un amigo bienvenido.

Al abrir más y más minas al norte del país —Querétaro, Guanajuato, Zacatecas, Durango— los indios chichimecas atacaban continuamente a los españoles y sus largas filas de mulas cargadas con plata hacia la Ciudad de México. ¡Los invasores tomaban su territorio! Estos indios nómadas, a quienes los aztecas nunca pudieron dominar, atacaban los asentamientos españoles sin piedad.

De 1550 a 1590, las guerras contra los chichimecas fueron continuas. Para contrarrestar el peligro se trajeron cuadrillas de indígenas amigos que lucharon al lado de los españoles y poblaron el territorio invadido. La inmigración de estas tribus del área central, que hablaban lenguas diferentes, reforzó el uso del idioma español como medio de comunicación. Los españoles otorgaban a los inmigrantes mejores condiciones de trabajo: buena paga y el partido —el privilegio de sacar un bulto de pepena, fragmentos de mineral, que podían vender o "reducir" por su contenido de plata.

Para fines del siglo XVI, los chichimecas habían sido incorporados casi en su totalidad a las nuevas poblaciones. Un chichimeca converso llegó a fundar la ciudad de Querétaro.

Las primeras carreteras fueron veredas trazadas para las recuas de mulas cargadas de plata que atravesaban cañones y montañas. A mediados del siglo XVI, con objeto de abastecer a las comunidades mineras, se construyó una carretera desde la capital hacia el norte, hasta la importante ciudad minera de Zacatecas. Se llamó El Camino Real y hoy en día pueden verse aún trazos del empedrado, desgastado por el tiempo, en las hermosas ciudades virreinales del Bajío en la Meseta Central.

El Camino Real fue prolongado posteriormente hasta la provincia de Nuevo León, al fundarse la ciudad de Monterrey, y se continuaría hasta California, con desviaciones y ramales a lo largo de esa importante vía.

Inmediatamente después del descubrimiento de América, el papa Alejandro XVI promulgó una bula otorgando una buena parte de las tierras descubiertas y por descubrir a los reyes católicos de España y otras, al rey de Portugal, cuyo deber sería la conversión de los infieles. Las misiones fueron autosuficientes y de vital importancia durante el periodo virreinal.

Los vastos territorios del norte de la Nueva España siempre constituyeron un problema: desiertos, espinos, calor, frío intenso e indígenas hostiles que impidieron el camino de los españoles hacia el norte. Sólo los más aventureros dejaban el clima templado de la meseta central, donde abundaban el agua, la comida, las flores y la vegetación. Fueron los misioneros los que colonizaron el norte, hombres con el celo evangelizador y civilizador pronto construyeron conventos y misiones a lo largo del Camino Real. Las misiones se establecieron para reunir a los grupos nativos en poblaciones, para poder convertirlos al cristianismo y enseñarles a vivir en una sociedad que aseguraría su supervivencia.

Los jesuitas fueron los primeros que llevaron la cruz a las regiones lejanas del noroeste. Uno de los primeros frailes fue el padre Eusebio Kino, quien en 1687 empezó a evangelizar los grandes territorios que ahora conforman Sonora, Sinaloa, la actual Arizona y partes de California. También fue él quien descubrió que Baja California no era una isla, sino una península.

No existe en los anales de la historia un ejemplo de la defensa incondicional hacia los vencidos, como la que proclamaron estos santos religiosos. Uno de los mayores defensores fue fray Bartolomé de las Casas, un fraile dominico que había sido antes un rico encomendero. Por su defensa acalorada de los indios fue un elemento importante en la corte de Carlos V. Cuestionó el derecho que tenían los españoles a ser dueños de indios e incluso cuestionó el derecho de la corona: "Durante sesenta años [los indios] han sido robados y tiranizados. ¿Qué obligación tiene esta gente inocente e infeliz de satisfacer las necesidades de la corona de España?".

El Consejo de Indias, establecido en Sevilla, en 1524, para administrar los asuntos de la Nueva España y de otros dominios americanos, promulgó una legislación protectora y envió comisionados especiales para cumplir las nuevas leyes.

La educación era también un asunto prioritario. Los hijos de los nobles y capitanes indígenas estudiaban latín, lógica, matemáticas, filosofía y teología. Escuelas conventuales se establecían para enseñar a leer a las mujeres indígenas. En 1551 se establecieron las primeras universidades en México y Perú. La primera imprenta de América había llegado a México en 1536.

Los barcos llegaban a Veracruz desde España con regularidad trasportando a misioneros, monjas, arquitectos, filósofos, tapices y muebles finos estilo Renacentista, también animales, comerciantes, todo tipo de provisiones e inquisidores.

La Nueva España empezó a parecerse a la "Madre España". A diferencia de las colonias inglesas, la Nueva España no era una colonia sino un reino, una extensión de la misma España. Conquista y colonización no significan lo mismo. Nueva España era administrada como un virreinato. El trabajo y la obligación del virrey eran proteger la propiedad del rey. El virrey tenía la completa autoridad de la corona y su voz era la voz del rey.

Aunque se ha utilizado el término equívoco de "México colonial", el país no funcionaba como las colonias inglesas que se autogobernaban obteniendo una "carta" de la corona inglesa para establecer sus poblados.

Durante el siglo XVI los esclavos negros capturados por portugueses habían comenzado a llegar desde África para trabajar en los campos y en las minas. Para mediados del siglo XVII, la fisonomía de México había cambiado. Entre las mezclas de razas existían dieciséis castas oficiales: en la parte superior de la lista estaban los criollos, hijos de padre y madre españoles nacidos en México. Seguían los mestizos, hijos de español con india y, finalmente, los mulatos, una combinación con la sangre africana.

España había sufrido las invasiones de celtas, fenicios, romanos, cartagineses, visigodos y setecientos años de ocupación árabe, por lo cual los españoles estaban acostumbrados a una sociedad multiracial. En principio, el nombre de castas no significaba restricción religiosa o legal; sólo se utilizaba para identificar los tipos de sangre que existían en la Nueva España. La casta de una persona era determinada por el grado de cruce entre la sangre europea, india o africana. Posteriormente, la casta sí llegó a determinar el lugar social de una persona.[19] La necesidad de esclavos fue mínima en México, y los negros, como grupo étnico, desaparecieron a causa de los matrimonios mixtos.

Tras la abolición de la esclavitud y de la encomienda para mantener a los indios en las grandes haciendas o en las minas, se obligaba al peón a endeudarse eternamente. Hubo generaciones que trabajaron en la misma hacienda y a veces los peones nacían cargando con la deuda de su padre. La tienda de la hacienda o la tienda de raya era la única fuente de abastecimiento: aceite, trigo, azúcar, ropa, herramientas... El dueño de la hacienda era el proveedor y el salario del peón su garantía de pago. Tal como sucedía en las plantaciones de algodón de las colonias norteamericanas, era un sistema de endeudamiento que garantizaba continuamente una fuerza de trabajo.

En 1576, una epidemia de tifus diezmó la población indígena que trabajaba en la agricultura y el ganado de las grandes haciendas de las provincias del norte, por lo que se vieron forzados a aceptar inmigrantes de las tribus de la región central que hablaban lenguas diferentes. Esto también reforzó el uso del español como lengua única y de esta manera se fue forjando poco a poco una nación.

En la parte superior de la estructura social estaban los peninsulares: españoles nacidos en España. En trescientos años, no más de trescientos mil españoles

---

[19] Los cuadros o pinturas de castas fueron producto de la Ilustración (siglo XVIII), periodo en que se clasificaban plantas, animales y seres humanos.

llegaron a la Nueva España, y sólo muy pocos de ellos eran mujeres. Seguían los criollos, nacidos en tierra americana, y después los mestizos que estaban por debajo de los criollos pero por arriba de los indios puros. Estaban sujetos a la Inquisición y a las cortes civiles.

El paisaje que presentaba México también estaba cambiando. Rebaños de ganado, cabras y ovejas pastaban entre las plantas de maguey. El maguey era el regalo de Dios para los indígenas de México. Había sido utilizado como pergamino, aguja de coser, hilo de coser y fibra de bramante. Cuando estaba maduro, el maguey producía un dulce rico en proteínas, el aguamiel, que bebían los bebés para fortalecerse. El maguey fermentado producía el pulque, una bebida embriagante, que era un don divino para el trabajador cansado y explotado.

En los corrales había manadas de caballos. Los caballos salvajes, descendientes de los dieciséis que trajeron los conquistadores, habían emigrado al norte y habían sido amansados y criados por las tribus indias nativas. Las mulas, burros, bueyes, cerdos y pollos compartían el terreno del labrador novohispano que antiguamente sólo había tenido cerdos salvajes, pequeños perros comestibles y algún venado o guajolote.

Al disminuir el agua de los lagos aparecieron pantanos donde se plantó arroz y trigo que crecían rápidamente en el suelo tibio. Además de la tortilla se añadió a la dieta un pan de corteza dura. La cebolla y el ajo se volvieron indispensables en la cocina novohispana que se enriqueció también con limones, naranjas, manzanas, duraznos, lechuga, zanahoria, perejil y especias del oriente, que produjeron platillos ricos y de gran variedad. A pesar de que el maíz, el frijol y el chile seguían siendo los productos básicos, el azúcar y la manteca transformaron la cocina mexicana. El Nuevo Mundo aportó maíz, tomates, papas, calabazas, aguacates, vainilla, piñas y cacao, entre otros productos que se adoptaron en la dieta de toda Europa. Hoy en día la cocina de México es tan variada y exótica como el mismo país.

Los intentos de convertir a la población indígena por medio de misioneros habían hecho surgir grandes establecimientos en las provincias para la mitad del siglo XVII. Las escuelas y los hospitales eran dirigidos por las órdenes religiosas y la lengua española se fue anteponiendo a las lenguas indígenas. Después de los primeros cien años, el interés de la iglesia católica cambió de la conversión a la educación y a la propiedad de la tierra.

Las naos de la China. El galeón de Manila

Una vez que la cruz se había afianzado en América, España empezó a buscar, desde sus costas del Pacífico, un pasaje más corto hacia el oeste por los mares del sur hasta las ricas tierras del oriente. El grupo de islas remotas descubiertas en el lejano Pacífico por Fernando de Magallanes, conocidas como las islas Filipinas, se convirtieron en el bastión de España en Asia. Establecieron la capital en Manila, un puerto magnífico protegido y amurallado contra cualquier incursión enemiga.

Después de la conquista, cuando la capital de la Nueva España había surgido de las ruinas de Tenochtitlan, el mismo Cortés navegó bordeando el Pacífico hacia el oeste. Guías indígenas llevaron un pequeño grupo de exploradores por la abrupta Sierra Madre Occidental, descendiendo desde los bosques de pinos y valles rocosos hacia profundos barrancos calurosos y hasta lugares con una vegetación tropical exuberante.

Cuando apareció el océano Pacífico con sus aguas azules extendiéndose hasta el horizonte, Cortés posó su mirada sobre una bahía que superaba cualquier expectativa, una inmensa herradura protegida por colinas. ¡El puerto podía albergar a toda la flota española! A esta maravillosa bahía los españoles le dieron el nombre de Acapulco. Cortés, animado por su ardiente deseo de explorar y conquistar, mandó traer constructores de barcos y se embarcó en el primer navío para explorar el océano. Al naufragar intentando circundar la punta de una península, que luego se llamaría Baja California, Cortés dio su nombre a este estrecho mar y estableció la Santa Cruz, el puerto de San Sebastián, hoy en día La Paz.

Artesanos nativos muy hábiles con las maderas autóctonas trabajaron juntos con los constructores españoles de navíos para fabricar los primeros buques mercantes que atravesaban el vasto océano Pacífico, desde Acapulco a las Filipinas. Pero hasta 1565 no se encontró el "tornavuelta", la corriente y los vientos que podían asegurar el regreso certero a América de los barcos con su cargamento exótico.

Durante siglos, las islas Filipinas habían sido una encrucijada cultural y comercial para los chinos, malayos, hindúes y japoneses. Para 1571, Manila era un puerto amurallado lleno de actividad regido por un gobernador español, con sus calles repletas de soldados españoles, sacerdotes, oficiales y mercaderes que comerciaban en una docena de idiomas diferentes. Los almacenes y depósitos estaban abarrotados de mercancías exóticas. Pronto los astilleros filipinos construyeron barcos de mayor tamaño, más fuertes y mejores aparejos de madera de teca y otras maderas más resistentes. Estos galeones regios, conocidos como "las Naos de la China", aportaron a la corona española tesoros envidiables. La Nueva España se convirtió en un puente entre el puerto de Cádiz en España y Manila, la virtual puerta de entrada a Asia. Los fabulosos galeones españoles abrieron la ruta para el comercio entre tres continentes: Asia, América y Europa, superando con creces el sueño de Marco Polo y Colón de abrir una ruta comercial al oriente.

Los galeones recorrían nueve mil millas en cada dirección y con frecuencia tardaban un año en realizar el viaje de ida y vuelta. Hasta que no se encontraron los vientos este-oeste y las corrientes favorables para guiar a los navegantes por la ruta tortuosa hacia el este, la orgullosa "Nao de la China" llegaba a Acapulco con las tripulaciones diezmadas por los peligros y las enfermedades.

La primera recalada de la nao era generalmente en Alaska y después a lo largo de la costa hasta el Cabo Mendocino en el norte de California, donde los misioneros ofrecían canastos de naranjas y limones a las tripulaciones afectadas por el escorbuto. A lo largo y ancho de California, los misioneros plantaron huertos de naranjas para dar servicio a los galeones, una vez que se descubrió que los cítricos eran un antídoto contra el terrible escorbuto.[20]

Un río de plata mexicana de las minas de Zacatecas, Pachuca y Guanajuato fluía a través del Pacífico. La plata se volvió muy apreciada y valiosa en Asia como un nuevo material para objetos preciosos. El dólar o peso de plata novohispana, marcado con un "chop" chino, se convirtió en la moneda de cambio más poderosa en el comercio asiático. La plata pagaba por el cargamento

---

[20] Un siglo más tarde, los limones se racionaban a los marineros de los barcos ingleses por decreto, de ahí el origen del apodo "limey".

proveniente del oriente consistente en hierro forjado, baúles de madera perfumada de sándalo, escritorios laqueados, objetos de jade, porcelana fina, textiles de seda y algodón, objetos de marfil labrados y una gran variedad de especias exóticas, joyería de filigrana en oro, etcétera.

Las pequeñas embarcaciones llenaban el puerto de Manila cuando los mercaderes de Borneo, Cambodia, Malasia, Siam, India y China llegaban a las islas Filipinas para exportar sus mercancías. Muchos crucifijos y santos que adornaban los salones de la Inquisición habían sido trabajados por los paganos en China.

El cargamento de oriente era subastado en Acapulco y la mayor parte se destinaba a otros galeones españoles que esperaban en el puerto de Veracruz. El cargamento de mercancía europea llegaba a Veracruz embarcando en Sevilla y Cádiz; entre ellos había artículos de piel, textiles, vidriería y cristalería, muebles finos y las últimas novedades de la moda. La materia prima enviada desde la Nueva España regresaba como productos terminados: el cuero se convertía en zapatos y el algodón en telas y confecciones. Los pasajeros que viajaban hacia el oeste eran comerciantes, colonizadores y sacerdotes dedicados, cuya nueva misión era convertir a los paganos de Filipinas. Este comercio que abarcaba medio mundo, el comercio con China, realizado por intermediarios y oficiales poco honestos dio lugar al contrabando y la corrupción.

Los corsarios surcaban las aguas esperando a los galeones españoles como presa codiciada. Además de los piratas, los tifones y los arrecifes que no figuraban en los mapas hundieron a muchos de estos "Reyes de los Mares". En los doscientos cincuenta años del comercio con China (de 1570 a 1815, aproximadamente) cuarenta barcos no llegaron a puerto, ya sea porque fueron asaltados o porque fueron a descansar a las profundidades del océano.

La Nao de la China o Galeón de Manila partía de Acapulco en enero y con suerte regresaba en octubre. Una vez que el barco estaba bien anclado comenzaba la gran subasta en Acapulco. El administrador de la corona descargaba el cargamento, imponía "el quinto del rey" (veinte por ciento) y otros impuestos, y después permitía que los postores de Perú y Europa compitieran con los comerciantes novohispanos por las codiciadas mercancías.

Desde Acapulco partían los productos para Sudamérica por barco a lo largo de la costa del Pacífico. Los artículos destinados a España y las compras para la Ciudad de México se cargaban en una recua de mulas en un viaje que atravesaba cañones ardientes, bosques de pinos; subía a las alturas escarpadas y descendía a los valles, ya que la "ruta de China" atravesaba la Sierra Madre Oriental desde Acapulco hasta el puerto de Veracruz en el Golfo de México. Otras recuas de mulas entregaban plata en lingotes para ser acuñada en España. Villas como San Miguel el Grande (hoy San Miguel de Allende) fueron paradas en el lugar donde los animales, los muleros y los guardias militares comían, dormían y descansaban. Desde Veracruz los barcos navegaban con su cargamento valioso hacia Cádiz y a menudo eran presa de los piratas. Francis Drake, un famoso pirata inglés fue nombrado caballero por la reina Isabel de Inglaterra por sus robos y batallas contra los buques españoles que transportaban tesoros a España. ¡El asalto y robo a los españoles era considerado por los ingleses como una guerra santa contra el Papa!

En 1587, sir Francis Drake destruyó parte de la flota española en Cádiz y en 1588, en un intento de atacar a Inglaterra, Felipe II de España envió su poderosa "Armada Invencible" contra su enemigo, la reina protestante Isabel I. En una batalla naval desastrosa, donde la niebla y la tempestad jugaron un papel importantísimo, la gran armada española fue aniquilada.

En 1580, Portugal había sido anexada a España y pronto perdió su comercio con el Oriente, pues la compañía holandesa de las Indias estableció allí su supremacía comercial. Toda la riqueza y beneficios pasaron a manos de los holandeses.

Las flotas francesas y holandesas empezaron a aparecer en el Caribe. Capturando pequeñas islas que utilizaron como base, llegaron en sus correrías por el sur hasta Panamá, desde donde se embarcaba el oro del Perú para Europa. Los capitanes bucaneros hacían tratos para repartirse el botín y animaban a los oficiales del rey a romper el monopolio del comercio Europa-América. Las monedas de plata de las minas de Nueva España fueron el medio de transacción en ese comercio tan floreciente. La "pieza de ocho" española, o peso, se conocía como "dólar" por los comerciantes de habla inglesa, ya que era un término derivado de una moneda de plata alemana del siglo XVI llamada "thaler". Cuando México logró su Independencia, en 1821, aportaba dos tercios de las riquezas de España.

Las "naos de la China" dejaron una marca indeleble en un mundo que se abría a nuevos horizontes de mercancías y culturas.

En 1620, Juan Pérez Apatzin volvía a sus labores en los campos de maíz y llegando a su choza se echó en una estera de paja. Su mujer, de rodillas en la tierra, abanicaba un brasero en el que se cocían los frijoles; junto a ella un montón de torti-

llas calientes estaban envueltas en un trapo de algodón. Ella se levantó y le sirvió un vaso de pulque a su marido y después otro. Pronto estaría ebrio. El líquido blanquecino lechoso fermentado de la planta de maguey, venerada por sus antepasados, y que se permitía beber sólo en las celebraciones especiales, era el único escape al hastío y al trabajo constante de su vida. Sentado en una silla de madera, su hijo mayor observaba elevarse el humo y salir por el techo inclinado de la cocina.

De repente el brillo de un relámpago iluminó la choza, seguido del estruendo del trueno.

—Los dioses están gruñendo —dijo Juan en náhuatl.

Una veladora parpadeó bajo un cuadro de la virgen de Guadalupe.

—¡Apágala mujer! —ordenó.

Después, de su morral de henequén sacó despacio una figura de piedra del viejo dios de la lluvia, Tláloc y la frotó con cuidado.

—Tláloc está regando el maíz.

—Tiemblo sólo de pensar lo que pasaría si el padre Rodrigo se enterara que guardamos ídolos de piedra —dijo su hijo en español.

Habían pasado cien años desde que Cortés sitiara la ciudad de Tenochtitlan.

CAPITULO V

LAS COLONIAS INGLESAS

1622. Un trueno rodó con gran estruendo desde el norte, donde densas nubes cubrían el litoral atlántico. En la costa lejana hacia el noreste del continente, una tormenta cambió su curso milagrosamente sin afectar a una bahía bien protegida donde un grupo de peregrinos ingleses desembarcaban en el territorio reclamado por Inglaterra. Buscando la libertad religiosa, ciento un hombres, mujeres y niños desembarcaron del "Mayflower" una mañana fría de diciembre de 1620, con una carta constitucional de la corona inglesa.

En 1621, cien años después de que los españoles conquistaran México, se fundó la colonia Plymouth. El "Pacto del Mayflower" afirmaba la igualdad de todos los hombres ante la ley y la subordinación voluntaria de todos los individuos a la sociedad. Seguidores de Juan Calvino, el reformador que había roto con Roma hacía un siglo, los derechos individuales y el autogobierno constituían las bases de sus creencias. Puristas y separatistas al máximo; estos "puritanos" jugarían un papel muy importante. Nueva Inglaterra se convirtió en el bastión del puritanismo en Norteamérica. Los hugonotes holandeses y franceses, huyendo de la persecución religiosa de la Francia católica, cruzaron también el océano y establecieron colonias en la misma costa este de América. Asimismo, algunos comerciantes suecos obtuvieron permiso de Inglaterra para establecerse en el nuevo mundo.

El rey de Inglaterra no ejercía un control directo sobre sus colonias; nombró algunos gobernadores pero la mayoría fueron elegidos por la asamblea de colonos. Todos los gobernadores debían de dirigir conjuntamente con las asambleas. Una de las obligaciones del consejo era cobrar los impuestos de la corona inglesa. A pesar de los distintos intereses y caracteres, los colonos eran europeos con una cultura similar y unidos en su celo por defender y aumentar su libertad de religión y autogobierno. Poco a poco fueron adoptando el inglés como lengua común e incrementando el mando de las asambleas elegidas por el pueblo. Los límites y usos de la tierra se determinaban en las reuniones y se comunicaban decisiones entre las colonias.

Tal como sucedió en la Nueva España, Nueva Inglaterra se convirtió en suelo fértil para los productos solicitados en Europa. El azúcar había llegado a la Europa mediterránea desde África a principios del milenio, pero todavía en el siglo XVI era considerada como un artículo de lujo. El clima favorable del Caribe había convertido a las islas en campos de caña de azúcar, plantados y cosechados por los nativos. Las sociedades de estas islas se basaban en las grandes plantaciones dominadas por unos pocos españoles. El azúcar también constituyó un producto importante en la Nueva España. El mismo Cortés se había ocupado de las plantaciones de azúcar en La Española, antes de llegar a Cuba. Sus dos molinos de azúcar o trapiches en la Nueva España fueron los primeros en el continente.

El trabajo extenuante y las enfermedades pronto diezmaron a la población nativa del Caribe debido a su constitución física delicada. En los primeros cien años, los efectos fueron devastadores. Dos tercios de los pobladores nativos murieron por exceso de trabajo o por las enfermedades contagiadas por los europeos, en particular la viruela, la más mortífera de todas.

Al disminuir la población nativa y aumentar la demanda de azúcar a Europa, los comerciantes portugueses comenzaron a traer gente de raza más resistente, los esclavos africanos. El lucrativo comercio de esclavos fue otorgado en exclusividad a las compañías francesas y holandesas para proveer a los asentamientos españoles en Haití, Dominicana, Cuba, Jamaica, Puerto Rico y Nueva España. Los españoles recibían los barcos de esclavos en las Indias Occidentales y los vendían a las colonias inglesas. Encadenados y en condiciones de hacinamiento, miles de cautivos negros murieron antes de llegar a ser subastados. Miles más murieron de hambre, por el trato cruel y las enfermedades, pero los traficantes, faltos de escrúpulos, acumularon grandes fortunas.

En las colonias inglesas empezaron a surgir grandes plantaciones de tabaco y arroz, especialmente en las regiones de la costa sur. Más tarde, enormes cultivos de algodón florecieron en el sur y con ello se incrementó el comercio de esclavos. Hoy en día miles de libros describen las injusticias cometidas en este tráfico inhumano de gente que era secuestrada sin posibilidad de defenderse o comunicarse con sus familias; golpeados, hambrientos, tratados y vendidos como mercancía... Un capítulo infernal de la historia de la humanidad.

Para protegerse del peligro del dominio español en la costa de sus colonias, los ingleses se apoderaron de una isla tras otra. Se establecieron en las islas de Jamaica, Las Bahamas, Barbados y Trinidad, y en tierra firme tocaron Belice y lo que sería la Guyana Británica. Tampoco los franceses y holandeses desaprovecharon el tiempo y la oportunidad que se ofrecía.

El Caribe se convirtió en la ruta más viajada del hemisferio occidental, y el espionaje y las batallas fueron más frecuentes en las pequeñas islas que constituían perfectos escondites para los piratas. Quien controlaba el Caribe, controlaba la riqueza del mundo. Hasta 1898, Cuba, la joya del Caribe, y Puerto Rico permanecieron como plazas fuertes de la corona española.

La Nueva España en el siglo XVII

El siglo XVII había entrado en Nueva España sin grandes acontecimientos. Las estaciones se sucedían en la alta meseta del Anáhuac. El destino manifiesto de Moctezuma II de mantener vivo al dios-sol para asegurar la continuación del universo había sido reemplazado por el de España de salvar las almas, poblar las tierras y extraer sus riquezas. El sol continuó saliendo por la mañana y poniéndose por la tarde, mientras los nombres de los antiguos dioses se volvieron sólo un débil eco en los pueblos. El español era la nueva lengua y el catolicismo la nueva religión. Estos dos factores hicieron posible la unificación de los dominios españoles a la largo de las Américas.

En México el arzobispo gobernaba al lado del virrey. Los conflictos entre la iglesia y el estado representaban una fuerte lucha de poder. Si un delincuente se refugiaba en un convento y la autoridad civil trataba de arrestarlo, era acusada de violar la autonomía de la iglesia.

Al principio de su reinado, los reyes católicos instituyeron la Inquisición para acabar con las herejías. Las mezquitas y las sinagogas habían sido parte del paisaje español durante setecientos años, pero la doctrina de los reyes católicos era "un país y una religión", y la ley conminaba a la gente a "convertirse o irse al exilio". La Inquisición era un lazo entre el gobierno civil y la iglesia, pero bajo la jurisdicción de la corona, no del Papa. La Inquisición poseía autonomía e inmunidad absolutas. Las cortes civiles nunca podían cuestionar sus normas o decisiones. Sólo ésta podía investigar, descubrir y castigar a los herejes.

A pesar de que la Inquisición se había extendido por Francia, Alemania, Italia e Inglaterra desde la Edad Media, los métodos más estrictos se adoptaron en España.

En la Nueva España, cualquier acusación anónima contra una persona por ser judío, bruja, protestante, o simplemente por tener una Biblia o un libro prohibido, podía ser causa de arresto. Solamente los indígenas no eran sujetos a la Inquisición, por ser personas que no eran herejes. Desde 1537, Pablo III había declarado que eran seres racionales y por lo tanto tenían alma.

La Santa Inquisición fue instituida en la Nueva España en 1571 y en los anales sobresale el año 1596 como el año en que se llevó a cabo el mayor número de arrestos.

Las campanadas del reloj de palacio despertó a Pablo a las cinco de la mañana. Se apresuró a levantar a su mujer e hijos. Se vistieron rápidamente, tomaron sus cobijas, su crucifijo y sus lámparas de aceite deseosos de tomar un buen lugar entre la multitud. ¡El acto había empezado! Pablo y su familia corrieron a la calle principal. Presidida por el virrey, aparecía la gran procesión. Le seguían sus augustos ministros con sus bastones de oro y, a continuación, los inquisidores elevando su terrible estandarte, la Santa Cruz. Una fila solemne de miembros del tribunal precedían a un centenar de prisioneros, de los cuales nueve iban a ser quemados en la hoguera. "Ya vienen, ya vienen", dijo el hijo menor de Pablo con un grito apagado, mientras la familia se apresuraba. Pablo se estremeció y apresuró su camino entre la multitud.

En la América hispana, la Inquisición protegió los dogmas de la iglesia, más como guardián de la conducta y la moral del individuo que como un instrumento de terror. En realidad la iglesia nunca estuvo interesada en adaptarse a las ideas progresistas. La Inquisición se abolió completamente en 1812.

ADMINISTRACIÓN

Para controlar los inmensos territorios, la administración de la Nueva España dependía de una autoridad rígida y centralizada. El virrey, nombrado por el Rey e investido con su autoridad absoluta, tenía jurisdicción sobre todos los asuntos administrativos. Bajo él estaba la Audiencia, como su consejo jurídico. Cada provincia era administrada por un gobernador, nombrado a su vez por el virrey. El cabildo, el consejo local, era presidido por el gobernador y estaba compuesto de alcaldes y corregidores. Los jueces visitaban los territorios y el pueblo era representado por un procurador especial seleccionado por el consejo local. Gremios de comerciantes (consulados) regulaban el comercio. En la capital, un cónsul nombrado por el virrey estaba a cargo de la mercancía que entraba y salía del país. España recibía un impuesto de todos sus súbditos, incluyendo los indios. Además, todas las mercancías que entraban o salían pagaban un impuesto en las fronteras que separaba a las provincias.

El virrey se reportaba al Consejo de Indias en Sevilla, creado para aconsejar y orientar al rey en lo concerniente a sus posesiones en América. En los trescientos años de dominio español hubo excelentes virreyes, hombres de visión que ayudaron al país a prosperar e impusieron leyes para corregir sus males. También hubo virreyes corruptos, preocupados por sacar provecho de su posición. El rey nombraba hombres íntegros, educados y cultos para el cargo de virrey, pero al transcurrir de tres o cuatro meses de enviar y recibir mensajes entre España y México, se prestaba a corrupción e irregularidades. Los recaudadores de impuestos, que eran oficiales reales, aprovechaban para robar "un poquito más".

En 1680, el Consejo de Indias reforzó la jurisdicción sobre los libros. Se convirtió en juez para decidir qué libros podían ser enviados a la Nueva España: novelas, historias, ensayos, libros de arte, de filosofía, incluso de astronomía fueron prohibidos. La primera imprenta había llegado a América en 1535, el Consejo de Indias tenía el control de lo que se imprimía. Solamente libros de virtudes cristianas debían ser leídos por los súbditos educados de la corona. El indio que podía leer estudiaba el catecismo y, algunos, latín y retorica. Homero, Virgilio, Dante, Kepler, Copérnico, Góngora o Cervantes se podían ver solamente en las bibliotecas de unas cuantas familias privilegiadas, la corte erudita y las instituciones religiosas.

José, nieto de Juan Pérez Apatzin, había hecho un buen matrimonio. Su mujer, una mestiza, había dado a luz a una hija de piel blanca que iba a la escuela parroquial. María Isabel era una niña piadosa y su inteligencia había llamado la atención del sacerdote de la parroquia. Él mismo la había enseñado a leer.

—Quiere entrar en el convento —dijo su madre—. Como puedes ver, le gustan más los libros que los hombres.

José y su esposa eran católicos devotos pero no entendían mucho del rito de la misa, que se decía en un idioma que ni siquiera era el de los conquistadores: el latín, una lengua que estaba aprendiendo su hija.

—Prenderé una veladora a san Francisco —dijo José—, y rezaré para que sea admitida.

Tener un hijo o una hija en la iglesia daba mucho prestigio, por lo que muchos y muchas jóvenes de la clase alta entraban al convento.

—Asegúrate de que lleve al padre Alfaro nuestro gallo más hermoso y el queso que hice ayer, su favorito —le recordó su esposa.

Dentro de las paredes del convento, una de las mujeres más inteligentes escribía sus famosos poemas. En 1689, los escritos de la más importante poetisa del mundo novohispano se publicaron como parte de una gran obra de tres volúmenes y esto le confirió el título de "Décima Musa de América". Sor Juana Inés de la Cruz era una monja cuya biblioteca particular contenía más de cuatro mil libros. Nació en 1678 y a los tres años de edad ya podía leer. Una hermosa joven criolla que había sido educada en la corte del virrey. Su inteligencia fue puesta a prueba en una disertación oral frente a los eruditos de la corte, demostrando así sus grandes conocimientos y su habilidad para razonar. Los asistentes se sorprendieron de las largas citas en latín sobre asuntos teológicos y filosóficos. El virrey comparó el encuentro con "un galeón real siendo golpeado por una flota de esquifes". La ciencia y la religión no eran disciplinas separadas, expuso la joven de quince años, siempre y cuando fueran inspiradas por un fin humanista. Su más vivo deseo era estudiar y escribir, en una época en que se consideraba suficiente que la mujer leyera sólo lo que era necesario para la salvación de su alma y la salud de su cuerpo. En el aspecto social existían tres clases en tiempos de Sor Juana: la eclesiástica, la corte y el pueblo. No era bien visto que una mujer expresara su opinión y menos todavía que expresara una pregunta; si desean hacer una pregunta, que sea a su esposo dentro de su casa. Ésa era la regla.

¿Dónde más sino en un convento, protegida por el hábito de monja, podía una mujer satisfacer su gran deseo de estudiar? A los diecisiete años, Sor Juana, al no aceptar un futuro de total sumisión y sujeción a las tareas matrimoniales, decidió ingresar a la orden de las Carmelitas Descalzas. No soportó la dureza de la regla Carmelita y se mudó al convento de San Jerónimo en la Ciudad de México. Sus obras comenzaron a circular dentro y fuera de la iglesia, España, Portugal, América del Sur y sobre todo en la Nueva España. Fue criticada por un obispo de México y se prohibió el uso de sus libros. Sor Juana quemó su biblioteca. Todavía en su juventud hizo voto de extrema pobreza, sirvió como voluntaria para atender a las víctimas de la plaga y murió de esa espantosa enfermedad en 1695.

En la ciudad de Puebla, a los pies del volcán Ixtlacíhuatl, "la mujer dormida", una contemporánea de Sor Juana también dejaba su marca en la historia, "la China Poblana", una señora de origen chino.

Manila no sólo era el centro de comercio con oriente, sino el centro de un cruel mercado de esclavos. La leyenda declara que, con engaños y a la fuerza, mujeres chinas, hindúes y polinesias eran capturadas y llevadas a los calabozos para esclavos de Manila, destinadas a los hombres de gran riqueza en países lejanos. Se dice que "la China" era una princesa en el harén de un sultán a las orillas del Río Mekong. Era muy apreciada por su belleza y regia presencia. Destinada a ser la concubina de un virrey déspota, la providencia dirigió su camino al hogar de una familia católica en Puebla, bajo cuya tutela se hizo muy devota de la iglesia y se dedicó a hacer buenas obras. Sin embargo, se le ha recordado por su original forma de vestir cuando desembarcó. La china poblana significa que la falda de castor procedía de China, las lentejuelas y chaquiras de oriente. Poblana era de "mujer de pueblo", no de Puebla. La influencia oriental en muchos trajes del pueblo mexicano todavía es notable y muchos indígenas tienen facciones orientales. La palabra "chino" se refiere a cualquier persona de raza oriental, y se dice que barcos del oriente llegaron a las costas del Pacífico en Sudamérica antes que Colón. "La China" fue enterrada en el panteón de un convento de Puebla en 1690 y es un ejemplo de la influencia oriental en el México de la época.

Durante el siglo XVII, el sol no brillaba con su esplendor característico. Escondido entre nubes oscuras provocaba tormentas y vientos de descontento tanto en la Madre Patria como en sus posesiones americanas.

Una catástrofe tras otra puso fin al dominio de España en Europa y en las nuevas conquistas de América.

El poder de España disminuyó paulatinamente. Tres reyes débiles de la Casa de Austria, más interesados en resolver las posesiones heredadas en Europa que en resolver la crisis doméstica y los problemas en el extranjero, se dedicaron a hacer la guerra en Europa. Como resultado perdieron Holanda y Austria, y tras un intento prolongado de unificación, también Portugal.

En la Península Ibérica la sequía causó grandes estragos en los cultivos y el hambre produjo huelgas y levantamientos. Tres epidemias de plaga aparecieron en Europa en ese siglo matando a un millón de españoles. Las guerras también diezmaron la población y la expulsión de los moriscos contribuyó a que se perdieran miles de ciudadanos productivos. Los pueblos estaban vacíos y muchas industrias dejaron de operar en España.

Para aumentar las desgracias, la producción de plata en la Nueva España disminuyó notablemente. La plata había sido el motor del desarrollo económico en gran parte de Europa durante más de cien años. Las guerras y los excesos y lujos de la vida de la corte fueron pagados por la plata y el oro de la Nueva España. Al aumentar las deudas de la corona se exigía más plata y se incrementaban los impuestos al máximo.

En la Nueva España también se presentó una catástrofe tras otra: el trabajo extenuante y las epidemias habían reducido la población nativa. El viento soplaba polvo seco sobre las tierras sin labrar, apergaminadas por la sequía. La fiebre amarilla, una enfermedad nueva, se propagó en Veracruz. En Yucatán, los mayas que no querían estar bajo el yugo de España se rebelaron y mataron al gobernador, quedando la pequeña guarnición del virrey encargada de acabar con los levantamientos ciudadanos en la capital. Los indios de Oaxaca también se rebelaron, los franceses saquearon Veracruz, y el pirata inglés, Henry Morgan, quemó y saqueó el puerto de Panamá, impidiendo así el paso del oro inca y la plata de la Nueva España hacia España.

Se construyó el puerto de Pensacola para proteger a la Florida. Al norte, los franceses habían tomado posesión del vasto territorio de Luisiana y los ingleses se habían instalado en Virginia. A finales del siglo, una revuelta de ciudadanos hambrientos casi destruyó en 1692 el palacio municipal y el real palacio en la gran plaza de la Ciudad de México, capital de la Nueva España. Criollos, mestizos e indios se rebelaron juntos contra los precios exorbitantes del maíz y otros productos básicos. El rígido mecanismo de control, base de la sociedad de la Nueva España, empezó a mostrar fisuras.

> En las selvas de la Nueva España, los dioses reían mientras el Dios-Sol brillaba esplendoroso sobre las colonias inglesas del norte.

Las colonias inglesas prosperaban gracias al comercio creciente protegido por la armada inglesa. Las fortificaciones y puertos españoles en el Caribe estaban mal defendidos. La colonia holandesa de Nueva York y la población sueca de Delaware eran aliados cercanos de las colonias inglesas. En 1643, las trece colonias, después de pagar sus deudas a los capitalistas que habían financiado sus viajes, se unieron en una confederación. En la segunda mitad del siglo XVII empezaron a surgir nuevas industrias en Rhode Island, Nueva Jersey y Pennsylvania, y el tabaco de Virginia, el arroz de Carolina y el azúcar de las Indias Occidentales aportaron enormes ingresos a las colonias.

La espada había sido el arma de los españoles, el mosquete fue el arma de protección del colono protestante. Los indios de Norteamérica eran nómadas, seguidores del búfalo, tramperos y madereros. Al principio fueron amistosos, pero al verse invadidos en sus tierras atacaron a los colonos que repelían los ataques con armas de fuego. Las mujeres pioneras se defendían con sus hombres y las colonias se unieron en defensa de los furiosos ataques de los indios. Metódicamente se exterminó a la población india.

Al principio se empleaban sirvientes blancos para trabajar en los campos, pero al concluir los siete años de servicio y convertirse en amos, se necesitaron negros para la agricultura. En 1689, España traspasó el lucrativo negocio de los esclavos a los ingleses en un intento de disminuir los continuos ataques en el Caribe.

A diferencia de los conquistadores españoles, las mujeres habían acompañado a los colonos ingleses al Nuevo Mundo; trabajaron a su lado y heredaron las tradiciones y la moral inglesa a las siguientes generaciones. Sin embargo, un niño cuya sangre era mezcla de un europeo blanco y un indio o un negro, era rechazado como un "descastado" *(crossbred)*.

Las ciudades crecieron al volverse el comercio mercantil más próspero y atrayente para un mayor número de colonos blancos. El código de ética era el trabajo duro y la disciplina. Surgieron hileras de casas de madera separadas solo por pequeñas cercas que se multiplicaban alrededor de la plaza principal. Una iglesia simple, de madera, era el centro de la vida social. El celo protestante era tan fuerte en el norte, como el catolicismo lo era en el sur. Se llegó al extremo de que, en 1692, un grupo de mujeres histéricas fueron acusadas de brujas y quemadas en la hoguera en Salem, Massachussets.

En 1682, Edmund Halley, un astrónomo inglés, observó un cometa, calculó su orbita y proyectó su regreso para 1757. En la Nueva España, un indio converso observó la antorcha de dios iluminando la noche y sintió surgir una nueva esperanza.

Con la muerte de Carlos II, en 1700, terminó el reinado de la Casa de Austria y llegaron los borbones franceses a gobernar en España. El nieto de Luis XIV, Felipe V, fue el primer rey de la nueva dinastía.

CAPITULO VI

El siglo XVIII

El Dios-Sol se despejó de su manto gris con toda su gloria. En el siglo XVIII, la Nueva España alcanzó su máximo esplendor.

Algo espontáneo estaba emergiendo de las cenizas de Tenochtitlan, un sentido de unidad extraído de culturas y creencias totalmente incongruentes. El vacío espiritual había sido llenado, la devoción a un panteón de santos y patrones de cada pueblo se reflejaba en fiestas alegres donde los antiguos ritos de la muerte encontraban su lugar en las calaveras de azúcar y las máscaras. Con mayor conocimiento de las necesidades de sus feligreses, los sacerdotes locales permitían incorporar algunos ritos antiguos al culto de los festivales cristianos y las fiestas religiosas eran una explosión de fuegos artificiales, música y bailes. En la capital, donde el virrey y el arzobispo continuaban con su lucha por el poder espiritual y secular, cada uno de ellos patrocinaba fiestas con máscaras donde se unían todas las clases. Las antiguas lenguas quedaban relegadas a las áreas remotas. El lenguaje común, la misma religión, un comercio compartido y nuevas costumbres permitían al novohispano alzar su vista y mirar de frente.

Las máquinas fueron introducidas en las fábricas textiles y tenerías; pequeños negocios florecieron en las ciudades. El artesano era un propietario y los mineros recibían un sueldo. Para mediados del siglo, los trabajadores de las fábricas de tabaco pidieron una jornada de catorce horas y aunque su petición fue denegada, se creó un sentido de unidad entre los trabajadores.

Edificios de piedra labrada y de tezontle embellecían las calles de las ciudades virreinales, y los arcos y soportales adornaban las plazas sombreadas por árboles. Los pretendientes tocaban su guitarra bajo los balcones de su novia. Las familias estaban muy unidas y protegidas detrás de altos muros.

El empuje de los misioneros en los siglos XVII y XVIII hizo construir ciudades importantes en las provincias donde los maestros constructores edificaban catedrales magníficas, edificios municipales y casas imponentes. Ejemplos de ello son Puebla, Oaxaca, Taxco, Querétaro, Guadalajara, Valladolid (hoy Morelia), Aguascalientes, Zacatecas y otras ciudades de la meseta central. Caminos pavimentados con adoquines confluían en la capital. La gente se desplazaba más fácilmente ampliando así sus horizontes y su sentido de pertenencia al país. Las montañas, los cielos azules que parecían extenderse al infinito dominaban el paisaje en el que las cúpulas de las iglesias y sus torres sobresalían por encima de las ciudades y los pueblos.

En la capital fue construido el primer sistema de drenaje para desalojar el agua que inundaba constantemente las calles. Grandes maestros de pintura europea fomentaban las artes pictóricas y la escultura autóctonas. Obras magníficas de artistas novohispanos empezaron a sobrepasar a las de los maestros europeos y adornaron las catedrales y los palacios gubernamentales por todo el reino de la Nueva España, en las que el tema religioso prevalecía.

Se permitió la entrada de libros y en 1788 se estableció la Biblioteca Metropolitana para el uso de los eruditos y más tarde para todo público. Gracias a un virrey visionario, los archivos de la Nueva España, escritos en su mayoría por misioneros e indios que quedaban, fueron organizados y almacenados en el palacio real en 1790.

La clase profesional creció al fundarse las universidades y academias de arte.

En general, la vida en el siglo XVIII era apacible y su monotonía era rota solamente por las fiestas, los días de mercado, las corridas de toros, las peleas de gallos, los bailes y las subastas ruidosas de los productos importados de España y las Filipinas.

Las haciendas pertenecían principalmente a los criollos, quienes controlaban estrechamente a sus labradores indígenas. Tal como las plantaciones inglesas del norte, las haciendas eran un oasis en la campiña. Estas vastas extensiones de terreno, favorecidas por el clima templado y tropical del país, alimentaban a toda la nación y exportaban gran variedad de productos: café, azúcar, frijol, maíz, trigo, arroz y tabaco.

Los charros, equivalente mexicano de los *cowboys*, formaban una clase especial en las haciendas al adquirir mayor importancia el ganado. Más tarde desarrollaron habilidades especiales para lidiar los toros bravos. Se caracterizaron por el arte con la reata y el jaripeo. Las sillas de montar y las correas estaban adornadas de plata al igual que sus pantalones negros estrechos y sus grandes sombreros.

Con la proliferación de las minas y haciendas, las capillas familiares alcanzaron su esplendor, con sus altares barrocos resplandeciendo con hoja de oro, complementados por pinturas magníficas y objetos de plata. Los trabajadores indios de las haciendas estaban bien alimentados y cuidados en general, pero en algunas minas de plata, todavía existía la crueldad y la ambición desenfrenada de los patronos.

FRAY JUNÍPERO SERRA

A mediados del siglo XVIII, fray Junípero Serra decidió ir hacia el norte a establecer asentamientos. Los misioneros lograron lo que no habían podido hacer los soldados.

Fray Junípero Serra consideró que la altura de la Sierra Gorda, que se extiende por los actuales estados de Querétaro, Hidalgo, Guanajuato y San Luis Potosí, era un reto cuando, junto con un pequeño grupo de franciscanos descalzos, comenzó el ascenso. Había llegado de España en 1749 y decidió inmediatamente fundar misiones en la Sierra Gorda y mas allá, a unos trescientos kilómetros de la capital. Allí se encontraba la frontera natural entre los indios sedentarios de la meseta central y las tribus de cazadores nómadas del norte. Se decía que el otro lado del territorio solamente ofrecía un paisaje seco, abrupto, con pocos recursos. Fray Junípero tenía un plan para evangelizar a los indios: escogería lugares donde existiera agua y pronto las semillas que plantaran producirían cosechas y huertos. Primero, aprender el idioma, dar de comer a la gente y luego empezar a construir la iglesia. Los indios eran curiosos y observarían lo que se iba haciendo. Los reclutaría para ayudar y con esa ayuda construirían también viviendas de adobe alrededor de la misión. ¡Sé el ejemplo de lo que predicas!

Hombres de habilidades diversas bajo la dirección de los misioneros aprendieron diferentes oficios: carpintería, pintura, escultura en piedra, música, trabajo con la madera estofada, etcétera. Las mujeres aprendieron tareas domésticas útiles. Estos sacerdotes dedicados, inteligentes, bondadosos y de gran moral fueron respetados y tratados como verdaderos padres de los indios. Por eso en español a los sacerdotes se les llama: padres.

Cuando los misioneros se establecieron adentrándose en territorio aislado, formaron un conjunto que incluía un fuerte militar que protegía contra las expediciones de los indios o los malhechores. Huertos y jardines daban un toque de serenidad al conjunto residencial. La vida social de la población estaba centrada en la misión.

EL COMERCIO

Desde la conquista, el comercio con la Nueva España estaba muy controlado para el mundo exterior. Los barcos extranjeros no podían anclar en sus puertos. Todo el comercio era reglamentado por el Consejo de Indias en Sevilla. La actividad comercial se reducía a la exportación de mercancía hacia y desde España. Solamente el puerto de Cádiz estaba autorizado para recibir o enviar los productos de y hacia América.[21] Su puerto era atacado continuamente por corsarios bárbaros, la flota inglesa y otros bandoleros.

Al otro lado del Atlántico, el consulado en la Ciudad de México se encargaba de todo el comercio. Bajo

---

[21] Desde 1571 se alcanzó el "tornaviaje" a Oriente. Por Acapulco, San Blas y otros puertos se mantenía el contacto con el Oriente.

los consulados o gremios mercantiles cobraban los impuestos por ventas o por importaciones y "el quinto real". Concedían o vendían contratos a los comerciantes locales. Como miembros de la élite en el consulado, los grandes comerciantes en la capital gozaban de un monopolio sobre toda la mercancía que entraba o salía del territorio. Eran dueños de las grandes tiendas, grandes importadores y exportadores en las ferias importantes de Acapulco y Veracruz, así como de las ferias de ganado de las provincias. El "repartimiento" o distribución de las materias primas y de los productos terminados estaban bajo el mando del corregidor. El comercio dentro de una provincia o entre provincias estaba regido por los comerciantes que compraban permisos del consulado y cobraban el impuesto en la aduana que existía en la frontera de cada provincia. Además, el comprador debía pagar un impuesto sobre la mercadería que compraba. El corregidor era el magistrado principal del virrey en el escalafón administrativo de la provincia. Recibía el dinero de los comerciantes para comprar los productos nativos que venderían después a las ciudades mineras, cuyo abastecimiento dependía de este "circuito".

Los indios pagaban por las materias primas y algunos "lujos", como telas, aceite, arroz y harina, endeudándose a cuenta de lo que producirían después. Este sistema de crédito tan arbitrario generalmente dejaba al deudor sin poder pagar lo que debía.

Los vendedores ambulantes, el trueque en los mercados locales, las ferias y los graneros controlados por las cooperativas o las ciudades ayudaban al abastecimiento de las necesidades locales. Este sistema de distribución era el mecanismo que mantenía los productos, incluyendo el oro y la plata, bajo un control y una circulación estrictos. Los intermediarios prosperaban, se practicaban el soborno, el contrabando y la corrupción.

Existían dos tipos de propiedad rural: tierras comunales y propiedad individual. En los tiempos prehispánicos, los calpulli o los pueblos trabajaban las parcelas agrícolas en común, cultivándolas para el beneficio de la comunidad. Este sistema fue reestablecido por los españoles bajo el nombre de "ejido". La tierra pertenecía a la corona, pero las parcelas se concedían en propiedad al agricultor y su familia. Las propiedades se habían vuelto de gran interés para la iglesia, pues con sus rentas fundaron escuelas, hospitales, realizaban obras de caridad, mantenían a la élite eclesiástica y costeaban las obras de arte religiosas.

Además del exquisito trabajo de orfebrería y las artesanías locales, el tabaco, los artículos de cuero y las telas se podían comerciar entre las provincias, siempre y cuando se pagaran los impuestos correspondientes y se hubieran cubierto las cuotas de exportación. El café transplantado de África se transformó en un producto de suma importancia en la Nueva España, y con el invento de la desmotadora, la producción de algodón también aumentó sustancialmente. Para fines del siglo, la dependencia de la Nueva España de la Madre España era mínima en cuanto a productos. Asia proporcionaba las riquezas que se podían comprar y el comercio ilegal con las islas era más barato y más cercano que con Europa.

Las joyas un poco opacadas de la corona de España brillaron con nueva luz al ser colocada en la cabeza de Carlos III en 1759. Este rey había ocupado el trono de Italia y traía una nueva visión frente al mandato de sus antepasados.

Cuando Carlos III ascendió al trono, recibió noticias alarmantes de la ocupación de Quebec por los ingleses. El imperio del enemigo acérrimo de España se había extendido por el mundo y comprendía India, Australia, Nueva Zelanda y Canadá. Se había infiltrado también en el Caribe y era una espina en el talón de España: Gibraltar. El propio imperio de España en América se estaba resquebrajando. Las rebeliones se extendían desde la Nueva España hasta la punta de Sudamérica. Carlos III no tenía otro remedio que mantenerse en guerra contra Inglaterra para proteger las posesiones del Caribe. Sus galeones no podían pasar por esas aguas infestadas por piratas ingleses. Para empeorar la situación, Inglaterra ocupó La Habana y Manila, en 1762 y 1763, desestabilizando así a los dominios españoles.

Con astucia, Carlos III ofreció el este de la Florida, desde la bahía de Pensacola al norte, a cambio de sus valiosas islas. Pero Inglaterra exigió parte del cargamento de plata que llevaban los barcos para dejarlos pasar por el Atlántico. A pesar de que los dos países estaban en guerra, Carlos III logró un acuerdo secreto: dar el diez por ciento del cargamento a cambio del paso ininterrumpido hacia España. En su acuerdo, el rey inglés dijo: "Si se hace público este acuerdo, lo negaré tajantemente".

¿Cómo es que Inglaterra sacaba más provecho de las mercancías de sus colonias americanas que España de sus vastos dominios? Carlos III se daba cuenta de que Cádiz era un nido de ladrones, con una red de agentes extranjeros relacionados con Nueva España, Perú y Filipinas. El contrabando, la corrupción y el soborno eran la base del comercio.

Tenían que pagar una cantidad considerable a Inglaterra por dejar pasar libremente a los barcos provenientes de América que transportaban oro, plata y las otras mercancías. Los indios, que formaban sesenta por ciento de la población de la Nueva España, cultivaban la mayor parte de la tierra productiva. ¿Por qué las cosechas eran tan pobres? Un ministro de Hacienda había escrito con anterioridad: "La libertad es la base del comercio y sin ella no se puede prosperar. Las colonias son un enorme mercado potencial para la propia España, y para lograrlo tiene que crecer su propio comercio".

Los habitantes de las colonias necesitaban un mayor poder adquisitivo. ¡Dinero! ¿Por qué importar el cuero y exportar zapatos caros cuando se podían fabricar en América? Las colonias inglesas producían mercancías de buena calidad. Boston y Nueva York tenían industrias florecientes produciendo ingresos para las colonias y eran, asimismo, un mercado importante para Inglaterra. La mayoría de las industrias había sido prohibida en la Nueva España para no competir con el mercado de España. Sólo se permitía la producción de telas, muebles, artesanías y metales. La Nueva España exportaba sus productos, pagaba una miseria al productor y dejaba solamente la cantidad suficiente para el consumo local.

Las colonias inglesas eran pequeñas posesiones territoriales cuyo autogobierno ahorraba a la corona muchos quebraderos de cabeza. No eran virreinatos que abarcaban un enorme continente... El rey Carlos III estudió el caso y decidió bajar los impuestos, aumentar las manufacturas y hacer más efectivos los métodos de producción, especialmente en la minería.

En 1765, Carlos III envió a la Nueva España a José de Gálvez como visitador. Gálvez era astuto, honrado y preparado, su misión era efectuar una auditoria completa del estado financiero de la Nueva España, su posesión más preciada. Además tenía la tarea de realizar un censo de la población y un estudio de todas las empresas en las que participaba la corona. Nadie quedaba exento de esta investigación y Gálvez debía reportarse directamente con el rey.

Con la total autoridad del rey, Gálvez y su séquito comenzaron a descubrir la corrupción e ilegalidad del "repartimiento", con lo cual se granjeó enemigos entre los intermediarios. Enderezó el sistema judicial y disminuyó el poder de los "consulados", rompiendo así el monopolio de los comerciantes. Reestructuró las aduanas y los sistemas de tributación. Se les permitió a los indios comprar y vender libremente. Impuso una tasa mercantil muy alta que provocó el descontento de los comerciantes, pero Gálvez se mantuvo firme.

En España, el rey Carlos III abrió once puertos al comercio con las provincias de ultramar, rompiendo así el monopolio de Cádiz. También permitió a las islas del Caribe que comerciaran directamente con Nueva España. Se instaló un sistema de intendencias o distritos administrativos. Un intendente era un administrador nacido en España que le daba cuentas al Consejo de Indias, no al virrey.

El rey pensó que unificando la organización administrativa y fiscal de la Nueva España podría resolver sus problemas. Pero sus "reformas ilustradas" no tomaron en consideración la transformación social.

Un torbellino sacudió los altos pinos, los robles raquíticos y las palmeras tropicales en su paso por las provincias donde las misiones de adobe cerraban sus puertas. Las tormentas anegaban escuelas, hospitales, orfanatorios, refugios y asilos.

En 1767, los jesuitas fueron expulsados de la Nueva España por orden de Carlos III. Ciudadanos enfurecidos arrojaban piedras a los edificios gubernamentales y al ejército. En la ciudad de San Luis de la Paz, miles de mujeres indígenas formaron en protesta una verdadera muralla humana. En Guanajuato, los mineros trataron de esconder en las minas a los jesuitas, sus maestros, pero fueron apresados y ahorcados.

Todos los aspectos de la vida en la Nueva España estaban subordinados a la religión. Sólo los ricos podían enviar a sus hijos a estudiar a España para educarse en humanidades no religiosas. La educación estaba en manos de la iglesia, influyendo así en el carácter, la conducta y las ideas. Las monjas estaban a cargo de la educación de las niñas y los niños aprendían a leer y escribir en colegios para varones, pero los jesuitas eran los verdaderos educadores gracias a su gran dedicación y sus conocimientos. Los sacerdotes de la Compañía de Jesús proponían una filosofía liberal en contra de los abusos de los soberanos y alentando la discusión. Con su apoyo, criollos y mestizos estudiosos pudieron introducir secretamente libros en francés, en los que se exponían las nuevas teorías que se estaban gestando en Europa.

Acusados de sedición por el monarca español, los jesuitas fueron expulsados de todas las posesiones de América, Filipinas y de la misma España.

Las flores de los naranjos se secaron y las olas se estrellaron en la costa de california. Los jesuitas se habían marchado.

Rápidamente, los franciscanos y algunos dominicos fueron asignados a las misiones. Tras establecer misiones en las montañas de la Sierra Gorda, Fray Junípero Serra y su grupo de franciscanos descalzos bajaron de las alturas del centro de México y atravesaron los áridos y ardientes territorios de norte. Fundaron una misión en San Antonio y viajaron hacia el oeste a través de El Paso y San Diego. El padre Serra todavía se recuerda hoy en la misión de San Juan de Capistrano en el sur de California.

Se fundaron misiones en Nuestra Señora de los Ángeles, Santa Bárbara, Monterrey y San José. El clima moderado, el suelo fértil y el agua abundante produjeron una economía floreciente, orgullo de los californianos.

Al viajar hacia el norte, el padre Serra descubrió una hermosa y amplia bahía y una península, hoy llamada Golden Gate. Las poblaciones nativas eran amistosas y pacíficas. Tras reportar sus descubrimientos al virrey, éste envió una expedición para construir un fuerte y un asentamiento alrededor de la pequeña misión de San Francisco. En 1775 se fundó la misión de Santa Clara.

Temiendo que los ingleses o los rusos ocuparan los territorios del Pacífico, los españoles fundaron veintiúna misiones-fuertes y asentamientos a lo largo de la costa de California hasta llegar a Oregón. Estos asentamientos tenían que ser autosuficientes y los misioneros franciscanos tenían poco contacto con sus superiores de la capital y menos aún con los de Roma.

SUSURROS DEL NORTE

> Desde 1775 se escuchaban palabras en el viento, palabras en inglés, palabras susurradas que predecían batallas: Lexington y Concord… La palabra independencia resonaba con fuerza.

Veracruz hervía en rumores: se decía que los colonos de Boston habían vertido té caliente sobre la cabeza del recaudador de impuestos inglés. Se escuchaban nombres importantes... Bunker Hill, Filadelfia... ¡Las colonias inglesas habían emitido una declaración de independencia! Inglaterra había enviado regimientos de gran experiencia y a veintinueve mil mercenarios apoyados por la marina. Carlos III había vuelto a declarar la guerra a Inglaterra. Barcos españoles salían en secreto de Cuba con armas y dinero para los colonos rebeldes ingleses. La flota francesa había entrado a la Bahía de Chesapeake para ayudar al general George Washington, que estaba sitiado... Se había ganado una batalla en Yorktown. En 1783, Inglaterra perdía sus trece colonias.

En la corte del virrey novohispano se reunían los responsables del gobierno. Los rumores de conspiraciones por parte de los criollos descontentos debían ser atajados de cuajo. Gálvez no perdió tiempo en instituir el servicio militar obligatorio (la leva). En 1764 se había formado el ejército regular en la Nueva España. Ahora, bajo las órdenes de Gálvez, todos los hombres, independientemente de su casta, entre los dieciséis y los cincuenta años tenían que registrarse en las listas del ejército.

Para defender a Veracruz se alistaron a trabajadores negros y mulatos. Cinco mil trabajadores construyeron el fuerte de San Juan de Ulúa, una fortaleza formidable de piedra que podía ser vista desde cualquier lugar de la bahía. Se temía que Inglaterra, la eterna enemiga de España, tratara de ir hacia el Sur. Se desplazaron unidades militares a los fuertes de los territorios del norte y Gálvez mismo encabezó una expedición militar que sometió a los indios de Sonora.

A José de Gálvez se le concedió el titulo de "marqués de la Sonora" y en 1785 fue nombrado secretario universal de las Indias en España. Su hermano fue virrey y un sobrino suyo fue gobernador del territorio de Louisiana. Había seguido los pasos de su hermano, acompañándole personalmente en una expedición a Texas donde dio el nombre al puerto de Galveston.

En 1793, don Antonio de Alba y Ramírez tenía los modales afables y corteses, y el carácter práctico de su padre español, y el sufrimiento estoico y miedo intrínseco de su madre mestiza. Había trabajado arduamente desde que era niño, empezando con unas cuantas cabezas de ganado e invirtiendo todo cuanto tenía para aumentar su ganado y su tierra. Sus hijos habían comenzado el negocio de la carne y las pieles. La nueva curtiduría tenía gran porvenir. Ahora dedicaba su tiempo a sus pasatiempos: criar toros bravos y gallos de pelea. Hacía un año que su hijo mayor se había ido a España para aprovechar las conexiones de familia y empezar un negocio de exportación de artículos de piel. Sin embargo, su cabeza estaba más llena de ideas políticas que de negocios. Había asistido a la escuela en San Miguel el Grande, donde a pesar de que los jesuitas se habían marchado hacía tiempo, estaba produciendo una nueva camada de jóvenes inteligentes de pensamiento liberal. El muchacho traería buenas noticias a casa.

Cuando don Antonio llegó a San Miguel para recibir a su hijo, su propia mente estaba llena de pensamientos conflictivos. Ese país nuevo en el norte, que se llamaba a sí mismo Estados Unidos de América, estaba causando estragos. Su carta de los derechos aparecía y se discutía en cada conversación produciendo división entre amigos y familiares. Sólo la presencia de las fuerzas del rey en San Miguel habían evitado una rebelión. Su hijo más joven defendía vehementemente las ideas de un hombre llamado Thomas Jefferson. ¡Más le valiera estar pensando en la Escuela Real de Minas que acababa de abrirse en la capital! Las minas de Guanajuato necesitaban hombres bien capacitados y las inversiones mineras podrían ser un buen futuro. Don Antonio meneó la cabeza preocupado.

Para celebrar el regreso del joven Toño, la familia se reunió alrededor de su larga mesa para escuchar los incidentes de sus viajes:

—Les digo que están asustados y el rey Carlos va a apretar y a sujetarnos más aún —dijo el joven—. Estuve en Sevilla el mes de junio pasado, cuando llegaron noticias de Francia. Una multitud había invadido las Tullerías en París y puesto en prisión a la familia real. Habían asaltado la Bastilla y ejecutado a Luis XVI y poco después a la reina María Antonieta.

Pasándose la mano por el cuello dijo:

—La guillotina.

CAPITULO VII

NAPOLEÓN

1804. El siglo XIX se inauguró con inquietud y temor en toda Europa. La revolución se sentía en el aire. "El rey ha muerto, viva la República", era el grito en Francia.

En París, un joven oficial había presenciado la ejecución de Luis XVI y María Antonieta en 1793. El amor de Napoleón Bonaparte hacia la revolución y el odio hacia la debilidad del rey francés le otorgó un sitio inmortal en la historia. Pronto, Europa se tambaleaba mientras el capitán fue ascendido a general y combatía a un país tras otro.

La marcha de Napoleón no tenía precedente en la historia militar: Lodi, Milán, Arcol, Rivoli, Viena, Roma, Ginebra, Berna, Malta, el reino de Nápoles… Al otro lado del Mediterráneo los turcos fueron vencidos y El Cairo ocupado.

Para finales del siglo XVIII, Napoleón fue elegido primer cónsul de la República Francesa. Austria e Italia eran suyas. Después de setecientos años, dejaba de existir oficialmente el sacro Imperio Romano.

La estrella de Napoleón seguía en ascenso. Salvador de la república, dueño de Europa… En 1804, Napoleón se ciñó él mismo la corona de Francia en presencia del Papa, en París al nombrarse emperador. En 1805 se volvió a coronar en la catedral de Milán. Las batallas se sucedían: Austerlitz, Jena, Berlín... ¡Inglaterra era una espina! Se apoderó de los buques mercantes, cerró todos los puertos a los barcos ingleses, provocó que "el león" rugiera en todas las islas británicas. Napoleón puso a sus hermanos: José, Jerónimo y Luis Bonaparte en los tronos de España, Italia y Holanda, respectivamente. Disolvió el tribunal de Francia y su estrella alcanzó su cénit. Su poder fue entonces absoluto y soberano.

1808. Las disputas en España sobre la corona de Carlos IV, un rey débil obligado a abdicar por su hijo Fernando VII, dio la excusa a Napoleón para invadir España. Era el momento de apoderarse del trono de Madrid. Con la excusa de abrir un frente en Portugal, aliada de Inglaterra, la eterna enemiga de España, consiguió su deseo, llevó a su hermano José de Italia y lo coronó rey de España.

Cuando la noticia llegó a la Ciudad de México, el pueblo se llenó de asombro. ¡El rey ya no existía! Napoleón había secuestrado al rey y le había hecho abdicar, lo envió a Bayona a un exilio forzoso, mientras su hermano, José Bonaparte, ocupaba el trono.

En el palacio de la capital de la Nueva España, el virrey se preguntaba qué debía hacer. ¿En nombre de quién gobernaba ahora? ¿A quién se debería reportar? Los miembros del Cabildo le habían propuesto formar una junta con los gobernadores de las ciudades y las autoridades locales como delegados para gobernar hasta que Fernando VII fuera restaurado en el poder. Parecía una solución razonable ya que en España se habían formado "juntas". El virrey llamó al Real Acuerdo a una reunión de emergencia. ¿Cómo iba a construir una junta con los criollos como protagonistas? ¡Nunca! En un golpe rápido, un grupo de jóvenes oficiales arrestó al virrey, lo acusó de traición, lo encarceló y lo mandó al exilio. Tan pronto se supo de la rebelión de los peninsulares, comenzó a surgir malestar por todo el país. Los españoles enviaron rápidamente por refuerzos a Cuba para el ejército real. La mayor parte de los soldados eran mestizos que habían sido obligados a servir, sus oficiales eran criollos, un grupo con ganas de amotinarse porque su lealtad se inclinaba más hacia la Nueva España que hacia España.

A través de generaciones, los criollos se habían convertido en una clase especial,[22] casándose entre sí para mantener las ventajas sociales y el patrimonio. Eran los inversionistas en las minas, los dueños de tiendas y fábricas y los ocupantes de las casas importantes de las plazas principales de las ciudades. Apoyaban a la iglesia, daban dinero para construir iglesias y catedrales, patrocinaban orfanatos y conventos, y donaban fondos a proyectos cívicos. Constituían la oligarquía. Algunos poseían títulos heredados de los conquistadores y encomenderos o los habían adquirido de sus padres, abuelo o antepasados. Algunos títulos eran comprados y considerados dudosos. Los criollos daban fiestas lujosas y las damas portaban brocados y finas sedas de China. Muchos hablaban francés, la lengua asociada a "la cultura". Por medio de alianzas familiares y la estrecha relación con la iglesia y su jerarquía, un criollo podía entrar en la corte y obtener un jugoso puesto regional. Pero sus aspiraciones tenían un límite, puesto que el peninsular nacido en España siempre estaba por encima, tanto en la administración como en la jerarquía fiscal, en las cortes, en el ejército y en la iglesia.

---

[22] Criollo, en esa época, significaba nacido, criado y nutrido en tierra americana.

Al concluir el siglo XVIII, en la América hispana la población de la Nueva España era aproximadamente de seis millones de personas. Había unos cuarenta mil peninsulares, un millón de criollos, un millón y medio de mestizos y tres millones y medio de indígenas, cifra algo mayor que la población indígena al tiempo de la conquista tres siglos antes.

La iglesia dominaba todos los segmentos de la sociedad novohispana. La vida diaria estaba regida por las campanas de las grandes catedrales e iglesias; los ciudadanos se levantaban con las campanadas de las cinco de la mañana. Más tarde sonaba el Ángelus invocando a la oración e indicando la hora de la comida y del descanso. Después de la siesta, las campanas llamaban a misa a las tres de la tarde, en recuerdo de la muerte de Cristo. A la caída de la tarde sonaba de nuevo las campanas invitando a orar. A las ocho las campanas doblaban durante quince minutos y entre las nueve y las diez era el toque de queda.

Mediante campanadas también se anunciaba la llegada del buque-correo de España y la llegada de la nao de la China en Acapulco. Asimismo, doblaban cien veces para anunciar la muerte de un virrey y tocaban lúgubremente para anunciar algún terremoto o desastre. Siempre solemnes, a veces alegres. Cada campana tenía voz y personalidad propias; eran bautizadas y nombradas según el patrón o el donador que había echado alguna joya familiar para añadir su toque personal al metal durante su fundición.

La iglesia regía la vida y el cura o párroco era el árbitro de Dios.

1810. Miguel Hidalgo y Costilla era un criollo, hijo de un administrador de hacienda. Dotado de una gran inteligencia, solamente podía estudiar filosofía, leyes o teología. Entre los profesionistas abundaban los abogados, pero los intelectuales eran hombres de la iglesia. Cristiano devoto, Hidalgo decidió dedicarse a estudios eclesiásticos. Estudió para sacerdote y se dedicó a analizar la historia de la iglesia. Pronto comenzó a sentir dudas de conciencia. Se cuestionaba sobre el dogma eclesiástico, la proclamación del derecho divino, el poder de la Inquisición, la infalibilidad de los papas. Sus sentimientos cristianos no encajaban con la teoría de la iglesia. A los cuarenta y cinco años, bajo dura vigilancia de la Inquisición, cerró sus libros y dimitió como rector del Colegio de San Nicolás, en Valladolid, y se convirtió en un sacerdote devoto, párroco de la pequeña iglesia de Dolores, en Guanajuato. Aprendió varias lenguas indígenas, así como francés, italiano, griego y latín, se convirtió también en paladín de la gente indígena.

Hidalgo era también hombre de gustos mundanos, gozaba de la buena comida y el buen vino, jugaba a las cartas y le agradaba la música, el teatro y la compañía de damas. Desde el púlpito se atrevía a exponer sus bien conocidas ideas seculares.

A partir de la invasión de Napoleón a España, en 1808, la palabra "independencia" había dejado de ser un susurro para convertirse en un clamor en los dominios españoles. En la misma España se llevaba a cabo una guerra para expulsar a los invasores napoleónicos y, anticipándose al regreso de Fernando VII, se instalaron las cortes de Cádiz para aprobar una constitución liberal que establecía una monarquía constitucional.

En la Nueva España el grupo de peninsulares que había tomado las riendas del gobierno aceptó con renuencia la autoridad de las cortes de Cádiz que gobernaba en nombre del rey ausente.

A poca distancia de Dolores, en el pueblo de San Miguel el Grande, se estuvo gestando una conspiración desde las barracas de la guarnición real, encabezada por Ignacio Allende, un criollo que temía que su patria fuera entregada a los franceses y que quería dejar oír su voz y opiniones en el gobierno de su propio país. ¡Ésta era su tierra, no España!

Mientras sus huéspedes bailaban en su salón a plena vista de la plaza mayor, Allende y sus conspiradores se reunían en una habitación interior planeando un levantamiento. El plan era marchar a la Ciudad de México y exigir una junta de americanos.

El corregidor español en Querétaro supo de la conspiración y con su esposa, doña Josefa, participaron en una junta organizada por gente de San Miguel. Habría un levantamiento el 1 de octubre de 1810.

Debido a la popularidad del sacerdote, Allende le pidió a Hidalgo unirse al grupo de conspiradores, que diera la voz de insurrección. ¡Con un cura a la cabeza no podían tacharlos de ir contra la iglesia! Sin mucho entusiasmo, Hidalgo aceptó, a sus cincuenta y seis años, reclutar un ejército y marchar a San Miguel Allende. Sería una rebelión rápida y fácil.

Yendo y viniendo en el patio de su casa, el 15 de septiembre de 1810, la mente de Hidalgo albergaba pensamientos contradictorios: como hijo de una familia criolla, sabía las restricciones que sufría la clase criolla, pero simpatizaba todavía más con sus feligreses indígenas y con las clases menos favorecidas. Si estuvieran libres del yugo de la servidumbre, y fueran educados, sus pobres podrían formar una nueva clase como miembros iguales en una sociedad libre. Sin embargo, romper completamente con España no era su intención. Era el país de sus antepasados. También era absolutamente necesario tener libertad constitucional para autogobernarse. Fernando VII tenía que ser restaurado en el trono. Napoleón no sólo había apresado al rey sino también al Papa, en 1809. ¡Era el anticristo! La conciencia sacerdotal de Hidalgo se veía asaltada por pensamientos de una guerra santa.

El general Allende, que estaba en Dolores, lo alentó con el respaldo de su regimiento, los Dragones de la Reina, acuartelados en San Miguel el Grande. En la fecha acordada, las dos bandas se reunirían en San Miguel para marchar juntos hacia la capital. El plan estaba hecho.

Allende estaba a punto de partir cuando de repente llegó un mensajero a todo galope. Llevaba un mensaje de la corregidora: ¡se había descubierto la insurrección! ¡Habría que marchar de inmediato!

HIDALGO

Estalla la Guerra de Independencia

Con decisión, a primera hora del 16 de septiembre de 1810, el padre Hidalgo tocó las campanas con toda su fuerza, llamando a misa de la mañana. Ante la iglesia, empezó a incitar a los feligreses llamando a una insurrección en defensa del legítimo rey de España, en defensa de la virgen de Guadalupe y clamando por tener una voz en el gobierno. "¡Viva Fernando VII! ¡Viva la virgen de Guadalupe! ¡Muera muera el mal gobierno!", fueron algunos de los gritos que se escucharon aquella madrugada.

El grito de Hidalgo desató un torrente de rencor y odio reprimidos durante siglos. Abrió las puertas de las cárceles y los prisioneros se unieron a la multitud de labradores armados con machetes y barras de hierro, espadas, palos y piedras. Avanzaban hacia San Miguel como una avalancha. Allende se separó, adelantándose para preparar sus soldados en San Miguel. Hidalgo se detuvo en Atotonilco para recoger una estampa de la virgen de Guadalupe que alzó y llevó como estandarte. "¡Muerte a los gachupines (españoles)!", fue el grito de la creciente ola de rebeldes mientras quemaban y saqueaban las propiedades de los españoles. En San Miguel, viendo acercarse la multitud furiosa, Allende encerró a los españoles en la escuela de los jesuitas abandonada. La multitud crecía, matando y tomando rehénes en las grandes casas. La marcha siguió hacia la ciudad minera de Guanajuato. Allende se encolerizó al ver la incapacidad de Hidalgo para controlar a las masas. ¡El sacerdote sólo miraba mientras mataban y saqueaban!

La matanza de los españoles refugiados en la Alhóndiga, un almacén de piedra construido en lo alto de un cerro, fue el grito de batalla de las tropas reales vengadoras. Pero la virgen se había convertido en el símbolo de la insurrección y proporcionaba cohesión al creciente movimiento popular.

En un mes, las tropas rebeldes habían aumentado a ochenta mil y se dirigían a la capital donde un virrey fue restituido. En las afueras derrotaron a las fuerzas virreinales, dejando así el camino abierto hacia la victoria final.

La oscuridad se abatió sobre la ciudad, como las cortinas negras de los coches fúnebres. La capital estaba envuelta en un silencio temeroso. Los peninsulares escondían dinero y joyas, las señoras corrían a esconderse en los conventos mientras se levantaban barricadas para proteger a la ciudad. Como una ráfaga de viento, se propagó la noticia: ¡Vienen los rebeldes! El virrey trajo a la virgen de los Remedios desde su capilla y la colocó en la catedral, donde la nombró "Capitana General de todas las Fuerzas Españolas en América".

Cerca de la ciudad, en el campo de batalla, las tropas insurgentes, en harapos pero victoriosas, esperaban órdenes mientras gritaban "¡Mueran los gachupines!" "¡Viva la virgen de Guadalupe!". Hidalgo permanecía sin moverse. De repente y a un paso de la victoria, dio orden de retirarse hacia el noreste. Tal vez tuvo miedo de la violencia, el desorden y el pillaje que provocaría un ataque en la capital. O como dicen algunos: el parque casi se había acabado.

Al retirarse el ejército de Hidalgo hacia Guanajuato, miles desertaron, incluyendo algunos criollos que habían creído en su causa. ¿Por qué se retiró Hidalgo cuando tenía la capital en sus manos? Los historiadores no se han puesto de acuerdo todavía al respecto.[23]

Sin aminorar su marcha, Hidalgo estableció su cuartel general en Guadalajara, donde trató de organizar su gobierno y logró formar otro ejército. Víctima de tácticas militares mal planeadas, su ejército fue

---

[23] Hidalgo lo explicó en una carta desde Celaya en noviembre de 1810. Se había perdido mucho parque, muchos habían desertado y además se acercaban las fuerzas de Félix Calleja y de Manuel Flon.

emboscado y dispersado por las tropas reales en Puente de Calderón.

La metamorfosis que sufrió de sacerdote a revolucionario, participando y siendo responsable en las violentas matanzas y saqueos, debe haber tenido un fuerte impacto en su conciencia religiosa. Hidalgo había prometido devolver a los indígenas sus tierras originales, les había alentado a luchar, pero la revolución se había convertido en anarquía. La Nueva España no estaba preparada para su independencia.

Hidalgo sufrió su prisión sin quejarse. En silencio, aceptó su degradación como sacerdote y su sentencia de muerte. Diez meses después del "grito de Hidalgo", llamando a las armas en aquella mañana del funesto 16 de septiembre de 1810, su cabeza, junto con las de Allende, Juan Aldama y Mariano Jiménez colgaban en jaulas colocadas en las cuatro esquinas de la Alhóndiga de Guanajuato, donde habían sido masacrados los españoles peninsulares y algunos criollos y mestizos.

MORELOS

La bandera de la libertad, arrancada a Hidalgo, fue tomada por otro sacerdote, José María Morelos, que había sido alumno de Hidalgo en el seminario de Valladolid. Morelos, hombre de principios, valiente y disciplinado, sintió la lucha por la independencia como una misión. Sus ideales y su astucia política fueron trascendentales en la formación de la nueva nación. Mestizo de origen humilde y cura de parroquia, había sido testigo de la miseria de los indígenas y de las diferencias entre las "castas".

Hidalgo favoreció la violencia, Morelos quería reconciliar a todas las clases sociales. Libertad e igualdad iban de la mano. Morelos luchó contra las fuerzas reales no porque fueran españoles, sino porque eran enemigos de la libertad. Formó un ejército de soldados disciplinados, incluyendo criollos, bien entrenados y con un sólo propósito: la independencia frente a España. El saqueo y la destrucción de la propiedad quedaron prohibidos.

El sitio de Cuautla produjo una de las acciones más extraordinarias de este hombre sobresaliente. En 1812, perseguidos y acosados por el ejército real, Morelos y sus tropas se refugiaron en la ciudad de Cuautla, en el estado que hoy lleva su nombre. Los soldados agotados cayeron dormidos en las capillas y en el suelo de la iglesia, mientras que otros fueron acogidos en algunas casas de la población.

A galope tendido, un grupo de jinetes llegó a la plaza, donde una multitud de civiles —hombres, mujeres y niños— estaba construyendo barricadas a toda prisa. El jefe del grupo se acercó a un soldado y le dijo: "Avise al general Morelos que somos veinte voluntarios bien armados a su disposición".

Padre e hijo, jefe y sirviente, rancheros, trabajadores, indios, criollos, mestizos... todos lucharon hombro con hombro en defensa de Cuautla. Morelos dijo: "El color de la cara no cambia el color del corazón". "Todos somos americanos." El valor y la firmeza de Morelos inspiraron a su ejército para realizar incursiones y debilitar las posiciones enemigas, pero en el ardor de una intensa batalla, los defensores de la barricada repentinamente se retiraron, dispersándose, saltando sobre los cuerpos de sus compañeros muertos. Un muchacho harapiento notó un cañón listo para ser disparado y tomando una teja ardiendo lo disparó. Asustados, los soldados realistas retrocedieron. El nombre del niño-artillero era Narciso

Mendoza y ha quedado en los anales de la Guerra de Independencia.

Después de sesenta y tres días de asedio, el ejército de Morelos, hambriento y agotado, rompió el aislamiento. El general escapó y logró reunir sus dispersas tropas, tomó Oaxaca y sitió al puerto de Acapulco. Pronto controló todo el sur y fue reconocido como comandante supremo generalísimo de las Fuerzas Insurgentes.

En 1813, convocó a un congreso que proclamó una "declaración de independencia" y en 1814 elaboró la Constitución de Apatzingán. La abolición de la esclavitud, decretada ya por Hidalgo, la abolición del diezmo, la igualdad de derechos de todos los ciudadanos y una justa distribución de la tierra fueron incluidos en esa primera Constitución. El sueño de Morelos de un nuevo orden económico y social sería la base de las reformas que se realizaron en el siglo siguiente.

El destino condujo a Morelos a una trampa: de camino a Valladolid (llamado después Morelia en su honor) se enfrentó a las tropas realistas. Valladolid, la ciudad en la que había nacido y donde había sido discípulo de Hidalgo, fue testigo de su derrota en 1813. Dos años después, vencido y debilitado, Morelos fue capturado y llevado preso a la Ciudad de México. La Inquisición lo proclamó hereje, pero se confesó y comulgó antes de morir. Fue ejecutado en 1815.

Al otro lado del mundo, la estrella de Napoleón se estaba eclipsando. En 1812, tras plantar la bandera de la República Francesa en tres cuartas partes de Europa, su gran ejército invadió Rusia con quinientas cincuenta mil tropas, de las cuales solamente regresaron con él a París veinte mil. Por ser incapaz de reponer su anterior poderío militar, Napoleón abdicó en 1814 y fue desterrado a la isla de Elba. Logró escapar y formar otro ejército, pero se enfrentó al general inglés, Lord Wellington y sus aliados en Waterloo, donde fue totalmente derrotado.

Se dice que la última batalla es la más importante y la única que cuenta. Napoleón fue vencido por Wellington en Waterloo en 1815.

Fernando VII, el rey débil de la casa de Borbón salió de Francia y fue restituido al trono de España. Su primer acto tras retomar el poder fue ejercer su "derecho divino", suspendiendo las cortes de Cádiz e invalidando la nueva Constitución. La monarquía era un torbellino y la Nueva España estaba en plena guerra civil.

El monarca estudiaba el panorama: Morelos había sitiado a Acapulco inmovilizando los galeones de Filipinas. Barcos ingleses anclaban en Veracruz apoyando a los rebeldes y llevándose cargamentos de plata. Le habían llegado noticias de que los ricos mineros se habían unido a la causa rebelde, dándoles dinero para comprar armas en el extranjero. Estados Unidos también aprovechaba para vender armas a los rebeldes. La economía era un caos y sólo una pequeña cantidad de grano, tabaco, textiles y productos de cuero llegaba a España.

Fernando VII envió tropas desde España y ordenó al ejército de Cuba que acabara con la insurrección a toda costa, ya que muchos criollos y mestizos estaban desertando del ejército real en la Nueva España.

Para empeorar la situación, los movimientos independentistas estaban ganando terreno en toda Sudamérica. ¡Muerte a los traidores!

En la Nueva España, el virrey, que gozaba de nuevo de toda la autoridad, pensaba que la raíz de la insurgencia había sido cortada, pero no contaba con que habían surgido nuevos brotes. La guerra de guerrillas surgía en una provincia tras otra. Los bandidos bajaban a las ciudades matando y robando a su antojo. Sólo la falta de un gobierno rebelde centralizado mantenía el control virreinal en aquel momento.[24]

Durante los siguientes seis años, la llama de la independencia se mantuvo por los jefes guerrilleros cuyos efectivos se escondían en las montañas. La mayoría de los jefes del ejército de Morelos fueron apresados o muertos. Para el año 1820, solamente dos de sus generales seguían vivos: Vicente Guerrero y Guadalupe Victoria. El suelo de la Nueva España estaba desolado por diez años de guerra. Los reclutas preferían desertar que arriesgar la vida por una causa inútil.

La independencia pendía de un hilo.

---

[24] Durante los once años de la Guerra de Independencia, el virrey español todavía estaba en el poder.

CAPITULO VIII

La Independencia-1821

1820. La gran campana de la catedral, de quince toneladas de metal y tres metros de altura, comenzó a resonar
incesantemente a la media noche. ¿Se habría vuelto loco
el campanero? La gente, a medio vestir, salió a la calle.
La campana seguía sonando. El obispo jadeando subió al
campanario, de donde salió corriendo... ¡un gato!

A la mañana siguiente, llegó el barco de España trayendo noticias favorables: el rey Fernando había aceptado la Constitución de Cádiz, que le obligaría a ser un
monarca constitucional, no absolutista. Esto produjo
gran agitación en el gobierno de la Nueva España y el
movimiento independentista ganó nueva fuerza.

Para la clase alta clerical, militar y criolla, la Constitución de Cádiz tiraba por tierra su *status quo*. Desde
mediados del siglo XVIII, los reyes Borbones habían
disminuido poco a poco los privilegios de la iglesia.
Ahora el Congreso Liberal de Cádiz había abolido la
Inquisición, confiscado las propiedades eclesiásticas,
promovido la educación secular, la libertad de prensa,
la igualdad de los criollos... y lo que era peor, habían
puesto a la iglesia y el ejército bajo la autoridad civil.
¡Adiós a su inmunidad! La oligarquía vio con espanto
la expansión del liberalismo como una ola que destruía

sus privilegios. Solamente separándose de la monarquía española podrían preservar su posición privilegiada. ¡Separarse de la ley de España era la solución!

Agustín de Iturbide, que había derrotado a Morelos en Valladolid, era un coronel de las milicias, un buen estratega de carácter arrogante, audaz y decidido. Al igual que Hidalgo, Allende y Morelos, Iturbide había sido educado en el seminario de San Nicolás en Valladolid. Era pariente de Hidalgo, criollo, hijo de una familia acaudalada. De hecho, al pasar por Valladodilid Hidalgo había ofrecido a Iturbide la banda de teniente general, pero éste la rechazó pues no estaba de acuerdo con los métodos de Hidalgo para alcanzar la independencia.

ITURBIDE

Para el año 1820, Iturbide estaba convencido de que el grito de independencia no iba a ser silenciado. Pensaba que la nueva monarquía constitucional era una oportunidad para negociar. Con el respaldo de la clase privilegiada, estudió una fórmula para establecer un imperio independiente que fuera una base para la paz. Mantuvo un encuentro con el general Vicente Guerrero, el último general insurgente todavía en lucha activa. Tras deliberar, Guerrero e Iturbide se dieron un abrazo. Estaban cansados de la guerra. Ambos depusieron las armas y promulgaron un decreto conjunto. En esencia, garantizaba la independencia bajo una monarquía constitucional, la iglesia católica como única religión de la nación y la igualdad ante la ley. Todos estos términos eran aceptables tanto para los ex insurgentes como para los realistas.

En agosto de 1821, Juan O'Donojú, el último virrey, desembarcó en Veracruz. Como destacado liberal, firmó el Tratado de Córdoba con Iturbide, de acuerdo con la autoridad que le había acordado el rey.

El 27 de septiembre de 1821, las calles, los árboles y las azoteas estaban llenas de una muchedumbre delirante que arrojaba flores al paso del ejército trigarante. Resonaban gritos de "¡viva el libertador!" al paso de Iturbide montado en un magnífico caballo negro hacia la gran plaza, donde exactamente trescientos años antes Moctezuma II había recibido a Cortés. Dieciséis mil soldados ex realistas y ex insurgentes desfilaban juntos bajo la misma bandera, hermanados y unidos. La nueva bandera ondeaba sobre el palacio: verde por la independencia, blanca por la pureza de religión y roja por la unión entre los antiguos combatientes. En su centro había un águila sobre un nopal con una serpiente en su pico, recordando así al imperio azteca. Para honrar al nuevo imperio, el águila llevaba una corona.

La alegría y el júbilo llenaba el corazón de todos los presentes: criollos, mestizos, indios y demás castas. ¡México era independiente! ¡México era libre! La nación había tomado el nombre de la capital de la ciudad: México.

Las protestas en España surgieron inmediatamente. Fernando VII no reconoció la pérdida de su dominio más preciado y rechazó enviar un monarca a México. La santa sede canceló el Patronato Real concertado con la corona española.

¿Qué iba a ser de la independencia sin un gobierno? El 24 de febrero de 1822 se estableció el Congreso Constituyente. En mayo del mismo año se logró, tras un acalorado debate, nombrar a Iturbide emperador de México con toda la pompa y ceremonia que merecía una coronación. La catedral lucía espléndida y las campanas tocaban sonoras y jubilosas anunciando este acontecimiento sin precedentes. Pero, como en una obra de teatro, la corona sobre la cabeza de Iturbide no tenía historia ni tradición.

Se ha dicho que la conquista de México fue llevada a cabo por indios (los aliados de Cortés) y la independencia fue hecha por los españoles americanos (los criollos).

El imperio mexicano tuvo corta duración. Las semillas de la anarquía estaban ya plantadas en un cisma entre monárquicos y republicanos. Diferencias de opinión en cuanto a cómo debía organizarse el nuevo gobierno dividió al congreso. Igual que Cortés había tenido que plantearse la pregunta de cómo administrar el enorme imperio que había conquistado, el congreso de este nuevo e independiente imperio tenía que resolver la manera de gobernar. Los monárquicos, generalmente grandes terratenientes, no querían un emperador mexicano, sino un rey de origen europeo. Los republicanos eran muy pocos pero, como su nombre lo indica, estaban decididos a establecer una república.

Debido a la presión ejercida sobre los miembros del congreso, Iturbide no pudo atraer a la mayoría hacia sus ideales y de modo autoritario suprimió la libertad de prensa, se enfrentó abiertamente al congreso y en una decisión despótica y apresurada, lo disolvió.

El momento se prestaba a un levantamiento. Un joven oficial ex realista, Antonio López de Santa Anna, quien había apoyado a Iturbide, se volvió contra él. Acuartelado en Veracruz, este carismático criollo se pasó al bando de los republicanos y demandó la reinstalación del congreso. Los generales que envió Iturbide a sofocar el levantamiento formaron el Plan de Casa Mata y exigieron la reinstalación del congreso. Iturbide se vio forzado a abdicar y aceptó desterrarse a Europa. El congreso le concedió una pensión vitalicia y quitó la corona imperial de la bandera y del escudo de México. El mismo hombre que había salvado a México de la anarquía dejó al nuevo país como una nación dividida.

Un año más tarde, Iturbide regresó y fue arrestado y fusilado. Los historiadores dicen que el ex emperador desconocía que el nuevo congreso había prohibido su regreso. Su ejecución levantó indignación y agrandó la escisión entre los dos grupos opuestos.

En vista de la insolubilidad del conflicto de intereses, Guatemala se separó de México y junto a sus capitanías hermanas decidieron formar la Federación Centroamericana. Chiapas se separó de Guatemala y permaneció unida a México.[25]

Ante la urgente necesidad de unidad se convocó a un nuevo congreso en 1823, el cual propuso una constitución según el modelo de la Constitución de Estado Unidos y la Constitución Liberal de Cádiz. Las provincias de la Nueva España fueron divididas en diecinueve estados y cuatro territorios. El gobierno se dividió en tres poderes: el Ejecutivo (a cuya cabeza estaría un presidente), el Legislativo (con dos cámaras: el Congreso y el Senado) y el Judicial (encabezado por la Suprema Corte). Aunque esta Constitución no contenía ningún artículo que garantizara los derechos del individuo, sí declaraba la igualdad de todos los ciudadanos ante la ley.

---

[25] En 1824, cuando se deslindaban las fronteras territoriales, México se apropió el Soconusco, una porción de Guatemala, declarando que pertenecía a Chiapas.

En 1824, el congreso ratificó la nueva Constitución y México fue declarado una república federal constituida bajo el nombre de Estados Unidos Mexicanos.

El derecho constitucional de libertad era prácticamente imposible de garantizar. Los mexicanos sustituyeron a los españoles y la iglesia ganó mayor riqueza y poder. El indígena continuó sujeto a la arbitrariedad.

En su ensayo político sobre el reino de la Nueva España, Alexander Von Humboldt, gran botánico que viajó por México en 1803, declaraba que la Nueva España era un país de desigualdades, donde el color de la piel decidía el lugar del individuo en la sociedad y que un blanco que montara descalzo en un caballo se consideraba a sí mismo de sangre noble.

"No hay otro lugar en donde la fortuna esté tan desigualmente repartida y haya mayor discriminación en cuanto a la tierra y a la población", escribió Humboldt.

LA NUEVA NACIÓN

El nacimiento de México fue largo y doloroso. Los problemas económicos arrastrados sin resolver durante los trescientos años de dominio virreinal, incidieron sobre la nueva república. La división de clases, el analfabetismo, la población dispersa, el aislamiento, la falta de comercio con otras naciones y, sobre todo, la falta de experiencia para gobernar dejaron la organización y administración del país recién fundado en manos de unos pocos sin experiencia que se peleaban constantemente entre sí. A diferencia de sus vecinos al norte que se habían autogobernado por ciento cincuenta años antes de ser un país independiente, México había sido regido bajo la autoridad totalitaria del virrey. No tenía experiencia en gobernarse ni había participado en el libre comercio. Su cultura se había basado en el centralismo, la dependencia y el aislamiento del mundo exterior. Ahora los republicanos amenazaban con destruir las instituciones, tradiciones y costumbres que habían prevalecido por siglos. La Nueva España había sido la única extensión verdadera de España en América. No era una colonia. Sus habitantes eran ciudadanos de España. Ahora la nación "huérfana" tenía que luchar por sí misma y tomar sus propias decisiones. La rama arrancada del tronco tendría que marchitarse muchas veces antes de empezar a florecer.

A pesar de que el grito de libertad era auténtico e irreversible, pocos entendían el verdadero significado de esa palabra. La creencia general en la riqueza fabulosa de México era casi un dogma entre la clase gobernante. Todo lo que había que hacer era explotarla para salir del marasmo de once años de dolor y conflictos. Al igual que la tribu de mexicas que divisaron el águila en el lago vieron un futuro de riqueza y prestigio. Sin embargo, algunos veían la realidad: las minas de plata que habían sido la base de la economía estaban abandonadas o anegadas, la agricultura destruida, el comercio paralizado y las industrias incipientes, descuidadas. Otros creían que la respuesta estaba en las nuevas industrias.

La revolución industrial estaba creando gran riqueza en Europa y en Estados Unidos. México estaba apenas saliendo de una guerra destructiva. Un México industrializado lo elevaría a un estatus mundial y le ayudaría a construir una economía sólida.

México era un país sin grandes ríos navegables, pocas carreteras, sin ferrocarril, con inmensas extensiones de terreno árido en el norte, selvas al sur y dos océanos divididos por enormes montañas que había que atravesar. Sus ciudadanos estaban aislados y sus ciudades, apartadas de la capital, favorecían el orgullo y las tradiciones de su provincia. La lealtad a la corona española había sido la amalgama que mantenía la unidad en la Nueva España. Ahora se había derrumbado y la nueva nación no tenía maquinaria, combustible, ni dinero.

El país estaba en bancarrota. Con una extensión territorial que abarcaba al norte Estados Unidos y al sur hasta Guatemala; con territorios cuyos límites y fronteras estaban todavía sin definir, el verdadero potencial y los grandes recursos solamente se podían vislumbrar.

CAPÍTULO IX

ENFRENTANDO SU NUEVO MUNDO

Desde el comienzo de la revolución, los Estados Unidos había abastecido de armas a los insurgentes, esperando liberarse de España en su frontera sur. En el momento en que Iturbide fue coronado, Estados Unidos se apresuró a reconocer la Independencia de México. La presencia de los ingleses al norte, de los españoles, franceses y holandeses al sur era considerada un peligro para la joven república. En 1823, el presidente James Monroe presentó ante el congreso su famoso documento conocido como la "Doctrina Monroe", que esencialmente decía que cualquier intervención europea en los asuntos de un gobierno de las Américas que hubiera declarado su independencia y hubiera sido reconocido por los Estados Unidos sería considerada una amenaza a la seguridad de ese país. No aclaró qué defensa ofrecía a las nuevas naciones independientes, pero implicaba la determinación de los Estados Unidos de protegerse y proteger a sus vecinos de la expansión europea.

Tras aprobarse y ratificarse la Constitución, el congreso mexicano llamó a elecciones presidenciales. Guadalupe Victoria, el leal jefe insurgente que había ayudado a mantener viva la llama de la independencia, fue electo

como el primer presidente. Sería el único, hasta mediados del siglo, que terminaría su periodo presidencial.

Las logias masónicas constituían una fuerza política importante desde 1825. Se dice que fueron traídas por los
oficiales españoles. En sus orígenes europeos los masones se habían agrupado en gremios según su profesión.
En realidad eran albañiles que se agrupaban en herman-
dades para proteger sus secretos arquitectónicos de
otros constructores y ayudarse mutuamente. En México, los centralistas eran conocidos como "escoceses",
masones del rito escocés y los federalistas como "yorkinos", masones del rito de York. En reuniones secretas se
fraguaban conspiraciones y estrategias. Las logias masónicas tendrían una gran influencia en la vida política de
México.[26]

Con el fin de establecer relaciones, Estados Unidos
envió un representante a México en 1822. Fue recibido con cautela pues se pensaba que el verdadero interés del vecino del norte era su expansión territorial. Joel
Poinsett, el primer ministro de Estados Unidos y gran
maestre de la masonería libre, confirmó que los temores
eran bien fundados. Arrogante y con poco tacto, el joven Poinsett aprobó abiertamente a los "yorkinos", cu-
yas ideas liberales eran del agrado de Estados Unidos, y
para confirmar aún mas las sospechas de México, trató
de lograr un acuerdo territorial con el congreso recién
nombrado para la anexión de Texas, aún antes de que las
fronteras hubieran sido delimitadas legalmente.[27]

---

[26] El emblema masónico se puede ver a la entrada de las oficinas del Palacio
Nacional.
[27] Poinsett dio el nombre a la flor mexicana de nochebuena, también conocida
como "poinsetia".

En 1824, España todavía no reconocía la Independencia de México. Estados Unidos e Inglaterra se habían apresurado a intercambiar relaciones diplomáticas, enviando ministros y encargados de negocios para lograr acuerdos comerciales favorables. Francia y Alemania enseguida hicieron lo mismo. La revolución industrial promovía la competición entre las naciones que intentaban expandir su comercio y sus rápidos buques mercantes cruzaban ya el Atlántico.

México, que había estado bastante apartado del comercio exterior, estaba ahora en condiciones de abrir sus puertas. Los diarios de los primeros viajeros contaban anécdotas divertidas, increíbles, atemorizantes o ilustrativas. Escuchar otra lengua que no fuera español, ver a gente no española, mestiza o india, constituía una constante sorpresa y curiosidad para los mexicanos, ya que pocos habían viajado al extranjero y los libros eran un lujo de los ricos solamente.

William Bullock, un inglés, escribió en 1823:

El recelo del gobierno de la Nueva España había logrado cerrar tan firmemente a los europeos del conocimiento de México, que no pude encontrar ningún libro de viajes de ningún inglés a este país, por lo que este diario dará, según creo, cierto valor a mis observaciones.

Zarpé de Portsmouth en un buque mercante de la Compañía Renish de Comerciantes de Alemania que estaban a punto de establecerse en México… Nuestra primera vista de la costa de México, a través de un telescopio, fue el puerto de Veracruz, y elevándose detrás, una montaña majestuosa de unos diecisiete mil pies. Por momentos desaparecía entre las nubes y nos quedábamos como personas que habían despertado de un sueño extraordinario... El hotel en Veracruz tenía las sabanas húmedas, no había agua ni lámparas, así que pasé la primera noche luchando contra los mosquitos... Alquilé un carromato tirado por ocho mulas para mi hijo, un caballero francés, su sirviente que hablaba francés y español y yo... Viajamos por carreteras apenas brechas entre vegetación tropical y después sobrecogidos por las curvas a la orilla de las montañas con vista a profundidades incalculables... Las posadas ofrecían un techo de paja y un petate como cama, rodeados de mulas que pateaban y peleaban, perros que ladraban, pulgas y gallos que no conocían la hora del día... Xalapa y Puebla tenían un aspecto mejor que muchas ciudades de Europa... Pocas mujeres en la calle, vestidas de negro, iban y venían de las iglesias con un velo negro sobre su cabeza.... Nada puede compararse a la amabilidad de la gente... La Ciudad de México con su magnífica arquitectura, los adornos que recuerdan a los palacios moros... las enormes mansiones con grandes lámparas y candiles, mesas ornamentadas, tapetes orientales, vasos de plata, muchos de los cuales circulan hoy en día convertidos en monedas en Europa y Asia... No es en la capital de la Nueva España donde hay que buscar los restos de la grandeza mexicana. Todo vestigio de su pasado esplendor ha sido aniquilado por los conquistadores. Cortés tuvo que arrasar con cada casa según iba tomando la ciudad... Y cincuenta mil indios seguían a sus soldados para rellenar los canales con los restos de las construcciones... Los españoles no querían dejar rastro de la antigua grandeza o la memoria de lo que destruyeron... Es en los anales de los antiguos escritores donde constatamos la verdad de las leyendas... Después, el cierre de las minas, la expulsión de las familias españolas acaudaladas..., los dieciséis años de guerra revolucionaria, con todas las miserias que han producido un cambio de fortuna en los individuos y en el estado general del país. Espero que esos tiempos estén a punto de terminar y que llegue el momento en que México levante otra vez la cabeza entre las grandes ciudades del mundo, un merecido rango por su belleza intrínseca como capital de uno de los lugares mas hermosos del globo.

La economía nacional era un caos, los productos básicos eran escasos, incluyendo el maíz y el frijol, pero con la importación de productos extranjeros, las tiendas locales empezaron a abastecerse y la industria textil y del cuero revivieron. El grueso del comercio lo constituía la exportación de tabaco, café, azúcar, vainilla, cochinilla, caoba y otras maderas, y sobre todo, plata. Los ingleses negociaron rápidamente para operar las minas abandonadas o inundadas. El dinero comenzó a fluir, barcos de muchas naciones anclaban en los puertos mexicanos y las minas de Guanajuato, Zacatecas, Pachuca, Taxco y Durango comenzaron a trabajar de nuevo.

Para 1857, doscientas minas, con capital y técnicos extranjeros, producían una cantidad significativa de oro y plata. Sin embargo, México tenía que pagar un precio; su deuda externa que había crecido año con año. Mucho capital había salido con la expulsión de los españoles. La Constitución había eliminado las instituciones virreinales, pero ninguno de los diecinueve estados y cuatro territorios de la federación tenía dinero para comprar o invertir. El primer préstamo se negoció con banqueros ingleses, que pusieron sus intereses tan altos que México sólo se benefició de la mitad del crédito.

En este periodo de turbulencia política, dos instituciones, herencia de la Nueva España, eran fuente de debates y bloqueaban el experimento republicano: la iglesia y el ejército. No podía haber igualdad mientras no estuvieran todos sujetos a las mismas leyes. La iglesia y el ejército gozaban de "fueros", privilegios y estatutos legales que les permitían estar exentos de la jurisdicción civil y del pago de impuestos.

Después de la Independencia de 1821, el ejército se consideraba dueño de México. Pero al derrumbarse la economía, el pago a los oficiales era errático y reducido. La mayor parte del ejército federal degeneró en un grupo de reclutas mal entrenados y peor equipados, compuesto por mestizos e indios, la mayor parte conscriptos sacados de los pueblos a la fuerza. No sujetos a la ley civil, podían disparar y confiscar propiedades a su antojo. Los desertores se convirtieron en bandidos que atacaban las recuas de mulas que traían la plata de las minas a la capital, y los soldados les disparaban. Los tribunales militares juzgaban a los culpables según les convenía. El ejército era la base de los levantamientos de las guarniciones dirigidos por caudillos y oficiales criollos; las guerras de guerrillas eran provocadas por los caciques, jefes de provincia o jefes políticos con sus propios grupos de soldados. Era un ejército cuyos soldados eran leales a su líder más que a la nación. Muchos de estos soldados desertaron poco a poco.

Para los millones de indígenas que continuaban trabajando de peones en las grandes haciendas o trataban de subsistir en sus parcelas del ejido, la palabra "independencia" carecía de significado.

La iglesia elegía a los sacerdotes para sus parroquias, juzgaba los asuntos eclesiásticos y continuaba recaudando el diezmo y la renta de sus propiedades sin pagar ningún impuesto. Se cree que para mediados de 1800, la mitad de la tierra en México pertenecía a la iglesia.

Aquellos que defendían a la iglesia enumeraban los beneficios de la sociedad. Desde los primeros tiempos, los sacerdotes, frailes y monjas habían realizado innumerables servicios sociales; habían construido escuelas y dirigido la educación; habían trabajado administrando hospitales, asilos, orfanatos; ayudando a los indígenas y conservado los registros familiares en los archivos parroquiales: bodas, bautizos, funerales y fiestas; éstas eran las funciones de la Iglesia.

El sacerdote José María Luis Mora, un intelectual liberal, veía a la iglesia como un freno al establecimiento de un sistema representativo y la construcción de un sentido de nación. No estaba contra la doctrina de la iglesia, sino de sus acciones. Estaba a favor de la educación laica:

> En las escuelas parroquiales, un niño debe imitar la vida de los santos. No se enseña nada de patriotismo, deberes cívicos ni responsabilidades. Es un sistema inadecuado para formar un ciudadano cívico en México.

Durante medio siglo de guerras fratricidas, patriotas sinceros surgieron y cayeron en el campo de batalla político, dejando nombres que serían honrados por futuras generaciones. Eran intelectuales, hombres de integridad que comprendieron y vivieron su momento: Lucas Alamán, José María Luis Mora, Lorenzo Zavala, fray Servando Teresa de Mier, Miguel Ramos Arizpe y Valentín

Gómez Farías son algunos de los que sobresalen en las páginas de la historia de México.

Lucas Alamán, un brillante conservador, defendió ardientemente el pasado y la herencia de México. Creía en la industrialización pero mediante un proceso lento y mesurado para la transformación. "Hemos tenido experiencia con una monarquía, pero ninguna con un presidente electo."

Los liberales proponían una burocracia de gobernadores, secretarios, representantes, oficiales locales y jueces de circuito y de distrito en un país de siete millones de habitantes, cinco de los cuales sólo necesitaban un alcalde y un sacerdote. "¡No se debía permitir el cambio radical!", decían los conservadores. En el otro lado del espectro, el liberal, Lorenzo Zavala, con profunda fe en la estructura y organización de Estados Unidos, se proponía acaloradamente sacudir las costumbres "viciosas" y anacrónicas de la Nueva España; sobre todo, los privilegios de la iglesia.

Se tomaron algunas medidas drásticas y poco afortunadas: en 1827 se expulsó a muchos peninsulares quienes se llevaron su fortuna. En 1829, España trató de reconquistar México pero al desembarcar en Tampico fueron derrotados por el general Antonio López de Santa Anna y el general Manuel Mier y Terán. En un arranque de patriotismo, todos los españoles fueron desterrados de México.

En 1828, cuando acabó el periodo presidencial de Guadalupe Victoria, Vicente Guerrero, general de Morelos, asumió la presidencia por medio de una insurrección respaldada por los federalistas. Tras una furiosa lucha interna, el control del gobierno fue tomado en 1831 por Anastasio Bustamante, el vicepresidente.

Guerrero fue juzgado, encontrado culpable de encabezar un gobierno ilegal y ejecutado.

Estas acciones se repetirían a lo largo de cuarenta y cinco años. Guerras civiles, golpes militares, invasiones, levantamientos y anarquía pura que mantenían a México en estado de postración, aunque un incipiente sentido de identidad nacional comenzaba a aparecer.

SANTA ANNA

Durante este periodo de incertidumbre, un nombre sobresale una y otra vez: el general Antonio López de Santa Anna. Carismático, dinámico, valiente, caprichoso y jugador empedernido, conocido por tener a sus legisladores esperando mientras asistía a una pelea de gallos, es una de las figuras más polémicas de la historia de México. Criollo de las filas realistas, fue el iniciador y el objetivo de levantamientos, héroe y traidor. Había apoyado a Iturbide y luego se volvió en su contra. Cambiaba de bando según soplaran los vientos, desertando del congreso y retirándose a su hacienda hasta que las circunstancias volvieran a ser favorables para su regreso. Se dice que su deseo de poder no era la ambición política, sino el amor por ser aclamado: la gloria, la pompa, el boato. Pero sobre todo amaba la batalla. Siempre a la cabeza de sus tropas, fue descrito por Lucas Alamán como "un buen soldado, pero un mal estratega". Como presidente nunca pudo organizar un gobierno estable. Al tomar el poder, un grupo de reformadores liberales apoyó a los republicanos liberales y luego cambió de bando. Santa Anna fue elegido presidente en 1833. Después estaría dentro y fuera de la presidencia once veces de 1833 a 1855, y sería un factor clave en las batallas e invasiones que sufrió México.

Mientras se dirimían los conflictos de las facciones en el congreso, un problema de mayor gravedad se avecinaba: Texas, el territorio lejano que formaba parte de Coahuila, había sido una constante preocupación desde tiempos virreinales. Estados Unidos había comprado el enorme territorio de Louisiana a Napoleón en 1803, doblando así su tamaño y en 1819 habían adquirido de Inglaterra, la Florida. Las fronteras estaban mal definidas y algunos legisladores militantes estadounidenses reclamaron que una porción de Texas pertenecía a Louisiana, mientras que los mexicanos defendían con tesón que Texas era parte del territorio del norte heredado de España mucho antes de que Louisiana existiera y fuera comprada.

Desde un punto de vista práctico, México sabía que sus asentamientos diseminados y bajo ataque de los indios ofrecían poca resistencia si Estados Unidos decidía anexarse Texas.

En 1822, el imperio mexicano autorizó a Moses Austin, un honrado puritano yanqui, a traer a colonizadores anglosajones con la esperanza de que sirvieran de amortiguador contra Estados Unidos. Los colonos recibieron tierra a cambio de su adhesión a México. Existían cuatro condiciones: 1) que los colonos poseyeran un medio honrado de vivir, 2) que fueran católicos, 3) que juraran obediencia al gobierno mexicano y 4) que el español fuera la lengua oficial para el comercio.

Poco poblado, el territorio de Texas pronto fue invadido por anglosajones. Impacientes por la tardanza de México en otorgar los títulos de propiedad, las quejas aumentaron. Las aduanas y las patrullas militares del lado de Louisiana impedían el comercio, favoreciendo así el contrabando. Prometiéndoles títulos de propiedad, los especuladores sin escrúpulos atrajeron a más colonos. Los pocos sacerdotes del territorio, bajo amenazas de los colonizadores, "convertían" a éstos para cumplir con una de las cuatro reglas. Los "nuevos católicos" presumían de que por dos dólares —dejándose bendecir con agua bendita y haciendo la señal de la cruz— uno podría volverse católico apostólico. Mofándose, enseñaban su certificado de bautismo.

Texas, a seiscientas millas de la capital mexicana y dividida por dos culturas muy diferentes, no resultó ser una barrera contra el expansionismo norteamericano, sino que se volvió más cercana a Estados Unidos. Los colonos texanos eran duros y de carácter independiente, ya que tuvieron constantemente que luchar contra los indios apaches y los comanches.

La situación en Texas empeoraba. Alarmados por el flujo de colonizadores ilegales, México cerró la frontera de Texas e impuso un tributo más alto en la aduana. Stephen Austin, hijo de Moses, ofreció encontrar una solución a las quejas de los colonos. Leal al juramento que su padre había hecho a México y respetado por los colonos, viajó a la capital en 1832 para proponer un plan que satisficiera a ambas partes. Separar Texas del estado de Coahuila, definir las fronteras y permitir a Texas ser un estado independiente dentro de la federación mexicana. Su petición fue ignorada. Austin permaneció en México para obtener una respuesta oficial, pero cuando regresaba a Texas con las manos vacías fue arrestado y encarcelado por Santa Anna, quien acababa de tomar la presidencia. ¡Texas seguiría bajo la legislatura de Coahuila!

En 1835, cuando Austin regresó a Texas enojado, se unió al movimiento independentista.

Ese mismo año, los centralistas tomaron de nuevo el poder y el control del congreso en la Ciudad de México. Los colonos rebeldes texanos aprovecharon la situación y rápidamente se consideraron federalistas y declararon su independencia.

Ante tan vehemente rebelión, sólo quedaba responder con la guerra. Pero el gobierno era inestable y carecía de recursos económicos y fuerza militar en el norte para acabar con la insurrección. Tampoco surgió un apoyo civil a favor del ejército y las provincias tenían sentimientos encontrados. ¿Dar dinero o la vida para luchar por Texas? ¡A mil kilómetros de distancia! Que el gobierno federal resuelva el problema...

El congreso reconoció la urgencia de actuar, pues Texas era una provincia crucial. A toda costa había que proteger los territorios del norte para que los Estados Unidos no se infiltraran lentamente. Tenían que financiar un ejército. ¡Texas era un polvorín!

Una persona respondió al instante: el general Santa Anna, que salió de su hacienda, consiguió un ejército de seis mil hombres y marchó al norte añadiendo reclutas de los estados por los que pasaba. Al descender de la meseta y entrar al desierto de Coahuila, con enormes extensiones de arbustos llenos de espinas, bajo un sol abrasador, mal equipados y peor alimentados, cientos de reclutas murieron o desertaron. Santa Anna llegó al presidio de San Antonio con tres mil hombres. Un abigarrado batallón de ciento ochenta texanos armados se había congregado en San Antonio, sorprendido a la guardia y tomado posesión de la vieja misión.

Santa Anna declaró: "No daremos cuartel a los extranjeros que han violado todas las leyes y han declarado la guerra a México". Tras un asedio de trece días, la Batalla del Álamo acabó matando a todos los defensores en la misión. La pasión se desbordó. Sam Houston, desde Estados Unidos, reagrupó las fuerzas tejanas y tomó el mando mientras cientos de voluntarios se le unían al grito: "¡Recuerden el Álamo!". Tras casi derrotarlos, los texanos atacaron por sorpresa a San Jacinto, donde descansaban los mexicanos y prácticamente los aniquilaron. Santa Anna fue hecho prisionero durante un año, enviado a Washington y obligado a firmar un acuerdo reconociendo de facto la independencia de Texas.

Cuando el presidente de México lo supo, rechazó el acuerdo diciendo que el congreso no lo había aprobado. México no reconoció la independencia de Texas y Santa Anna cayó en desgracia. Se retiró a su hacienda jurando no entrar a la política nunca más.

Estados Unidos reconoció rápidamente la independencia de Texas, un acto que profundizó más el abismo entre los dos países. Temiendo un intento de México de recobrar el territorio perdido, Texas inmediatamente solicitó la admisión a Estados Unidos como un nuevo estado. La petición fue rechazada por el senado por no querer admitir otro estado esclavista en la unión ya que el asunto de la esclavitud era de mucha controversia en esos momentos en el congreso americano.

La cuestión de Texas fue una espina clavada en el congreso mexicano, pues México consideraba a Texas como una provincia en rebelión. Sin embargo, el país estaba debilitado por los innumerables levantamientos y no podía confrontar en ese momento a un gigante. Los políticos prácticos pensaban que era mejor dejar ir a Texas que dar una excusa a Estados Unidos para levantarse en armas contra México, pero los liberales que controlaban el congreso rechazaron los hechos y fortalecieron al ejército que patrullaba el territorio disputado entre los ríos Bravo y Nueces, un área que comprendía casi la mitad de Texas. Los texanos argumentaban que el río Bravo marcaba el límite entre Texas y México, y los mexicanos discutían que en los viejos mapas españoles el río Nueces figuraba como límite. La patrulla mexicana tenía orden de disparar a cualquier invasor y Estados Unidos buscaba cualquier pretexto para una escaramuza. El hostigamiento por ambos lados aumentó la tensión.

Santa Anna necesitaba recobrar su credibilidad y aprecio. Providencialmente, Francia le dio la oportunidad de hacerlo. En 1837, el primer ministro francés había aprovechado el tenso momento que vivía México para presionarlo. Demandó seiscientos mil pesos de indemnización por las pérdidas sufridas por sus ciudadanos en los disturbios de 1828, incluyendo sesenta mil que pedía un pastelero francés. El presidente Anastasio Bustamante se burló de la bufada demanda y declaró que era solamente presión para coaccionar a México a firmar un acuerdo comercial preferencial con Francia. En una semana, barcos franceses habían llegado desde la isla de Martinica y ocupado el puerto de Veracruz, bombardeando el viejo fuerte de San Juan de Ulúa. Bustamante no tuvo otro remedio que declarar la guerra. Encolerizado, dijo a su secretario: "¿Por qué no está el ejército de Estados Unidos aquí para romper el bloqueo francés? ¡La doctrina Monroe es una farsa!".

Santa Anna, plácidamente descansando en su hacienda, fue despertado al oír mensajeros a galope gritando:

"¡Guerra! ¡Veracruz está siendo bombardeada por los franceses!". Reaccionando con su dinamismo característico, al poco tiempo el general galopaba hacia el puerto. En la batalla que tuvo lugar, Santa Anna perdió su pierna izquierda, amputada por debajo de la rodilla, pero se logró un acuerdo y los barcos partieron: ¡La Guerra de los Pasteles se había ganado!

Sin hacer caso de los pendones negros que colgaban de los balcones de las casas en las que había cólera, los ciudadanos de Veracruz salieron a las calles uniéndose a las campanas que tocaban alegremente en honor de su héroe, a quien la pérdida de su pierna no iba a detener... Se colgó otra condecoración en su uniforme y en 1841 asumió la presidencia otra vez.

De 1841 a 1847 se sucedieron golpes, levantamientos violentos, hubo siete cambios de gobierno y una plétora de presidentes interinos. No se podía lograr coalición alguna.

Los centralistas, llamados "conservadores", tramaban en secreto invitar a un monarca europeo para gobernar a la nación dividida. Los federalistas que se denominaban "liberales" luchaban por una mayor libertad en las legislaturas estatales. Hombres fuertes, de firmes convicciones, hicieron del congreso su campo de batalla. La lucha por el poder entre los generales causaba división en sus filas. Para aumentar más el problema, la deuda externa se había incrementado enormemente, al igual que las indemnizaciones reclamadas por Estados Unidos, Francia e Inglaterra.

Estados Unidos comenzó a instigar a California a independizarse, mientras barcos ingleses y franceses esperaban en la costa para desembarcar y aprovechar el momento. Yucatán sufría una revuelta: los mayas, armados desde Belice por los ingleses que tenían puestos sus ojos en Yucatán, mataban a los blancos y los dueños de las plantaciones pedían que Yucatán se anexionara a Estados Unidos para su protección.

Durante once años, Texas, "la república de la estrella solitaria", se autogobernó siempre luchando contra los indios y temiendo que México volviera con un ejército a invadir y recobrar su territorio perdido. En 1845, Texas estaba considerando ser un protectorado de Inglaterra pero rápidamente Estados Unidos le ofreció aceptarlo como estado de la unión. La oferta fue aceptada y Texas fue anexionada como un estado esclavista, añadiendo así la estrella número veintiocho a la bandera de Estados Unidos.

El 7 de abril de 1845, un terremoto terrible azotó a la capital, derribando la cúpula de la iglesia de Santa Teresa. Durante días continuaron los temblores intermitentemente, causando enorme pánico en la ciudad. Los adivinos profetizaron la llegada de un gran desastre.

CAPITULO X

LA GUERRA CON LOS ESTADOS UNIDOS

Seguramente no ha habido en la historia de Estados Unidos algo tan discutido como la guerra México-Norteamericana, que en los libros de historia de México se llama la "invasión norteamericana". ¿Fue una guerra justa o fue provocación de un vecino poderoso y ambicioso de luchar para aprovecharse de uno débil? ¿Fue la culpa de una nación dividida y en constante disputa, que no había aceptado una propuesta razonable para arreglar la cuestión de Texas? Una cosa es indiscutible: cuando acabó la contienda, en 1848, el mapa de América del Norte había quedado dibujado permanentemente: México había perdido la mitad de su territorio y Estados Unidos había surgido como una gran potencia continental.

La anexión de Texas creó un cisma profundo entre México y su poderoso vecino del norte. México nunca había cambiado su posición en cuanto a que Texas había pertenecido al territorio español, por lo cual era parte de México. Con la anexión, Estados Unidos esgrimió diversos argumentos para convencer a México de que la independencia de Texas era un hecho y que formaba un estado de la Unión Americana. El mundo observaba y se preguntaba si Estados Unidos eran un país avasallador o si se guiaba por principios democráticos. Los republicanos conservadores en el congreso norteamericano no se habían pronunciado sobre el asunto de Texas, esperaban una solución pacífica.

En 1846, el presidente James Polk, un demócrata fuerte y beato de ideas muy firmes, fue elegido por una mínima diferencia de votos. Estaba convencido de que el destino manifiesto de Estados Unidos era ir hacia el oeste del continente, expandiendo la república modelo y dando tierra a los inmigrantes que estaban llegando copiosamente. California y el territorio que quedaba en medio formaban parte de sus planes. Mandó construir fuertes militares para proteger a los colonizadores que iban hacia el oeste, pero su necesidad inmediata era someter a México. Volvió a proclamar que la tierra entre los ríos Nueces y el Bravo era parte de la compra de Louisiana y que el río Bravo era la única frontera aceptable para Texas y los Estados Unidos.

Polk incitó a los colonos a que velozmente ocuparan el área en disputa y envió un ejército de tres mil hombres, bajo el mando del general Zachary Taylor, para protegerlos. Miles de voluntarios, algunos inmigrantes recién desembarcados de Europa, se unieron a Taylor, quien había acampado en el río Nueces, cerca de Corpus Christi. El orgullo y el nacionalismo de los mexicanos se enardecieron y su ejército del norte dobló sus efectivos en el río Bravo. Un juego de tensa espera comenzó. Si Taylor se movía hacia el sur, México atacaría. Una escaramuza llevada a cabo por la caballería mexicana en terreno disputado, persiguiendo a un pelotón de texanos y matando a algunos, fue la chispa que prendió el fuego. Taylor incitó a los mexicanos a atacar… y la guerra se hizo inevitable.

"La sangre americana había sido vertida en suelo americano", fue el mensaje de Polk al congreso. "Estamos obligados a defender a Texas. ¡Les pido declarar la guerra!" El congresista Abraham Lincoln acusó a Polk de provocar un conflicto en el río Bravo y reprobó la fiebre de guerra que se había apoderado de la sociedad norteamericana. El presidente mexicano, José Joaquín de Herrera, trató de convencer a sus colegas de que aceptaran la pérdida de Texas y declaró: "La guerra con Estado Unidos es un abismo sin fondo en el que desaparecerá toda la esperanza de un futuro". Pero la dignidad de la nación estaba en juego y no hubo marcha atrás.

Luchando contra grupos de resistencia mexicana, Taylor llevó a su ejército hacia el sur, a Matamoros en el Golfo de México. Con la experiencia de haber luchado contra los indios en su país, Taylor era un líder fuerte, astuto y a cargo de soldados bien entrenados que tenían buena artillería y las mejores armas posibles. El ejército mexicano del norte, débil y mal pertrechado, no opuso gran resistencia. Los americanos construyeron un fuerte, Fort Brown, para defender su posición.[28] Taylor atacó Monterrey en una dura batalla que costó la vida de muchos civiles y dejó hondas heridas en el corazón de sus habitantes. Al rendirse Monterrey, Taylor continuó hacia el sur, y tras tomar Saltillo acampó en un llano cerca de la ciudad para esperar órdenes. Polk ordenó a Taylor entregar la mitad de su ejército al general Winfield Scott, quien navegaría a Veracruz, desembarcaría y continuaría camino hacia la capital de México a través de las montañas. El golfo se aseguraría por medio de un bloqueo naval a los puertos mexicanos. México no contaba con barcos que pudieran

---

[28] Fort Brown dio origen a la ciudad de Brownsville, al otro lado de Matamoros.

hacerles frente. Alerta y con la mitad de su ejército, Taylor esperó órdenes.

Informado de la posición del general Taylor, Santa Anna se despojó de su banda presidencial, se puso su uniforme y con sus cincuenta y dos años y una pierna de palo, montó a caballo y fue hacia el norte logrando reunir veinte mil hombres a través de cuotas estatales. Con la superioridad numérica de tres a uno sobre el ejército de Taylor, Santa Anna se aproximó a Saltillo.

Un águila comenzó a descender en círculos hacia donde un joven conscripto descansaba.

—¡Mira, un ángel! —dijo a su compañero con una sonrisa en su faz sudorosa—. Es un buen augurio.

—No, ése no —dijo su compañero—. No es uno de los nuestros. Es un águila del norte que ha volado al sur.

Sonó el clarín para continuar la marcha. Con resignación, se echaron los rifles al hombro. No habían comido hacía dos días y sus cantimploras estaban vacías...

Tomando al enemigo por sorpresa, Santa Anna atacó. Fue una batalla larga e intensa. Santa Anna cabalgaba por las líneas blandiendo su sable, animando a sus jóvenes soldados. La batalla estaba estancada sin inclinarse hacia ninguno de los bandos. Al anochecer ambos ejércitos acampaban agotados. Sin poder dormir, Taylor esperaba el alba preguntándose si sobreviviría ese día. ¡Pero el día siguiente mostró solamente las cenizas del fuego del campamento de Santa Anna, quien se había retirado!

Al igual que Hidalgo en el camino a la Ciudad de México, la decisión de Santa Anna de volver a la capital es incomprensible para los analistas militares. Muchos están seguros de que podía haber derrotado a Taylor en ese momento. Su propia explicación fue que sus hombres no podían aguantar un día más de batalla. Y más importante todavía, él creía que debía volver a la capital para defenderla y restaurar la ley y el orden. El congreso había aprobado el embargo y venta de las propiedades de la iglesia para lograr fondos para la guerra, con lo cual habían provocado la furia de gran parte del pueblo. Además, el general Scott llegaba desde Veracruz.

Un huracán en Veracruz destruyó el arco triunfal erigido para conmemorar la victoria de Santa Anna sobre los franceses y su estatua yacía en pedazos en los adoquines de la plaza cuando desembarcaron Winfield Scott y sus tropas. Cercando a la ciudad amurallada con cañones, un bombardeo devastador acalló la vieja fortaleza y la ciudad se rindió. Los cadetes de la escuela naval lucharon valientemente, pero los norteamericanos los sobrepasaron con sus armas. Muchos cayeron defendiendo a su ciudad, mientras que los soldados estadounidenses cayeron más por la fiebre amarilla que por los defensores mexicanos.

El general Scott se dirigió a las montañas, siguiendo la ruta que había tomado Cortés. Loros, guacamayas y el aroma exótico de los trópicos quedaban tras ellos mientras acarreaban su pesada artillería a través de precipicios, cañones y alturas vertiginosas.

Santa Anna estaba preparado. Los esperó en las afueras de Puebla. Esta vez tenía armas, comida y dinero suficiente para pagar a sus soldados. Conocía bien el terreno y su posición era impenetrable. Los oficiales experimentados le advirtieron que había dejado su flanco derecho expuesto al borde de una cañada. Sin hacer caso a la advertencia, Santa Ana respondió que la barranca los protegía. No había previsto la flexibilidad de la artillería moderna. Tras varios días de inspeccionar el terreno, dos ingenieros americanos, el coronel Robert E. Lee y el lugarteniente P. T. Beauregard anunciaron al general Scott que era posible construir un camino y poner los cañones en lo que parecía un terreno impasable. Santa Anna fue atacado por ese flanco y fue cercado rápidamente. Los mexicanos fueron obligados a retirarse y dispersarse, dejando tras ellos su armamento, incluso los nuevos uniformes que habían adquirido. Enormes filas de prisioneros fueron escoltados a Veracruz. Scott envió un mensaje al presidente Polk diciendo: "Los mexicanos ya no cuentan con un ejército". Humillado y derrotado, Santa Anna escapó y se dirigió a la Ciudad de México.

Scott marchó hacia Puebla, el baluarte de la iglesia católica. Tras una corta deliberación y bajo la presión del obispo, el gobernador de Puebla pidió una votación: "luchar hasta la muerte, dejando ríos de sangre en nuestras calles y nuestra catedral en ruinas, o rendirnos y salvar nuestras vidas y nuestra ciudad. Si los americanos son derrotados, alzaremos de nuevo nuestra bandera". No queriendo exponer su hermosa ciudad a la artillería y a los civiles a una matanza, Puebla se rindió ante las tropas estadounidenses.

En Washington, el congreso continuaba discutiendo sobre la justicia y el propósito de esa guerra. Los congresistas Abraham Lincoln y Daniel Webster la calificaron como un acto de agresión. El senador Henry Clay lo declaró como "una guerra de agresión ofensiva, pues México estaba defendiendo sus fronteras, altares y castillos…"

Al mismo tiempo que Taylor marchaba hacia el Golfo de México, el ejército occidental de Estados Unidos había comenzado un largo recorrido de mil cuatrocientas millas a lo largo del Camino de Santa Fe, desde Chihuahua hasta California, con carromatos, artillería, mulas y caballos. El Camino de Santa Fe y el Camino Real eran rutas valiosas para el comercio. Poco a poco la bandera de Estados Unidos se iba plantando en el camino. Se enviaron mensajes telegráficos a Washington informando de "levantamientos" en California. Lincoln llamó a esta marcha "una maniobra precipitada a través del territorio mexicano", y propuso una paz inmediata y honorable. Finalmente se pasó una resolución ofreciendo comprar algunos territorios y acabar la guerra. El presidente Polk envió un representante para ofrecer treinta millones de dólares por California, Nuevo México y Texas hasta el río Bravo. Enfurecido con esta proposición, el gobierno mexicano rechazó recibir al representante y le envió de regreso a Washington. Polk se convenció entonces de que los mexicanos no dejarían de luchar hasta que su capital hubiera sido tomada.

En Puebla, Scott miró desde el Paso de Cortés al pie de los volcanes nevados. Como en un cuadro podía ver en la atmósfera transparente el Valle de México; grandes extensiones de maizales y agaves y haciendas blancas tipo fortaleza dispersas por el área. La capital se vislumbraba a distancia, cerca de tres lagos centelleantes.

Scott amenazó a su tropa con castigos severos en caso de desmanes. Los soldados fueron acuartelados y descansaron. La gente de Puebla no se quejó. Los soldados estadounidenses estaban maravillados de la riqueza y opulencia de las iglesias. Un soldado escribió: "pero lo que es de admirar es la igualdad de todas las clases ante el altar. Los mexicanos parecen ser mas leales hacia su iglesia que hacia su país". El clero consideraba a los protestantes estadounidenses como "invasores sin principios morales ni credo religioso". Los soldados católicos norteamericanos sentían gran simpatía hacia los mexicanos.

Durante tres meses, Scott esperó refuerzos de suministros y caballos frescos, pero las guerrillas emboscaban a las patrullas en el camino de Veracruz. Desde el norte, el general Taylor con su ejército reforzado, estaba marchando hacia la Ciudad de México. Scott tomó la difícil decisión de descender hacia el Valle de México con sólo diez mil soldados.

Aunque Santa Anna no podía ganar batallas, siempre podía formar ejércitos. A pesar de su humillación y vergüenza estaba decidido a frenar a Scott. Primero, tendría que vencer a Taylor en la cercanía de la Ciudad de México. Inmediatamente levantó un ejército de dieciocho mil hombres. Los encuentros con Taylor fueron batallas brutales que dejaron pérdidas enormes en ambos lados. Aunque los mexicanos tenían superioridad numérica, la mejor artillería y armas de los estadounidenses causaron batallas sangrientas en Churubusco, Molino del Rey y Chapultepec, diezmando las fuerzas mexicanas. Un batallón de irlandeses-estadounidenses, conocido como el "Batallón de San Patricio", desertó y se unió a los mexicanos junto con otros católicos que no podían matar a compañeros de fe y religión. Fueron apresados después de la declaración de guerra y ahorcados por desertar; los que lo hicieron antes de la declaración fueron marcados con una "D" en la mejilla.

Se dice que algunos jóvenes cadetes militares prefirieron arrojarse desde las alturas del Castillo de

Chapultepec en vez de ser hechos prisioneros, como fue el caso de Juan Escutia de los llamados Niños Héroes. Hoy en día se puede ver un monumento impresionante dedicado a ellos al pie del castillo en el bosque de Chapultepec.

Tras la batalla de Chapultepec, el resto del ejército mexicano se reagrupó para enfrentar a Scott a unas tres millas de allí, y engrosó sus filas con voluntarios patriotas: estudiantes, profesionistas, artesanos y trabajadores ofrecían sus vidas en defensa de su país olvidando sus diferencias políticas.

Rápidamente se construyeron barricadas y cuatrocientos mil hombres se reportaron ante Santa Anna, quien con voluntad y patriotismo asumió el mando.

—¿Oyes las trompetas y los tambores, papá? Es la señal para que todo hombre entre quince y sesenta años se reporte a formar brigadas. ¡Tú, el abuelo y yo defenderemos juntos la ciudad! —dijo Ramón tomando un rifle que nunca había disparado.

Música militar sonaba mientras formaciones de civiles tomaban su lugar en posiciones estratégicas. El populacho gritaba: "Vivas", corriendo a su lado en las calles mientras las madres, desde los balcones y los portales, llorando les decían: "Vayan con Dios". Lucharon con valentía y gallardía pero poco a poco fueron cayendo todas las barricadas, hasta que los norteamericanos entraron en la ciudad. Las campanas de las iglesias, silenciosas durante muchos días, redoblaron avisando que las fuerzas invasoras se aproximaban. A la distancia, una banda militar tocaba "Green grows the grasses, Oh!" Los "gringos" se aproximaban. Ahora se escuchaba "Yankee Doodle Dandy", cantado por una fila interminable de soldados que luchaban por las calles para llegar al Zócalo y a Palacio. Niños harapientos tiraban piedras a los extranjeros, y ciudadanos asustados se encerraban en sus casas o subían a sus azoteas a arrojar piedras e insultos a los asombrados "gringos" o "yankis".

Un aguador, con dos cubos colgados de un palo, descargó el agua sobre los soldados que pasaban; lo único que podía hacer para hostigarlos... La rabia y desesperación colectiva unió al pueblo. "¡Ahora comprendo cómo deben haberse sentido los aztecas!", dijo alguien... Cuando llegó la noche los defensores y los invasores, agotados, pararon la lucha.

Cansados pero ilesos, Ramón, su padre y su abuelo volvieron a casa. Sus ojos reflejaban el dolor y la pena. "Yo estuve con Morelos en la batalla de Cuautla, dijo el anciano. Vi cómo se colocaba la corona de la Independencia sobre la cabeza de Iturbide. Estuve en el congreso cuando se escribió la Constitución de 1824. ¿Cuándo? ¿Hace veintidós años ya? Ahora nuestra nación va a acabarse". Las lágrimas nublaron sus ojos. ¿Sería recordado México solamente como un meteoro que brilló en el cielo y desapareció en Estados Unidos?

La mañana del 16 de septiembre, día de la Independencia, la bandera estadounidense ondeó en el Palacio Nacional. Un silencio extraño envolvía a la ciudad. Con resignación o acostumbrados a la guerra, los ciudadanos esperaban. Su capital estaba bajo asedio. La jerarquía eclesiástica observaba con indiferencia. El general Scott había declarado que no interferiría en los asuntos religiosos. Algunos, a ambos lados de la frontera, deseaban que las barras y las estrellas permanecieran en México; los fanáticos estadounidenses querían la anexión de todo el territorio mexicano y algunos mexicanos desilusionados pensaban que el país estaría mejor como protectorado de Estados Unidos. Algunos patriotas pedían al congreso firmar un tratado de paz, mientras otros gritaban: "¡Hay que expulsar a los invasores!". Las guerrillas todavía podían seguir atacando y continuar mucho tiempo como lo habían hecho durante la larga Guerra de Independencia.

En febrero de 1848 se firmó y ratificó el tratado de Guadalupe Hidalgo. México cedió la mitad de su territorio: el norte de California, Nuevo México y Texas hasta el río Bravo, llamado río Grande por los texanos. A cambio, Estados Unidos ofreció pagar a México quince millones de dólares, de los cuales solo pagó realmente tres y canceló todas las demandas de indemnización.

La nación había sobrevivido. Los ciudadanos llenaron las iglesias para dar gracias a Dios. La bandera de México ondeó de nuevo en el palacio, los puertos y las ciudades. Ahora era el momento de construir una nueva nación, todos unidos.

Durante cinco años no se produjo ninguna rebelión, Santa Anna se retiró y, en un cambio de gobierno pacífico, un liberal moderado tomó el mando. Para evitar otro intento de volver a asumir la presidencia, Santa Anna fue expatriado a Venezuela. Se llevó sus medallas y sus gallos de pelea. ¡Los liberales tenían ahora el control!

De repente, en la semana de Pascua de 1852, un incendio voraz se produjo en el centro de la ciudad y destruyó cuatro manzanas. En junio, el cólera azotó imparable y mató a siete mil ciudadanos en tres meses… ¿Sería esto un castigo divino por haber rechazado y expulsado a los conservadores defensores de la Iglesia? ¡Plaga sobre las cabezas de los liberales que habían tomado y vendido las propiedades de la iglesia!

Existían dos tipos de política incompatibles y profundamente arraigados, que provocaban el resentimiento y gran polarización. Los conservadores querían poner nuevas ideas en los viejos moldes. Los liberales deseaban romper los moldes. En secreto, el ministro español negoció un préstamo para los nuevos conservadores, muchos de los antiguos monárquicos. El ministro los apuró a tomar el control y traer a un miembro de la realeza española para gobernar como monarca independiente. Brasil había probado que ese sistema podía funcionar, evolucionó como país independiente sin lucha armada.

Lucas Alamán, el más experimentado y erudito de los conservadores, comprendió que traer un monarca de golpe llevaría al país a la anarquía. Lo que se necesitaba era un gobierno estable para que el país se recuperara. Estados Unidos estaba ocupado en construir el ferrocarril hacia el oeste y las inversiones extranjeras lo estaban convirtiendo en una nación rica y próspera. En México, solamente las minas, el azúcar y la industria textil sostenían a la débil economía. Había que hacer frente a los bonos ingleses, construir carreteras y comprar nueva maquinaria. El gobierno moderado estaba haciendo lo que podía, pero se necesitaba alguien fuerte que llevara el timón.

En 1853 se acababa el término de los liberales y los ánimos se estaban caldeando otra vez. Tras largas deliberaciones, Alamán resolvió que la única figura política que podía mantener unido al país era… ¡Antonio López de Santa Anna! Excedidos en número por los conservadores en el congreso, los liberales tuvieron que aceptar.

Estaban seguros de que a los cincuenta y ocho años y con treinta años de guerras en su haber, Santa Anna actuaría con patriotismo y sensatez. Alamán logró la aprobación de Santa Anna para gobernar, prácticamente como dictador, por un año. Esto les daría tiempo para buscar a un monarca apropiado.

Santa Anna fue llamado del exilio. Apuesto, orgulloso y carismático, entró en la capital en su carruaje reluciente, por la misma ruta que llevaba a la Colegiata de Guadalupe. Fuegos artificiales estallaban en el aire, coros de niños cantaban y, desde los balcones, hermosas jóvenes arrojaban flores a su paso. Tomó la presidencia con toda la pompa y el boato de un rey y se le otorgó el título de Alteza Serenísima. Para celebrar su regreso se construyó un teatro nacional con una excelente temporada de ópera italiana. Como testimonio de su patriotismo, convocó a un concurso para crear el himno nacional. La letra fue escrita por un mexicano, Francisco González Bocanegra, y la música por Jaime Nunó, un español; se cantó por primera vez en el nuevo Teatro Nacional, el 15 de septiembre de 1854.

Sin prestar atención a su esposa, las jóvenes adulaban a Santa Anna, los oradores escribían y declamaban poesías exaltando a su persona. La alta sociedad le honraba con regalos y lisonjas a cambio de favores. Estaba rodeado de aduladores que querían controlar sus actividades.

En junio de 1853, Lucas Alamán murió de repente, dejando a "su Alteza Serenísima" sin nadie que lo controlara. Transfirió dinero de las obras públicas al ejército, incrementándolo a noventa mil elementos, y trajo oficiales españoles y prusianos para entrenarlos. La guardia del Palacio vistió los mismos uniformes que los guardias suizos del Papa y utilizó carruajes magníficos. Con el estilo de vida extravagante de una corte imperial, las arcas de la nación se vaciaron rápidamente, pero de nuevo, Santa Anna se salvó al ofrecerle a Estados Unidos una parte de Arizona para extender su línea del ferrocarril. Así, Estados Unidos se extendió de costa a costa. Santa Anna firmó el Tratado de Gadsen en 1853 y diez millones de dólares entraron a las arcas de la nación.[29]

Como su periodo estaba a punto de terminar, Santa Anna trató de extender su dictadura un año más. Algunos querían coronarle como el segundo emperador, pero la oposición estaba ganando fuerza para controlar el congreso y promulgar una nueva constitución. Dos veces, trató de aplastar a los rebeldes y dos veces resurgieron. Buscar al enemigo era tan asfixiante como el humo. Se escondía, se diseminaba y aparecía en un lugar diferente. Estaba en todas partes.

Las lámparas de gas, lo último en iluminación, alumbraban el Teatro Nacional. En sus magníficos uniformes, los lanceros se alineaban en las escaleras y señoras elegantes hacían la reverencia a su Alteza Serenísima y subían a sus palcos dorados. Otros palcos eran ocupados por los aristócratas seguidores de Santa Anna, hombres de negocios acaudalados a quienes había concedido el monopolio del azúcar o del tabaco, agentes de aduana y de otras empresas lucrativas que le aseguraban su apoyo. Antes de acabar la obra, un ujier abrió la puerta y susurró al oído del presidente: "Ha habido una insurrección contra usted dirigida por Ignacio Comonfort. Viene hacia la capital".

---

[29] Estados Unidos presionaba a Santa Anna para que vendiera más territorio, pero él sólo aceptó la venta de "La Mesilla" para el paso del ferrocarril.

Santa Anna salió del teatro, cambió a su ropa de diario, puso a sus gallos de pelea en sus jaulas, empacó sus medallas y se fue a Veracruz donde le esperaba un barco. Intuía que ésa era una rebelión diferente, una revolución que no le incumbía. Los sudamericanos le consideraban un héroe, el Napoleón del oeste, y ellos le protegerían.

Santa Anna vivió demasiado tiempo. Tras dieciocho años de exilio, desde Colombia al Caribe, tratando siempre de volver a México, pudo pasar sus últimos días en su querida hacienda. Se dice que olvidado y sin dinero, su fiel esposa pagaba a algunos soldados para que fueran a adorarle y hablar de sus pasadas glorias.

Santa Anna murió en 1876, a la edad de ochenta y dos años. En sus memorias escribió: "El hombre no es nada, el poder lo es todo".

CAPÍTULO XI

BENITO JUÁREZ-LA GUERRA DE REFORMA

A mediados del siglo XIX, la Nueva España era solamente una sombra. Desde la Independencia en 1821, la nueva república había estado vacilando entre los conservadores y los liberales creando fisuras y divisiones en los gobiernos cambiantes que no tenían poder suficiente para efectuar cambios necesarios y permanentes. Para 1855, el gobierno despótico y arbitrario de Santa Anna provocó otra rebelión en su último periodo presidencial, pero esta vez fue el choque de ideales irreconciliables.

En la oscuridad y la tristeza del caos, a la luz de un claro amanecer surgía en las montañas de Oaxaca y en donde dos hijos nativos habían llegado a su edad adulta, Benito Juárez, un indio zapoteco y, Porfirio Díaz, un mestizo de origen humilde, protagonizarían el drama que se representaría en la última etapa del siglo XIX mexicano.

Una nueva generación que no recordaba la época virreinal estaba tomando el mando. Jóvenes mestizos remplazaban a los viejos criollos. Eran abogados, ingenieros, científicos y doctores, educados en instituciones seglares que no pertenecían a la cultura indígena ni se sentían leales hacia los ideales españoles. Patriotas vehementes que estaban convencidos que la instauración de un gobierno permanente traería el orden, la estabilidad y el progreso a México. La reforma era una obligación. Había que poner a la iglesia y al ejército bajo la autoridad civil. ¡La iglesia poseía gran parte del territorio de México! Un ejército federal leal al gobierno y basado en principios democráticos bien definidos pondría fin a la anarquía y salvaría a México de una gradual anexión a Estados Unidos. ¡La reforma era imperativa!

Oaxaca es una región muy especial. Un estado del sur del país, con altas montañas, que se extiende hacia el oeste hasta el océano Pacífico y al este hasta el estado de Veracruz, en el Golfo de México. Veinte lenguas nativas se hablaban, tan diferentes entre sí como el alemán del chino. Su capital, construida por los españoles, está situada en un valle templado y es un ejemplo de la arquitectura barroca. De las culturas étnicas dominantes, la zapoteca era la más importante, habiendo derrotado en tiempos antiguos a la etnia guerrera de los mixtecos. Los zapotecas eran políticos y comerciantes desde la antigüedad y han sobrevivido hasta nuestros días como un pueblo fuerte e inteligente. Sería un indio zapoteco quien cambiaría la historia de México.

Benito Juárez nació en 1806. Sus padres murieron cuando tenía tres años y su tío le permitió cuidar sus cabras y vivir bajo su techo. A los doce años dejó su solitario ambiente donde abundaban los cactus espinosos y se dirigió a la ciudad de Oaxaca, donde su hermana era sirvienta en casa de un comerciante acaudalado. Fue bienvenido en su casa y le dieron trabajo. Un encuadernador de libros, un hombre piadoso reconoció la inteligencia de este joven indio y lo tomó bajo su tutela.

Juárez ingresó a la escuela. Aprendió rápidamente a leer y a escribir en español, fue el primero de su clase y para seguir su educación entró al seminario, la única institución avanzada donde se recibía a los indios que aspiraban a ser sacerdotes. Dejó el estudio del latín y la teología y se inscribió en el nuevo Instituto de Arte y Ciencia seglar como estudiante de leyes.

Sentado en la plaza principal escuchando a la banda militar, Benito notó a hombres que él admiraba y que la gente decía, en voz baja, que eran los misteriosos masones que se reunían con regularidad en una gran casa en la plaza. Conversó con ellos y le invitaron a unírseles. Era católico devoto pero pensaba que la religión debía ser algo personal y privado; la iglesia no tenía derecho a dictar todas nuestras acciones. Como masón se fortaleció en esta idea individualista. Era admirado por sus conciudadanos. Honrado, prudente, solemne y justo. Fue elegido para la legislatura local estatal y ascendió hasta ser gobernador de Oaxaca.

A los treinta y siete años se casó con la hija del comerciante que le había ayudado. ¡Un indio había hecho la corte y se había casado con una criolla! Sombrío, con facciones oscuras como cinceladas, Juárez ha sido comparado con un ídolo de piedra.

Convencido de que la ley debía aplicarse para todos por igual, su estilo de gobernar fue ético y justo. Fue firme en sus convicciones e incorruptible.

Amparándose en los "derechos de los estados", Benito Juárez negó a Santa Anna el derecho de pasar con su ejército por Oaxaca cuando buscaba afanosamente a los liberales que se habían refugiado cerca de Acapulco. Como dictador de la nación y con su autoridad absoluta, Santa Anna arrestó a Juárez y le envió al exilio. Juárez

171

se fue a Nueva Orleans, donde permaneció casi un año. Se dice que trabajó allí en una fábrica de puros para poder sobrevivir. Las cartas a su esposa revelan su sufrimiento al encontrarse "en el limbo". No tenía dinero para enviar a su casa, su familia vivía exiliada con amigos en Nueva York y posteriormente dos hijos murieron de desnutrición.

El destino puso en el camino de Juárez a otro exiliado, Melchor Ocampo, nativo de Michoacán, un científico bien educado que había viajado por el mundo y con una gran pasión por la justicia social. Ocampo fue amigo y apoyo de Juárez durante toda su vida.

Cuando Santa Anna marchó al exilio, los partidarios de la Reforma tomaron el gobierno. Juárez y Ocampo regresaron a México y fueron nombrados miembros del gabinete por el presidente liberal interino y, posteriormente, por el general Ignacio Comonfort, un criollo adinerado, educado por los jesuitas, un hombre querido y conciliador.

La tarea de Comonfort era formar un congreso constitucional que promulgara una nueva Constitución para México. De todo el país llegaron representantes de diecinueve estados y territorios; moderados, radicales y liberales, junto con algunos conservadores moderados. La mayoría pertenecía a la clase media; eran abogados, doctores, periodistas, comerciantes y se inclinaban hacia la transición política mesurada.

Unos cuantos liberales radicales como Gómez Farías, Guillermo Prieto y el poeta Ignacio Ramírez agregaron su brillante oratoria al debate. Comonfort tenía la misión de conciliar al grupo y formar un Congreso Constitucionalista. Era urgente aplastar a los monárquicos.

La prioridad en la agenda era la iglesia. Comonfort asignó a un economista muy capaz, Miguel Lerdo de Tejada, para escribir una nueva ley que legislara la reforma de la tierra. La llamada "ley Lerdo" fue inmediatamente ratificada por el congreso. En esencia, retomaba las propiedades de la iglesia y las grandes extensiones de terreno pertenecientes a corporaciones extranjeras. Estas propiedades se pondrían a la venta, los propietarios recibirían el dinero recaudado y pagarían un impuesto al gobierno. Se intentaba así crear una clase media fuerte y propietarios que aportaran un ingreso a la hacienda pública. Confiscación con compensación, una transacción justa convertida en ley.

¡Pero la ley Lerdo produjo una explosión! Su antecedente, la ley Juárez, había puesto a la iglesia y al ejército bajo la ley civil. La iglesia estalló indignada ¡No aceptaría nada! ¡Ni diálogo ni reuniones conciliatorias! Excomulgaría a los que aprobaran la ley o compraran propiedad de la iglesia. Se les llamó anticristos a los constitucionalistas y desde todos los púlpitos se predicó contra ellos.

El congreso siguió reuniéndose. La cuestión de la libertad de religión surgió porque había muchos extranjeros inmigrantes viviendo en México. "Abrir la puerta a otras religiones haría tambalear los cimientos de nuestra sociedad", argumentó Comonfort. El artículo no se adoptó. Todos acordaron que el presidente fuera elegido por cuatro años o presentarse dos veces en sucesión y ser sustituido por el presidente de la Suprema Corte, si surgía la necesidad. El primer artículo de la nueva Constitución fue aprobado y ratificado.

La nación mexicana reconoce que los derechos del hombre son la base de las instituciones sociales. Como tal, declara que todas las leyes y autoridades de la nación deben respetar y apoyar las garantías otorgadas por esta Constitución.

El problema más difícil era la iglesia; discusiones acaloradas surgían cada día. "La religión es el cemento que mantiene unido a México. La iglesia civilizó a este país, ¿por qué castigarla tanto?", debatían los moderados. "El papel de la iglesia es ser guía espiritual y no el poder económico", contestaban los radicales. "¿Y quién tiene el dinero para comprar las propiedades de la iglesia?", continuaban los moderados.

Los constituyentes trabajaron arduamente para definir las nuevas leyes: los derechos del individuo, la libertad de prensa, la educación gratuita, el derecho al voto... "La educación es la clave. Tenemos noventa y cinco por ciento de analfabetos, ¿cómo puede votar una mayoría analfabeta? Los políticos comprarían su voto. La educación es primordial... Señores, la misión de este congreso hoy es poner a la iglesia y al ejército bajo la jurisdicción de la autoridad civil. ¡No más impunidad!"

Una galería abarrotada gritaba a favor o en contra. Era difícil conseguir la mayoría. A favor de la iglesia, los viejos conservadores ondeaban su bandera: ¡Familia, iglesia, estado! ¡Protección para nuestras sagradas instituciones! A sus ojos parecía que los liberales estaban promoviendo una sociedad promiscua donde "derechos iguales" significaba que cada uno podía hacer lo que quisiera y "libertad de culto" significaba abrir la puerta a los protestantes. ¡Sólo Dios sabía lo que vendría después! Los sacerdotes empezaron a almacenar armas en los monasterios e incitaron a la población a utilizarlas en contra de los "anticristos". Los monasterios y conventos fueron incautados y los sacerdotes y monjas expulsados a España. Las mujeres lloraban y pedían a sus maridos que no firmaran las leyes...

Una lámpara votiva trató de iluminar el altar de la pequeña capilla. Frente al altar, las llamas fluctuaban en veladoras, con su cera derretida hacía tiempo. Estaba oscuro en el banco donde rezaba la esposa de un soldado joven campesino. Su esposo se había unido de voluntario al ejército para defender a la iglesia. Se retorcía las manos con desesperación. "Padre santo, protégele", rezaba, "lucha por ti."

En la catedral de México, una señora bien vestida se arrodillaba y rezaba. Su esposo era un joven liberal presionado para firmar la Constitución como delegado: "Santa Madre de Dios, no le permitas firmarla! ¿Cómo podríamos vivir sin la certeza de un entierro cristiano, sin la bendición del sacerdote en la boda o en el bautismo? Se nos negaría la comunión, los últimos sacramentos y nuestros hijos no podrían asistir a la esuela parroquial. ¡Que sería de nuestras vidas!".[30]

Mientras los constitucionalistas debatían, los monárquicos estaban buscando en Europa un príncipe católico para que gobernara; mientras tanto, la iglesia estaba armando a los pobres y a los ricos en el país. El 5 de febrero de 1857 fue ratificada y firmada frente a un crucifijo la Constitución. El viejo Gómez Farías presenció el acto en una silla de ruedas. ¡La Reforma había triunfado!

---

[30] La Santa Sede dio permiso de que juraran la Constitución para no perder el empleo. Les pedía solamente que en su fuero interno no la aceptaran.

Al día siguiente, sin embargo, los conservadores declararon nula la Constitución.

Comonfort fue elegido presidente y Benito Juárez presidente de la Suprema Corte. Desde Roma, el papa Pío IX atacó a la nueva Constitución. Los conservadores apresuraron en Europa la búsqueda del emperador, cualquier emperador que pudiera traer la paz a la patria dividida y no tuviera intereses partidistas. En México no podía ser ignorado el alzamiento de los conservadores.

Comonfort, que había esperado reconciliar a ambas facciones, dimitió al no lograrlo y se autoexilió. Se fue mientras los generales conservadores preparaban sus tropas. Juárez tuvo apenas tiempo de dejar su asiento en la Suprema Corte para sentarse en la silla presidencial cuando los generales conservadores ya estaban en Palacio. Todos los miembros del congreso fueron arrestados, pero Juárez se escapó de milagro. Su carruaje negro fue visto partiendo velozmente hacia Querétaro, perseguido por sus enemigos. En Guanajuato le dieron una bienvenida de héroe y fue proclamado como legítimo presidente de la república por la legislatura local. Continuó hacia Guadalajara, donde casi fue ejecutado por un grupo de militares, siguió a Manzanillo donde se embarcó hacia Panamá, con destino hacia La Habana. Desde ahí cruzó hacia Nueva Orleans y en un barco de pasajeros llegó a Veracruz, donde estableció su gobierno junto con algunos congresistas que se le unieron. Decidido a respetar y gobernar según la Constitución, aunque le costara la vida. Benito Juárez sostuvo que la ley estaba sobre todas las cosas.

Para privar a sus enemigos de la mayor fuente de ingresos, Juárez tomó las agencias de aduanas y bloqueó las remesas de armas. Mientras la guerra civil continuaba a su alrededor, decidió concluir la reforma. Todas las propiedades de la iglesia: tierra, conventos, monasterios, hospitales, escuelas, haciendas y cualquier empresa comercial que poseyera, pertenecían a la nación.[31] Se garantizó la libertad de religión. El registro civil para nacimientos, casamientos y defunciones se volvió obligatorio.

La Guerra de Reforma fue la mas larga y sangrienta en cincuenta años de luchas constantes desde la Independencia.[32] Duró tres años continuos y dividió al país. Altares destruidos y santos decapitados quedaron como restos de esa guerra civil que determinaría el camino que México iba a tomar.

Al caer la noche, un anciano caminaba hacia su casa entre campos quemados por un sendero bordeado de árboles. Cruzó el patio, empujó un portón cerrado y entró a su mundo —paredes cubiertas de damasco y pinturas exquisitas—. Un espejo dorado reflejaba la llama de las velas de un candelabro de cristal, lo cual indicaba que al menos uno de sus sirvientes estaba vivo. Al final de la habitación pendía un magnífico crucifijo encima de un pequeño altar. Caminó hacia él y se arrodilló en el reclinatorio rezando: "Dios mío ya vienen, dame valor; déjame morir como un soldado cristiano".

Por el campo quemado en donde vivían sus peones, una mujer india corría hacia una choza en llamas para rescatar a su hijo. Su esposo se tambaleó entre las ruinas de la choza al encontrar los cuerpos calcinados de su familia.

---

[31] Hoy en día la mayor parte de las parejas se casan en una ceremonia civil y en otra religiosa. La iglesia sólo tiene derecho de bendecir el enlace y ni siquiera es propietaria del edificio en que se asienta.

[32] Las Leyes de Reforma se anexaron a la Constitución durante la presidencia de Lerdo de Tejada (1872-1876).

Los conservadores tenían generales bien entrenados, tropas más experimentadas, mejor disciplina, más dinero y a la iglesia con su poder e influencia.

El panorama era desolador. Pueblo contra pueblo, rancheros contra guerrillas y provincias contra ciudades. Destrucción sin limite y saqueos…

Los conservadores pronto tomaron las ciudades más importantes de la meseta central y algunos territorios del sur y del norte. Declaraban la victoria, pero tenían que enfrentarse de nuevo a los liberales en otra ciudad. Éstos, siempre necesitando fondos, aguantaban. Juárez logró mantenerse en Veracruz a pesar de dos intentos de sus enemigos por capturarle. Estados Unidos reconoció a su gobierno republicano como el gobierno legítimo de México y le enviaron armas.[33]

El 22 de diciembre de 1860 se libró la última batalla. Ambos ejércitos, agotados y mermados en hombres y dinero, se encontraron cerca de la Ciudad de México. Con valor sin precedentes y suerte, ganaron los liberales y los conservadores se rindieron. Juárez, sin mucho alboroto, regresó a la Ciudad de México en su carruaje negro. El día de navidad reinstaló el gobierno federal de corte liberal.

Pero el sueño de paz y prosperidad se desvaneció rápidamente. La única herencia del triunfo juarista era la bancarrota económica. Las minas estaban abandonadas, las cosechas quemadas y la industria y el comercio en paro. Sus principales generales eran secuestrados y ejecutados, incluyendo a su fiel amigo, Melchor Ocampo, quien al regresar a su hacienda fue asesinado por

---

[33] Primero reconocieron al gobierno de Zuloaga, pero al rechazar éste la venta de más territorio del indicado en el Tratado de Mac Lane-Ocampo, se inclinaron por Juárez.

las guerrillas. Las legislaturas estatales solamente presentaban deudas. El dinero confiscado a la iglesia había sido gastado en la guerra en vez de en educación o construcción de caminos. El país estaba en ruina, la deuda interna se había multiplicado y la deuda externa era descomunal. La mitad del congreso presentó su dimisión, pero Juárez permaneció firme. Después de nueve meses de gobierno, se vio obligado a tomar una medida sin precedentes: declaró una moratoria al pago de la deuda externa. Informó a los ministros de Francia, Inglaterra y España su decisión, provocando gran conmoción en la comunidad europea.

Francia, Inglaterra y España tenían nuevos motivos de queja contra los conservadores y los liberales. Hacendados españoles habían sido asesinados y sus propiedades habían sido confiscadas, lo cual aumentó el resentimiento de España hacia México. Un general conservador había atacado un tren inglés cargado de plata y más tarde había robado en la legislación inglesa. Los inversionistas franceses habían prestado dinero a los conservadores, incluyendo el medio hermano de Napoleón III, y Juárez había decidido no reconocer las deudas contraídas por los conservadores.

¡México necesitaba una lección! Las tres naciones se reunieron en Londres y decidieron tomar las aduanas de Veracruz y Tampico hasta que México pagara todas las deudas.

Los primeros barcos llegaron en diciembre de 1861. Desembarcaron sus tropas y acamparon. Conociendo su situación debil, Juárez envió un mensaje desesperado al presidente Lincoln, invocando la doctrina Monroe para ahuyentar a los europeos, pero la respuesta de Lincoln a su vecino y amigo fue corta: "Necesito todas mis barcos para proteger mis propios puertos". La guerra civil norteamericana ya había comenzado.

Juárez decidió tomar una postura conciliatoria con sus "huéspedes" europeos y ofreció renegociar la deuda. Inglaterra y España firmaron el acuerdo y salieron de Veracruz. Los franceses, en cambio, tenían otros planes. Habían obtenido permiso de acampar en las colinas cercanas para evitar la fiebre amarilla. Juárez esperaba que salieran junto a la delegación francesa, pero no fue así.

La invasión francesa

Al ver la anarquía constante que había padecido México y el deseo de algunos mexicanos por conseguir el orden y una paz duradera, Napoleón III y sus consejeros se convencieron de que era justificada la invasión en México. La delegación mexicana conservadora le había convencido de que podría derrotar a los liberales en pocos meses.[34]

Desde el punto de vista práctico, la hazaña aportaría también ganancias económicas. La plata de México había mantenido a la corona de España durante trescientos años. Inversionistas franceses llegarían a México, el nuevo imperio americano. Moralmente traerían la estabilidad a un país en constantes revoluciones. Un monarca católico favorecería la cultura latina y evitaría la influencia anglosajona. Los liberales eran delincuentes que robaban y despojaban a una nación católica. Ése era el momento perfecto para una invasión sin la influencia de Estados Unidos, inmersos en su propia guerra civil.

---

[34] En 1861 apareció en la prensa francesa el término "América Latina". Francia, ausente de América, quería fortalecer la cultura latina en este continente.

El pueblo mexicano y la iglesia estarían felices, los inversionistas franceses también.

La aventura mexicana podía ser "la página más hermosa" de su reino. Tenía en mente enviar a un príncipe, que seguramente aceptaría la idea. Sin dudarlo más, Napoleón III embarcó seis mil efectivos para reforzar al contingente que ya estaba acampando en Veracruz.

En poco más de un año, los liberales constitucionalistas tenían en sus manos un gobierno en bancarrota, dividido, desorientado y a punto de enfrentarse al ejército más poderoso del mundo.

CAPITULO XII

EL NUEVO IMPERIO-MAXIMILIANO Y CARLOTA

1862. Desde su palacio de Miramar en el mar Adriático, el príncipe Fernando Maximiliano de Habsburgo dejó su catálogo de especímenes botánicos en el que estaba trabajando y observó las velas de un pequeño barco dirigiéndose hacia Trieste. Su mirada era distante, enfocada hacia un país del otro lado del Atlántico: México. Una delegación de ese país acababa de partir después de haberle hecho una propuesta tentadora. Si hubiera sido el primer hijo y no el segundo, sería el emperador del poderoso imperio austro-húngaro. Pero la vida no había sido del todo aburrida; como vicealmirante de la Marina Imperial había viajado ampliamente visitando a su prima, la reina Victoria de Inglaterra, conviviendo con muchos parientes de la realeza europea y había cruzado el Mediterráneo hasta África del Norte. También había cruzado el Atlántico para visitar a su primo el emperador de Brasil. Sudamérica le había fascinado y había sentido gran empatía hacia los pobres que vivían en esos países. ¡Qué gran responsabilidad debía ser gobernar ahí! ¿A qué se iba a enfrentar?

Desde su Independencia en 1821, México había vivido en constante turbulencia, incluso perdió la mitad de su territorio. Le habían asegurado que como emperador sería recibido con fiestas y flores; toda la nación deseaba un monarca que trajera la paz y la estabilidad. Su esposa, Carlota, hija del rey de Bélgica, era una joven ambiciosa, lista para hacer el papel de emperatriz, y le había animado a aceptar la oferta. Napoleón le había asegurado que el resto de los liberales serían derrotados pronto y que México, en paz, estaba preparado para recibirle. El ejército francés ya estaba luchando en suelo mexicano.

Los campesinos se asombraban al ver al ejército francés marchar disciplinado por las montañas hacia México, las mismas montañas que había subido Cortés y el general Scott. Según iba subiendo, aumentaba el enojo del ejército hostigado por guerrillas.

En la ciudad de Puebla, el general Ignacio Zaragoza había acuartelado a su pobre ejército. Con gran cantidad de voluntarios, el guerrero liberal de Oaxaca, Porfirio Díaz, ofreció su ayuda al general Zaragoza. Fortificaron la ciudad y esperaron. El 5 de mayo, seguro de la victoria, el general francés lanzó a sus tropas en un ataque frontal contra las fortificaciones, pero fue superado y tuvo que retirarse hasta Veracruz. Mil cadáveres con sus condecoraciones de Magenta, Austerlitz y Crimea daban testimonio de la determinación de los mexicanos para resistir. Había sucedido un milagro. ¡Los mexicanos habían derrotado al ejército más poderoso del mundo! Esa victoria de Puebla añadió una festividad importante al calendario de México: 5 de mayo de 1862.

Pero el júbilo duró poco. Napoleón estaba empeñado en enviar treinta mil soldados bajo el mando de uno de sus mejores generales, Forey. Siete meses después, Forey tomó la ciudad de Puebla y marchó directamente a la Ciudad de México.

Benito Juárez miraba desde la ventana de su despacho en el Palacio Nacional. A la distancia podía oír los tambores y las trompetas. Durante un segundo dudó: podía rendirse o escapar. Su cara de bronce mostró una expresión resuelta. Rápidamente dio instrucciones a sus ministros y al ejército, recogió la Constitución, los archivos y lo que quedaba de la hacienda; subió a su carruaje negro y escapó por la puerta trasera. ¡No se rendiría! Establecería su gobierno en algún lugar; ya lo había hecho antes. Porfirio Díaz había escapado y podía resistir en Oaxaca. De nuevo se vio al carruaje negro ponerse en camino, seguido de los miembros leales de su gabinete. Juárez se dirigía hacia el norte.

El general Forey y su ejército triunfante fueron recibidos como héroes en la capital. Cansados de años de guerra, veían al francés como el salvador. Las campanas de la catedral tocaban alegres y el humo del incienso se elevaba en las iglesias al ofrecer oraciones por los vencedores.

Inmediatamente se nombró una regencia para gobernar hasta la llegada del emperador, todavía sin fecha fija.

Maximiliano estaba deliberando: ¿debería aceptar? Su hermano Francisco José le había pedido renunciar a su derecho de sucesión al trono de Austria. Muchas personas le advertían que México era un país voluble, en bancarrota constante e ingobernable. Le decían que cuando acabara su guerra civil, Estados Unidos no tolerarían un imperio en sus fronteras. Necesitaba el apoyo y la seguridad de un buen ejército... Carlota estaba aburrida y ansiosa por comenzar una nueva vida; adelantaba mucho en el aprendizaje del español y de la historia de México. Carlos V le aseguraba que Maximiliano tenía derecho al trono de México por herencia, había sido un Habsburgo, ¡y cuánta grandeza había proporcionado México a España! Pero su imperio, soñaba Maximiliano, sería un imperio liberal, en el que la justicia y el orden prevalecerían: transformaría a México en una nación moderna y educada, que aportaría respeto y gloria de nuevo a la dinastía de los Habsburgo.

En 1862, Maximiliano dijo a la delegación mexicana que aceptaba el ofrecimiento bajo ciertas condiciones: pidió un plebiscito para saber si los mexicanos en general, y no sólo los conservadores, lo aceptaban como emperador. Forey rápidamente ordenó firmarlo. Maximiliano demandó garantías por escrito de Napoleón planteando que no retiraría la armada imperial hasta que todo México estuviera en paz. También pidió que se quedara la legión extranjera. El Tratado de Miramar estipulaba, asimismo, apoyo económico pero en términos muy vagos. México asumiría ciertas deudas y pagaría los gastos de la invasión, también mantendría al ejército tras la llegada del emperador. Maximiliano tenía el apoyo de su suegro, Leopoldo I de Bélgica, y el beneplácito de su hermano, Francisco José.

Tras firmarse el tratado, Napoleón envió otros treinta mil soldados bajo el mando de uno de sus mejores estrategas, el mariscal Bazaine, con la misión de pacificar a México.

Maximiliano y Carlota partieron de viaje por Europa asistiendo a bailes extravagantes en su honor, brindando por una dinastía europea en América. A pesar de los parabienes recibidos, Maximiliano comprobó que dependía solamente de Francia para apoyo y protección.

En un día húmedo y caluroso, en abril de 1864, Maximiliano y Carlota llegaron al puerto de Veracruz. Nadie los esperaba, ni música ni arcos de triunfo ni flores arrojadas por súbditos felices. Se regresaron al barco para cenar. Al día siguiente, el presidente de la regencia se presentó excusándose por el retraso, les recibió con cañonazos del Fuerte de San Juan de Ulúa y Maximiliano dirigió a sus "súbditos" en español el siguiente discurso: "Mexicanos, su noble nación me ha designado por mayoría para gobernarlos. Con gran alegría me entrego a ese deseo".

Carlota temblaba al observar buitres volando en círculos o parados en cada esquina, y a una ciudad infestada por la fiebre amarilla. Mirando hacia arriba, a través de las palmeras, podía ver una cima cubierta de nieve. Abordaron el tren caliente y sin ventilación, seguidos de unos cuantos nobles y cien escoltas personales (húsares húngaros y lanceros franceses). Tras subir una pendiente corta el tren terminaba y la carroza de Maximiliano fue armada, sólo para que al cruzar una barranca se rompiera una de las ruedas.

El viaje de diez días estuvo lleno de experiencias aterrorizantes y encantadoras: papagayos de plumaje multicolor observaban desde los techos de palma mientras los viajeros iban pasando de los árboles llenos de orquídeas a las plantaciones de café y a los bosques de pinos. Casuchas de adobe, indios vestidos de blanco con sombreros puntiagudos de paja y mujeres con rebozos multicolores… Un cielo color zafiro… Olores desconocidos… Tantos contrastes bajo una aparente armonía… Una magnífica recepción en Puebla, cuyos anfitriones eran los oficiales franceses y la élite de los conservadores poblanos y de la Ciudad de México. Al día siguiente, rodeando el volcán de la Mujer Dormida, en la vieja ruta del Camino Real construida por los españoles, de repente, la maravillosa vista del Valle de Anáhuac se extendía a sus pies. ¡Aquí fue donde Cortés vio por primera vez la ciudad de Tenochtitlan! Maximiliano se preguntaba si él también recibiría una pequeña bienvenida y luego solamente enfrentaría conflictos.

1824. Con toda la pompa y boato que esperaban sus partidarios, Maximiliano fue coronado en la catedral, donde Iturbide, el primer emperador de México, había sido coronado. La corona de Iturbide había sido "teatral", la de Maximiliano llegaría a ser "una corona fantasma". El nuevo emperador y su hermosa emperatriz se trasladaron al castillo de los virreyes, redecorado ricamente para la ocasión.

Enseguida Carlota eligió a sus damas de honor de entre las mejores familias de México y comenzó a aprender las costumbres de los mexicanos. Estaba fascinada con las culturas autóctonas y pronto añadió rebozos de colores a su vestuario.

Maximiliano formó su gabinete y comenzó a explorar el país sin sobrepasar el área donde estaban las tropas francesas. Con sus trajes de charro, pantalones de cuero rajados hasta la rodilla y un gran sombrero de fieltro, galopaba por las montañas para inspeccionar un trapiche o una mina de plata. Se dejó fotografiar en traje de charro de gala con sus pantalones negros estrechos, chaqueta y sombrero grande adornado con pasamanería y botones de plata. México se estaba adentrando en él.

Los indios, con su hablar quedo y su espíritu manso, le conmovían. Promulgó una ley devolviéndoles sus tierras ancestrales que habían sido tomadas ilegalmente por los hacendados. Algunos de los hacendados protestaron, pero sin resultado.

Aunque no se ha podido comprobar, se dice que Maximiliano tuvo una amante, "la india bonita", en Cuernavaca, su lugar favorito para pasar los fines de semana, en los hermosos jardines Borda, un lugar paradisiaco.

El primer conflicto importante que enfrentó Maximiliano fue contra la iglesia. Roma envió un nuncio para que declarara nulas las leyes pasadas por "el infiel" Benito Juárez. "¡Absurdo!", declaró Maximiliano, que se consideraba un soberano "ilustrado". ¡La Santa Sede trataba de frenar la modernización de esta nación! Las propiedades no serían devueltas ni se abrogaría el acuerdo sobre la libertad de culto, aunque se declaraba que la fe católica sería la religión del estado. Como recompensa, Maximiliano propuso un acuerdo en el que el estado asumiría la responsabilidad sobre los salarios de los clérigos.

La cara del nuncio se puso roja del coraje; el desacuerdo era profundo. Los liberales comenzaron a alabar a Maximiliano diciendo que había defendido las doctrinas de Juárez. Los conservadores que habían colocado a Maximiliano en el trono se mofaron de su actitud frente a la iglesia. La ciudad estaba dividida en dos campos, incitados por la prensa. Carlota, quien apoyaba completamente a su esposo, escribió una carta muy irritada a su amiga, la emperatriz Eugenia, cónyuge de Napoleón III: "¡Nuestros conservadores se creen guardianes del Papa... Para ellos la religión es sinónimo de diezmos y del derecho a tener propiedades!".

Desde la terraza del castillo, Carlota miraba los ahuehuetes que crecían en el bosque de Chapultepec desde tiempos de Moctezuma. Había escrito a la familia y amigos describiendo los jardines y las fuentes de este hermoso castillo. Se sentía contenta. Construido sobre una colina rocosa, como Miramar, la vista abarcaba el Valle de México. Los lagos y canales brillaban, los majestuosos volcanes parecían guardianes eternos. Desde la terraza de su dormitorio podía ver con sus binoculares el palacio en el Zócalo y observar la carroza de Maximiliano cuando pasaba frente a los portales. Su amado Max la había sorprendido y había construido una avenida hasta el castillo. La había llamado "el Paseo de la Emperatriz" y decía que un día esa amplia avenida se parecería a los Campos Eliseos de París.

El 16 de septiembre, Maximiliano viajó a Dolores, Hidalgo, y dio un discurso muy patriótico en español honrando a "nuestros héroes". El mismo día, Benito Juárez dio un discurso apasionado en el estado de Chihuahua burlándose del usurpador y pidiendo a sus soldados que se le unieran para quitar del trono al emperador.

El mariscal Bazaine tomó una ciudad tras otra en el sur, pero las guerrillas las volvían a ocupar, siendo más numerosas que las escasas avanzadas francesas; ni siquiera sus tropas de élite, "la legión extranjera", expertos en la lucha en el desierto africano, podían prever los ataques sorpresivos del enemigo.

Calota estaba horrorizada ante el sacrificio de los jóvenes belgas que su padre había enviado. Pidió a Napoleón enviar más tropas francesas. ¿Qué había pasado con el acuerdo de París? Maximiliano no le dijo que el país estaba en bancarrota, ya que Juárez controlaba las aduanas en la frontera con Estados Unidos, por lo que se reducían los ingresos enormemente. Además, en aquel acuerdo había prometido pagar al ejército y también la enorme deuda francesa. La legión extranjera tenía que resguardar el transporte de la plata que se llevaba a Veracruz. Habían gastado demasiado en renovar el castillo y dar fiestas. El imperio se había desangrado por los impuestos y el pago de intereses de la deuda externa. No había dinero para educar a sus dulces, mansos y desnutridos indígenas, la columna vertebral de su imperio. Juárez debía ser derrotado o debería unirse a él. Muy tolerante y sin estar de acuerdo con las cortes europeas arcaicas, Maximiliano se dio cuenta de que sus ideas eran más afines a las de los liberales que a las de los conservadores. Él y Juárez tenían la misma visión de un México justo, con ricos y pobres unidos bajo la ley. ¡Juntos podían hacer que este sueño se volviera realidad! En un momento de fantasía, propuso formalmente a Juárez que se rindiera y tomara el puesto de presidente de la Suprema Corte. La repuesta fue rotunda. ¡Nunca! La república lucharía hasta arrojar a los extranjeros invasores de sus playas.

Bazaine incorporó a todos los voluntarios conservadores y pronto empezó a aceptar conscriptos inexpertos, indios indisciplinados que no sabían por lo que luchaban. Se dirigió al norte y Juárez inmediatamente envió un mensaje al presidente Lincoln pidiendo ayuda para expulsar a los franceses. Pero el 14 de abril, Lincoln había sido asesinado. Maximiliano se apresuró a enviar su pésame y convocar una conferencia con el nuevo gobierno. El presidente Andrew Jackson desechó la petición diciendo que en Estados Unidos reconocían a Benito Juárez como el presidente legítimo de México.

Napoleón III no podía dormir. Su aventura mexicana no estaba saliendo como lo había planeado. Ni siquiera Bezaine había podido pacificar al país y, además, Maximiliano tenían graves problemas financieros. Un rumor empezó a circular: el ejército francés había invadido un país inocente y hacía pagar impuestos a los franceses para mantener a los banqueros...

Bismark había comenzado a ascender en Europa. Había unido a Alemania y no tardaría en poner sus ojos en Francia. Además, había recibido una visita inesperada del ministro de Estados Unidos en Francia, que le preguntó: "¿Qué hacen las tropas francesas en México?". Napoleón había contestado rápidamente que estaban allí para asegurar el pago de la deuda mexicana. "¿Cuándo se irán?" "Pronto", contestó enojado Napoleón. "¿Y quién es ese emperador?" "Un Habsburgo austriaco que trata de poner orden en el caos de México. Ahora, con su permiso, me tengo que ir." Inmediatamente, Napoleón envió un mensaje privado a Bazaine. "Proceda a retirar sus tropas. Quiero que estén fuera de México en un año. No lo diga a Maximiliano." México no llegaría a ser *la gloire de la patrie*.

La suerte estaba echada. Según se retiraban las tropas francesas, aparecían las guerrillas por doquier luchando por la república. En un acto muy disputado, Juárez rehusó dejar el mando al presidente de la Suprema Corte cuando acabó su término, porque pensó que no era el momento de cambiar de presidente.

Pronto se hizo evidente para Carlota y Maximiliano que Napoleón no pretendía cumplir sus promesas. Los liberales tomaban una ciudad tras otra y las tropas francesas se embarcaban para Europa... el final estaba próximo.

Maximiliano vaciló: ¿debería renunciar al trono y despedir a los mexicanos leales que le defendían? Carlota suplicaba: "¡No puedes abdicar! Mientras lleves esa corona, tú eres México".

Al ver la traición de Napoleón, Carlota partió a Francia. Iba a exigir a Napoleón que regresara sus tropas. Cuando intentó entrevistarse con él, sólo se topó con excusas. "Napoleón estaba enfermo", "Napoleón no estaba...". Finalmente, rodeado de su esposa y sus ministros, el emperador de Francia se enfrentó a la joven emperatriz de México. El chambelán de Carlota iba a abrir su portafolio cuando la plana mayor de Napoleón se puso a la defensiva, ridiculizando a México por no poder pagar, enseñando listas del enorme costo que su esposo estaba causando a Francia. La retirada de las tropas francesas estaba justificada porque Napoleón las necesitaba en Francia. Abatida, Carlota pidió ayuda a Francisco José. No podía enviar tropas, pero podía dar apoyo diplomático. El rumor de que Estados Unidos amenazaban con invocar la doctrina Monroe para expulsar a Maximiliano causó indignación entre los diplomáticos de ambos continentes. La política dictatorial de Estados Unidos aprovechaba la "doctrina" para expulsar a un gobierno si no les convenía...

Carlota llevó su petición al Vaticano, pero la iglesia le recordó la lista de perjuicios que había causado su esposo. Desesperada, Carlota recorrió las capitales de Europa buscando ayuda, cada día mas agitada, atormentada, irracional, acusando a sus anfitriones de tratar de asesinarla y dejar que Maximiliano muriera. Tras meses de luchar contra sus fantasmas, fue declarada loca y eventualmente internada en un palacio en Bélgica.

Maximiliano enfrentaba un momento decisivo: las fuerzas de Juárez habían aumentado a treinta mil. Carlota no estaba presente cuando su esposo se abotonó el uniforme y desenvainó su sable. Se pondría al frente de su ejército de seis mil leales mexicanos y el resto de las tropas francesas. Condujo una pequeña tropa a Querétaro, a donde se estaba aproximando Juárez. Sus generales, capaces y con experiencia, le aconsejaron tratar de derrotar al ejército liberal que avanzaba para así mantener la entrada de Querétaro y derrotar las hordas de Juárez. El plan fracasó. El asedio de Juárez a Querétaro duró meses. Maximiliano fue encarcelado. Mientras su cuerpo temblaba de hambre, desapareció su esperanza de alcanzar clemencia.

Juárez, gobernando desde San Luis Potosí, fijó una fecha para la ejecución. La noticia cundió por todo el mundo. De repente, ese indio salido de los maizales adquiría una importancia universal. De todo el mundo, recibió mensajes y cablegramas pidiendo el perdón de Maximiliano. Todos los reyes de Europa, Garibaldi, que acababa de unificar Italia y era un liberal, el presidente de Estados Unidos e incluso hombres de letras como Víctor Hugo pidieron que se salvara la vida de Maximiliano. "Déjelo volver a su castillo de Miramar. No es un usurpador ni un invasor; él creía que había sido invitado a México por los mismos mexicanos." Napoleón ofreció retirar a todos sus soldados. Incluso el general Mariano Escobedo, que había puesto en prisión a Maximiliano, trató de convencer a su presidente de que sería más respetado en el mundo si perdonaba la vida del pobre austriaco. Pero la cara de piedra de Juárez no mostró ninguna emoción. "No soy yo quien lo condena, es la ley. Es el deseo del pueblo", dijo. Los periódicos franceses preguntaban: "¿Quién es ese pueblo atroz?. Dos de sus generales, Miguel Miramón y Tomás Mejía, han decidido ser fusilados con él y la gente de Querétaro lo ha alimentado junto con su ejército durante el largo asedio".

Maximiliano fue ejecutado en el Cerro de las Campanas en Querétaro, el 19 de junio de 1867. Sus últimas palabras fueron: "¡Ojalá que mi sangre sirva para el bien de esta tierra. ¡Viva México!". Está enterrado con los Habsburgo en Viena.

Carlota fue informada de la muerte de su esposo y en su locura hablaba con él todos los días. Ella vivió muchos años. Cinco imperios se derrumbaron durante su vida, los cañones de la Primera Guerra Mundial resonaron en las paredes de su jardín, nació la era del jazz; los automóviles y la radio fueron cosas cotidianas y París se volvió la meca de la nueva cultura —música disonante, pintura abstracta, sexo mencionado en los escenarios de vanguardia—. Carlota murió en 1927, a los ochenta y seis años, sintiéndose una emperatriz hasta sus últimos días.

El reinado del trágico emperador y la emperatriz de México duro sólo tres años, pero ha inspirado innumerables libros, obras de teatro y una película. Su presencia en México persiste todavía en el castillo de Chapultepec, que hoy en día es un museo. La magnífica carroza dorada de Maximiliano está expuesta en un lugar prominente. Las habitaciones de los emperadores de México son visitadas por personas de todo el mundo. Muchos se asoman a la terraza de Carlota y se maravillan de los altos edificios a lo largo de la amplia avenida trazada por Maximiliano, llamada hoy Paseo de la Reforma en honor a Benito Juárez.

Puebla, uno de los últimos bastianos conservadores, cayó bajo el ejército liberal de Porfirio Díaz. Bajando de la montaña y cantando su victoria, Díaz llegó pronto a la Ciudad de México. Con una estrategia bien planeada su ejército de tres mil quinientos efectivos rodeó la capital y obligó a escapar a los pocos franceses que quedaban. Al atardecer, la carroza negra de Juárez entró a la capital, donde el defensor de la Constitución tomó de nuevo su puesto. Había sobrevivido a diez años de conflictos.

El triunfo de la república cerró el ciclo de la larga lucha por la independencia defendida por Hidalgo y Morelos. El año 1867 marcó el fin de una época. México tenía ahora un gobierno federal, representativo y laico, como se ha mantenido.

Todos los héroes históricos se vuelven mitos y leyendas en los libros de historia sin contar sus errores. Se sabe que Juárez firmó el infame Tratado de Melchor Ocampo en el que México vendía a Estados Unidos el derecho de paso del ferrocarril del Pacífico al Golfo de México a través del istmo de Tehuantepec, guardado y protegido por tropas estadounidenses con entrada libre al territorio nacional. Se comenzó a construir el ferrocarril, pero afortunadamente el tratado no fue ratificado por el congreso de los Estados Unidos. Muchas veces también, desesperado por lograr fondos "para salvar a la república", Juárez estuvo a punto de vender parte del territorio mexicano a Estados Unidos, pero no llegó a realizarse la venta. Se le ha acusado también de usar la Constitución como excusa para reelegirse. Pero lo que él logró, su integridad y su resolución de defender la república hasta la muerte, ha colocado su nombre entre los héroes de México. Existe una calle Juárez en casi todas las ciudades y pueblos de México. Un hemiciclo magnífico de mármol blanco embellece la Alameda Central de México, con sus palabras: "Entre los individuos y las naciones, el respeto al derecho ajeno es la paz", grabadas en piedra, bronce y mármol. Benito Juárez fue reelegido en 1871.

México no estaba destinado a gozar de paz todavía. La deuda externa había crecido a tal grado durante el último periodo juarista que los ingleses continuaban hostigando a las puertas del congreso. Sin embargo, la industria y el comercio empezaron a florecer. El ferrocarril espectacular que se había empezado a construir en 1850, de Veracruz a la Ciudad de México, elevándose a diez mil pies desde la costa del Golfo, fue inaugurado finalmente en 1873.

Una fuerte industria textil estaba en vías de crecimiento. Las minas comenzaron a operar con nuevo equipo. La mayoría de las importaciones y exportaciones estaban en manos extranjeras, sobre todo británicas. El contrabando en los puertos del Pacífico había aportado mucho dinero a los comerciantes locales sin interferencia del gobierno. Contrabandistas extranjeros habían hecho circular toneladas de armas a través de esos puertos y muchos barcos habían navegado por la costa del Pacífico sin ser molestados.

Hacia la mitad del siglo, muchos pasajeros contagiados con la "fiebre del oro" cruzaban desde Panamá y tomaban un barco a California para unirse a la locura por encontrar oro de los gambusinos. Navegando por la costa compraban y vendían todo tipo de mercancías en los puertos mexicanos sin pagar impuestos. Juárez finalmente estableció aduanas en los puertos principales: Manzanillo, Mazatlán y Acapulco, lo que redundó en ingresos muy necesarios. Sin embargo, con la finalización del ferrocarril transcontinental en los Estados Unidos bajó considerablemente el comercio activo en los puertos mexicanos.

Juárez comenzó a construir nuevas escuelas, carreteras y reparar algunas iglesias, pero el descontento se percibía en los valles y resonaba en los muros de los pueblos. Los viejos caciques ya no tenían guerrillas que dirigir ni habían conseguido puestos políticos importantes ni recompensa por sus victorias. Los soldados habían sido licenciados y regresado a sus pobres casas sin paga alguna. El país se llenó de bandidos que asaltaban las rutas comerciales y los viajes se volvieron aún más peligrosos. Sólo los más valientes se atrevían a utilizar las diligencias escoltadas por soldados; siete días hacia Veracruz, trece hacia Guadalajara y un mes hasta Monterrey, si se partía de la Ciudad de México. El sueño de Juárez de un país de pequeños terratenientes y una clase media próspera había desaparecido en los tres años de guerra civil.

Los indios habían obtenido y trabajado las antiguas tierras comunales y conseguido sus títulos de propiedad, pero los mestizos les habían convencido de vendérselos por una bicoca. A diferencia de los tiempos virreinales, muchos nuevos hacendados eran hijos de extranjeros que habían trabajado en compañías y fábricas confiscadas bajo la ley Lerdo. Habían pagado sus impuestos y obtenido títulos legales para sus haciendas. Esta nueva clase de criollos de ascendencia francesa, alemana, británica y estadounidense tendría importancia política y económica en el futuro.

Mientras los texanos conducían ganado desde el lejano Canadá y poblaban su estado, la población de

México había sido diezmada por la guerra y las enfermedades. La tasa de mortalidad era enorme; el hambre y el poco conocimiento de la higiene eran los problemas endémicos de los pobres. Las cantinas se multiplicaron y los hombres se embriagaban por cinco centavos de pulque o aguardiente.

La incertidumbre y el constante desorden habían provocado que el capital extranjero de México se fuera a Argentina, Venezuela, Chile o Brasil. México era considerado como el país de "la eterna revolución".

A pesar de que la Ciudad de México era la más importante de América Latina, con trescientos mil habitantes, era una ciudad en ruinas, una ciudad cuya historia había golpeado sus calles adoquinadas y aceras ondulantes durante muchos generaciones.

Cuando Juárez murió, en 1872, el cansancio y el descontento cubrían al país como un velo, lo que se reflejaba en el congreso.

Sebastián Lerdo de Tejada fue elegido presidente interino a la muerte de Juárez y después se presentó en 1876, ganando en una elección muy disputada. El líder indiscutible de los liberales descontentos era Porfirio Díaz. El apuesto, astuto y valiente luchador de Oaxaca había participado en setenta batallas desde que tenía dieciséis años. Apoyó a Zaragoza contra los franceses invasores en la primer batalla de Puebla, el famoso 5 de mayo, sitió la ciudad y obligó a marcharse a Maximiliano y sus conservadores. Abrió el camino para el retorno de Juárez, quien le había concedido el rango de general. En la última elección había contendido contra Juárez, su antiguo profesor, gritándole: "¡Dictador, no es la Constitución lo que defiendes sino tu asiento en la silla presidencial. No reelección!". Juárez advirtió al congreso que Díaz era un hombre ambicioso y de peligro. En un golpe de estado fallido, Díaz fue vencido y enviado a Oaxaca.

Cuando Lerdo de Tejada fue elegido para un segundo término en 1876, Díaz estaba preparado. En un golpe maestro, Lerdo fue obligado a abandonar la lucha y marchar al exilio.

La carrera militar había moldeado a Díaz para ser el dictador duro y astuto que gobernaría a México durante los próximos treinta y cuatro años.

CAPITULO XIII

Orden y progreso-Porfirio Díaz

1876. En el fondo de su conciencia, Porfirio Díaz admiraba a Juárez. Ambos venían de Oaxaca; uno, zapoteco puro, el otro, de sangre mixteca; ambos enigmáticos, paternalistas, compartían un profundo amor por su país. También compartían la misma visión de un México en paz, moderno y próspero. Juárez había establecido las bases: la ley, la estabilidad política. Ahora le tocaba a la nueva generación lograr la estabilidad económica.

Tras el autoexilio de Lerdo de Tejada, la presidencia de Díaz, ratificada legalmente por el congreso, enfocó toda su astucia política y militar en lograr algo que estaba grabado en su mente: paz, orden y progreso. Lo primero era lograr la paz, a cualquier precio. Para combatir el bandolerismo, Díaz creó regimientos de "rurales". Los jefes de bandidos se convirtieron en policía rural, pertrechados y bien pagados. Ladrones atrapando a ladrones. A caballo en sus uniformes de charro con sus grandes sombreros de fieltro, los temibles "rurales" cabalgaban hasta los pueblos más remotos. Conocían todos los escondites y las argucias de aquellos a quienes ahora perseguían; a su paso dejaban una cadena de cuerpos colgando de los árboles. En cuatro años el campo y los caminos fueron seguros.

Su larga carrera militar había enseñado a Díaz que los ejércitos se construían con base en la obediencia a la autoridad; la suya sería absoluta. La guerra táctica requería de una estrategia bien coordinada. Aplicándola a la política sería: hacer creer a tu enemigo que tiene tu apoyo y, después, "moverle el tapete". Enfrentar a un contendiente contra otro, sin revelar a cual de los dos ibas a escoger. La ambivalencia mantendría a todos en la incertidumbre, se debería mostrar favoritismo hacia un aspirante político, mientras se animaba la ambición del otro... Así, pronto se destruirían mutuamente. Mantener las facciones políticas bajo control, equilibrando posturas opuestas.

Díaz distribuyó generosamente los puestos políticos y los favores entre las diversas facciones, hasta que acabó con la oposición. Con inteligencia, se rodeó de hombres de experiencia. "Pan y palo." Para los militares "pan": concesiones en forma de minas y tierra a cambio de lealtad absoluta. Acusaciones amenazadoras, vergüenza y ostracismo: el "palo" para los que no obedecieran. Para asegurarse contra nuevos levantamientos de las guerrillas, Díaz formó un Ejército Nacional bien equipado y armado, envió a sus oficiales a Francia e Inglaterra para su entrenamiento. Una fuerza de policía local mantenía las calles libres de robos... Control de la prensa a base de "apretar las riendas pero que no estallen". La conciliación con la iglesia católica era necesaria; ignorando con discreción la legislación antieclesiástica de la Constitución, Díaz permitió la entrada de nuevos misioneros y educadores, las escuelas parroquiales volvieron a funcionar. A cambio de esto, la iglesia ordenó a los fieles la obediencia a la autoridad civil.

Díaz, un masón del grado treinta y tres, presidía las ceremonias masónicas, mantenía relaciones excelentes con los protestantes y al mismo tiempo se declaraba católico ferviente. Era un maestro en el arte de la seducción.

Se le ha llamado déspota, pero su política del "gran garrote" logró paz y estabilidad. Después de cincuenta años de luchas, el pueblo cansado prefería someterse a un dictador.

Antes de terminar su primer mandato, Díaz había obtenido el reconocimiento de Estados Unidos como presidente de la república de México. (Había pagado puntualmente cada plazo de la deuda extranjera.)

Para honrar su propuesta de "sufragio efectivo, no reelección" Díaz escogió a su compadre y compañero de armas, Manuel González, para presentarse a la elección de 1880. Con su "títere" instalado en el gobierno, él regresó a Oaxaca como gobernador. La Constitución permitía la reelección después de otro periodo presidencial, por lo que en 1884, Díaz regresó a la capital y ganó las elecciones por una mayoría convincente. Tal como había sucedido con Juárez y Lerdo, la restricción de la Constitución frenaba la ambición de Porfirio Díaz, por lo que reformó la cláusula constitucional para permitir la reelección indefinida. Las elecciones se llevaban a cabo rigurosamente cada cuatro años, pero eran una farsa, un rito al culto del hombre fuerte que había conseguido traer a México paz y progreso.

Carmelita Romero Rubio colocó sus libros en la mesa y esperó a su alumno con ansiedad. Había estudiado en un colegio católico en Estados Unidos y era una profesora de inglés titulada. Se vestía a la última moda, mantenía su cabeza aristocrática erguida y hablaba con voz bien modulada. Tenía diecisiete años y era hija de un político importante y rico, ligado a los grupos acaudalados del centro de México del gobierno de Lerdo de Tejada. Carmelita estaba intrigada con su alumno. Era brusco pero denotaba determinación, confianza en sí mismo y una fuerza viril propia de los militares. También era un poco atemorizante. Desde hacía dos años, un viudo era el tema de conversación en las reuniones femeninas y entre las madres ambiciosas. Carmelita se puso de pie y estiró su falda a oír que se aproximaba su alumno. Porfirio Díaz entró a su estudio y dio los buenos días a su joven maestra.

Antes de acabar el año, en 1881, un sacerdote católico unía en matrimonio a Carmelita, de diecisiete años, con Porfirio Díaz, de cincuenta y uno. Él había adquirido una joya bien pulida y ella un diamante en bruto que iba a ser pulido bajo su tutela.

La última década del siglo fue de opulencia. "Don Porfirio", como se le llamaba cariñosamente, "reinaba" en la república y era reconocido en el extranjero como un estadista ilustre. Carmelita había convertido al soldado tosco en un caballero culto y educado. Le cortó la barba, le compró guantes, le consiguió buenos sastres, le enseñó que no era correcto escupir en el suelo, le enseñó inglés y lo llevó a Europa.

El viejo continente disfrutaba de su *belle époque*. Estados Unidos había consolidado su marcha hacia el oeste, una marcha que igualaba el rápido avance de la tecnología: el foco eléctrico, el fonógrafo, el teléfono, el aeroplano y el automóvil saludaron al siglo XX. En Estados Unidos, los trenes conectaban a Texas con Canadá, Nueva York y San Francisco, mientras en México sólo se habían instalado seiscientos kilómetros de vías férreas.

Díaz se encontró con Thomas Alva Edison en Nueva York y se interesó mucho por sus inventos. Díaz había instalado líneas telefónicas para el año 1879 y había expandido las líneas telegráficas. Para finales de su segundo periodo presidencial, en 1888, Díaz había abierto completamente las puertas a la inversión extranjera.

Desde 1880, Europa se había dedicado a dividirse África. Inglaterra tenía un gran imperio y ahora con sus colonias bien establecidas puso su mirada en México. Veracruz albergaba a barcos de todas las nacionalidades. Prevalecían las banderas de Inglaterra, Francia y Alemania, pero también ondeaban en los mástiles banderas de Italia, España, Holanda y Japón. A pesar del descontento de los estadounidenses, Díaz había otorgado a Japón los derechos de pesca en el mar de Cortés, en Baja California.

Una vez que se había conquistado el oeste, el nuevo destino manifiesto de Estados Unidos era la conquista comercial. Ahora veían a México como el proveedor de materias primas: plata, oro, cobre, plomo, madera, pastizales y mano de obra barata. En 1900, un quimérico americano, Edward Doheny, perforó el suelo de Tampico y una sustancia negra pegajosa, ya conocida por los indios, surgió de la tierra: un surtidor de oro negro. ¡Petróleo! Los ingleses llegaron inmediatamente después de los americanos y pronto el *lord* del almirantazgo, Winston Churchill, convenció al Parlamento para que cambiara el combustible de la marina real inglesa de carbón a petróleo.

Weetman Pearson, el ingeniero inglés que había construido el ferrocarril que atravesaba el Istmo de Tehuantepec y unía al Pacífico con el Golfo de México, era uno de los personajes favoritos de don Porfirio. Díaz le concedió el contrato más favorable para explotar el petróleo, por lo que al ingeniero le concedieron el título real de lord Cowdray. La compañía Shell de Inglaterra y Standard Oil de Estados Unidos perforaron multitud de pozos.

Díaz controlaba políticamente cada puesto en el país. Designaba a los gobernadores, alcaldes y al congreso. Señalaba con su dedo a un candidato y el hombre era elegido para el puesto, sin ninguna oposición. Francisco Bulnes, un intelectual e historiador definía el estado de la nación en pocas palabras: "El progreso, la paz y el crédito dependen de Porfirio Díaz. Porfirio Díaz es mortal. El progreso, la paz y el crédito morirán con él". El progreso económico estaba bien establecido, pero el progreso social estaba estancado.

El asunto más espinoso era el problema agrario. Al igual que Carlos III en el siglo XVIII, quien envió a su administrador general para auditar cada empresa, acabar con la corrupción y hacer de la Nueva España un virreinato más productivo, Díaz ignoró los problemas sociales en su marcha hacia el progreso. De nuevo el peón era prácticamente un esclavo en las haciendas, las cuales se habían incrementado y crecido tanto que a veces sobrepasaban a los pueblos cercanos. La tierra estaba en manos de unos pocos.

La familia Terraza, en Chihuahua, bromeaba diciendo que sus haciendas no estaban en el estado de Chihuahua, sino que el estado de Chihuahua estaba dentro de sus propiedades. Los estadounidenses poseían grandes terrenos: Los Guggenheim y Rockefeller en el norte, y Hearst en el noroeste llegaron a hacer grandes fortunas. "Los mexicanos pueden aguantar la opresión, esclavitud y tiranía", dijo Porfirio Díaz a un reportero estadounidense, "pero a lo que temen es a la falta de pan, de un techo y a la necesidad de tener que sacrificar la celebración de la virgen o a su quinceañera por falta de recursos". En realidad, comida, familia y fiesta eran los pilares de la vida. Era suficiente para el pueblo.

El día aparecía claro y limpio para la tradicional "batalla de las flores" de la primavera. La Alameda había sido acordonada para el evento y el pueblo se apretaba contra las cuerdas para ver pasar las bonitas carrozas. En el estrado principal, sombreros de copa y bombines sobresalían sobre los vestidos floreados y sombreros que ocultaban las caras femeninas expectantes. Los jueces se sentaban solemnes en la primera fila. Los carruajes se alineaban rebosantes de rosas, magnolias, margaritas, gladiolas y todo tipo de flores colgando en guirnaldas. Las jóvenes de la alta sociedad, con vestidos de volantes y grandes lazos en su pelo, llevaban las riendas de sus ponys o caballos exhibiéndose alrededor del parque. Los trovadores tocaban sus guitarras y cien violines ofrecían su serenata. Finalmente, el maestro de ceremonias tocó su trompeta y la multitud calló. Se anunció la ganadora: "Primer lugar, la señorita María Alicia Corcuera Escalante".

La "reina de las hadas," con sus miles de rosas, mariposas de papel y follaje, encabezó la procesión hacia el parque de Chapultepec, donde se realizaba la batalla arrojándose flores, con un sinfín de niños recogiéndolas para volverlas a arrojar. Esa noche la reina de las hadas dormía el sueño de los encantados.

En su choza de adobe de una sola habitación, Juana se arrodillaba frente al brasero haciendo tortillas y colocándolas en el comal caliente, tal como lo hicieran su madre, su abuela y su bisabuela. El humo se esparcía por la cocina sin molestar al bebé que dormía en una pequeña hamaca colgando del techo. Juana se sentó un minuto y se palpó el vientre. ¿Estaría otra vez embarazada? Dos niños habían muerto antes de cumplir el año y tal vez éste moriría también. Oyó venir a Tomás y volvió a su tarea. Casi era de noche y él había salido a trabajar de madrugada. Tomás se sentó en el suelo.

—Ve a buscar a Carlos y dile que vaya a traer agua —dijo Juana.

Carlos tenía ya once años y podía traer dos cubos. El pozo más cercano estaba a un kilómetro.

—Y dile a Antonio que recoja más leña, porque ya casi se ha terminado. Los muchachos están afuera —concluyó.

Tomás se levantó y enderezó su espalda cansada.

—Iré con Antonio. No puede todavía traer ni siquiera una brazada.

Antonio tenía cinco años. Después que la familia comió sus tacos de frijoles, nopales y arroz, Juana tapó con su rebozo a sus dos hijos y se acostó junto a Tomás. Él estaba tan cansado que ni siquiera se dio la vuelta. Ella rezó el rosario antes de dormirse y dio gracias a Dios por el saco de arroz que la patrona, esposa del hacendado, les había enviado.

El pueblo gozaba de la paz y soñaba con el bienestar material. Como si hubieran sido hechizados por un brujo, solamente miraban dentro de sus cuatro paredes y de su familia. La nación estaba en paz. La hacienda pública estaba llena. En el extranjero, Díaz había ganado la reputación de ser "el salvador de México", el hombre que pagaba sus deudas y cumplía sus contratos. En el país era el "tlatoani", el virrey, el presidente real, un padre estricto y benevolente.

Los primeros diez años del siglo XX se caracterizaron por el culto al progreso, que se infiltró entre los políticos, a quienes se empezó a denominar como "científicos". Estaban convencidos de que la tecnología salvaría al mundo, especialmente a México. En vez del humo de los cañones, el de cinco mil quinientas fábricas se elevaba en el paisaje. Fábricas de textiles, vidrio, acero, papel, cemento, jabón, zapatos, cerveza y cigarrillos trabajaban en México, que además era el quinto productor de oro en el mundo, el segundo en cobre y el primero en plata.

Los mexicanos mostraban gran aptitud para utilizar herramientas. Se entrenaba a muchos capataces y los ingenieros, arquitectos, ganaderos, mineros, ferrocarrileros y dueños de fábricas estadounidenses entrenaban a miles de mexicanos, aunque los salarios eran una bicoca comparados con los de los trabajadores de Estados Unidos, sólo unos pocos pesos iban a parar a las arcas del tesoro de la nación, ya que había impuestos muy bajos. El peligro era que los inversionistas "yanquis" dominaban tanto las exportaciones como las importaciones. "Pobre México, tan lejos de Dios y tan cerca de Estados Unidos", era un dicho cotidiano. "Cuando Estados Unidos estornuda, a nosotros nos da pulmonía", también se decía.

Para equilibrar las inversiones Díaz cortejó a Europa. Con astucia, movía sus piezas de ajedrez con lo que irritaba a Estados Unidos. Cuando los vecinos del norte le empezaban a aconsejar sobre algún asunto, él les dejaba saber que estaba considerando vender Baja California a los japoneses…

Desde el principio, Díaz supo que el mayor impedimento para el progreso era la falta de transporte. Una nación con poco contacto entre sus regiones es una nación sin cohesión. Los ferrocarriles y los puentes eran de suma importancia. Los norteamericanos y los ingleses habían competido para construir los ferrocarriles, pero hacia el final los ingleses se retiraron, ya que las minas y el petróleo eran sus intereses primordiales. William Randolph Hearst se apresuró a continuar la ruta de su ferrocarril del Pacífico desde California a través de México. A comienzos del siglo XX, los ferrocarriles se estaban volviendo vitales para la nación uniendo el norte y el sur, el Golfo con el Pacífico, serpenteando por las abruptas montañas que habían separado a los mexicanos durante siglos creando un México de regiones aisladas.

Durante el largo régimen del general Díaz se construyeron diecinueve mil doscientos ochenta kilómetros de vías. Temiendo que se convirtiera en un monopolio americano, tal como había sucedido con el control de la Standard Oil sobre la línea naviera que conectaba Veracruz con Nueva Orleans y Nueva York, Ives Limantour, astuto secretario de Hacienda con Díaz, en 1908 unió todas las compañías de ferrocarril en una con mayoría de capital mexicano. Los Ferrocarriles Nacionales Mexicanos se consideraron un gran logro de los mexicanos, que habían desarrollado un sentido de orgullo nacional y empezaban a resentir la posición ventajosa que ocupaban los extranjeros en México.

Desde tiempos virreinales, las corridas de toros habían constituido la diversión de la población; el sonido del clarín producía un efecto emocionante en la plaza, cuando salía el animal de los toriles. Los circos y las ferias con sus carruajes y ruedas de la fortuna también viajaban de pueblo en pueblo. En los pequeños pueblos la fiesta del santo patrón era la máxima diversión. Los extranjeros aportaron nuevas diversiones introduciendo los deportes. Promovieron el tenis, el ciclismo, el boxeo, las carreras de caballos, los clubes de atletismo, el futbol, el béisbol e incluso un elegante club de golf de dieciocho hoyos. Fanático del ejercicio, Díaz promovió los eventos deportivos. Los ingleses introdujeron el juego de cricket desde 1827 y los mineros británicos enseñaron a sus trabajadores a jugar futbol, el origen del deporte más popular en el México actual.

Los obreros estadounidenses de los ferrocarriles enseñaron a sus colegas mexicanos a jugar béisbol, muy popular sobre todo en el norte. Los estadounidenses lo habían introducido en Cuba en 1860 atrayendo a grandes multitudes; los equipos cubanos empezaron a competir en Estados Unidos. En 1895, el club mexicano de béisbol venció al club de Estados Unidos, una hazaña que apareció en grandes titulares de la prensa. Surgieron muchas tiendas de deportes vendiendo zapatos de tenis, bicicletas, sillas de montar y todo tipo de equipo deportivo. Don Porfirio construyó un hipódromo muy elegante, donde podían asistir las señoras y el Jockey Club se estableció como uno de los edificios de mayor prestigio en el centro de la ciudad, "la Casa de los Azulejos".[35] Había boletos gratis para muchos eventos con el fin de mantener contento al pueblo. Pero era en las corridas de toros donde se veía verdaderamente la división de clases: la plaza se dividía en "sol" y "sombra"; la "sombra" costaba tres veces más y además tenía cojines para sus ocupantes.

---

[35] Hoy en día este edificio único del siglo XVIII alberga la tienda Sanborn's original.

Díaz consideraba que la educación era esencial para lograr el progreso y la unidad nacional. El índice de analfabetismo era de ochenta y cinco por ciento. Justo Sierra, su inteligente ministro de Educación, dijo:

> Más de la mitad de los habitantes de la república ignoran lo que significa ser mexicano, al igual que ser parte de la conciencia nacional. Lo miserable de sus circunstancias, el predominio de la superstición y el alcoholismo impiden el contacto con el alma de la nación. Es indispensable, urgente o "urgentemente indispensable" modificar este estado de cosas en las próximas generaciones… Por medio de nuestras escuelas abramos ventanas en todas partes para que entre el aire, el aire de nuestra nación, el aire de la civilización humana. No perdamos un día, no perdamos una hora en esta tarea sagrada.

La educación laica, gratuita y obligatoria convertida en ley por Juárez fue reforzada con el propósito de convertir a los niños blancos, mestizos e indígenas en mexicanos educados y útiles. Durante la presidencia de Díaz se construyeron diez mil escuelas primarias y la calidad de la educación fue muy buena en general, en algunos casos mejor que la de las escuelas particulares, católicas en su mayoría. Se incorporó la higiene al currículo, ya que uno de cada dos niños moría de infecciones tales como neumonía y diarrea antes de llegar a los cinco años. Los antídotos fueron hervir el agua, lavar las manos y usar ropa abrigadora en invierno.

Algunos extranjeros y mexicanos consideraban que los indios eran sucios, atrasados, apáticos y sumisos. Otros se daban cuenta de que eran apáticos porque tenían hambre y eran sucios porque no tenían acceso al agua. Sacarlos de este estado constituía un reto continuo. La primera barrera era el padre campesino. La educación no le interesaba y sus hijos eran necesarios para ayudar a plantar, regar y cosechar la pequeña parcela de terreno familiar. Las escuelas rurales escaseaban, estaban en lugares poco accesibles y a menudo no tenían maestro. Las ciudades ofrecían programas de educación para adultos, que incluían escuelas técnicas para hombres y mujeres. Carpintería, herrería y mecánica para hombres; mecanografía, costura, confección e incluso fotografía para las mujeres. Los pocos que lograban tener una educación superior —ingenieros, doctores, abogados, arquitectos— competían en las empresas extranjeras en México; aún mostrando su capacidad, se les consideraba menos capaces que sus trabajadores extranjeros.

1910. El centenario de la Independencia

En la última década de su dictadura, Porfirio Díaz se dedicó a convertir la capital en una magnífica ciudad europea. Estaba preparando la celebración del centenario de la Independencia que se llevaría a cabo en 1910. Arquitectos e ingenieros extranjeros llegaron a México a competir por los proyectos gubernamentales. El Palacio Legislativo, que se compararía al Capitolio en Washington, un teatro de la Ópera, remodelar la antigua universidad, un nuevo manicomio, el edificio de Comunicaciones, un hemiciclo impresionante para honrar a Benito Juárez en la Alameda, un monumento a la Independencia en una de las glorietas que adornaban el Paseo de la Reforma, el sueño de Maximiliano de convertirlo en Campos Eliseos hecho realidad.

Los profesionistas mexicanos tenían que luchar para lograr el reconocimiento de sus cualidades. En algunos círculos no se les consideraba competentes a pesar de haber obtenido algunos su título en París. Nunca se había visto una actividad tan grande desde que Cortés construyera la capital de la Nueva España. Un mexicano que visitó México después de haber vivido diez años en el extranjero, opinaba: "Cuando me fui, México era una ciudad de paredes descascarilladas y hoyos que podían romper el eje de un carruaje. Ahora es una ciudad de barricadas, marquesinas gigantescas y polvo. No he podido ver los volcanes durante semanas".

Todavía había aguas estancadas en las calles y después de una tormenta el centro de la Ciudad de México parecía un pantano. Por cincuenta centavos, un hombre podía pasar en su espalda a una persona al otro lado de la calle. Díaz contrató a ingenieros americanos para canalizar el agua que había todavía en los lagos y se instaló un sistema moderno de drenaje.

La transformación de la ciudad en "el París del hemisferio occidental" se estaba llevando a cabo. Viejos edificios virreinales en ruinas se derribaron y los adoquines de las calles fueron pulverizados por gigantescas máquinas norteamericanas de vapor, mientras grupos de guajolotes trataban de no ser arrollados al ser conducidos al mercado por las viejas calles. Esas calles habían visto transcurrir la historia; ahora los enormes rodillos de las maquinas de vapor construían la nueva historia con asfalto. Los automóviles tocaban el "cláxon" asustando a los caballos que tenían que ser controlados con un tirón de las riendas.

El Teatro Nacional de Santa Anna fue derribado para dejar paso a la calle 5 de Mayo. Un magnífico edificio neoclásico de mármol que sería el Teatro de la Ópera (hoy en día llamado Palacio de Bellas Artes) y la Oficina de Correos, al estilo de un palacio veneciano, fueron obras del famoso arquitecto Adamo Boari. Los tranvías eléctricos reemplazaron a los vehículos tirados por mulas y las calles principales tuvieron luz eléctrica.

Almacenes elegantes exhibían ropa, joyas y artículos de todo el mundo, sobretodo de Francia, país considerado la fuente de la cultura. Todo lo francés estaba de moda: los sombreros y los vestidos de París determinaron el estilo, muebles dorados adornaban las casas de los ricos y estatuas clásicas se colocaban en los edificios públicos.

La creciente clase media copiaba cada diseño. Las artesanías mexicanas no se consideraban valiosas y estaban relegadas a los mercados y las tiendas de curiosidades. La cerámica multicolor, los animales de vidrio soplado y las pulgas vestidas dentro de una cáscara de nuez eran los objetos favoritos de los turistas. En los restaurantes elegantes se podían comer platos *gourmet* y beber los vinos más finos. Los extranjeros decían como chiste: "Los franceses son dueños de las fábricas de tejidos y los almacenes elegantes, los alemanes de las farmacias y las ferreterías, los españoles de las panaderías y tiendas de abarrotes (ultramarinos), los italianos de las fundiciones y canteras de mármol, los norteamericanos y los ingleses de las fábricas, los ferrocarriles y las empresas petroleras. Los mexicanos ni siquiera pueden leer el nombre de las tiendas".

En 1903, los ministros y acreedores tocaron un tema difícil, ¿quién sucedería a Porfirio Díaz? Los inversionistas estaban nerviosos... ¿Qué pasaría si muriera de repente, como Juárez? Díaz tenía setenta y tres años. Comenzaba a haber conspiraciones para derrocarle.

Un grupo de liberales radicales en San Luis Potosí, encabezado por los hermanos Flores Magón y Camilo Arriaga, estaba consiguiendo adeptos. Se habían descubierto periódicos clandestinos acusando a Díaz de violar los derechos de los gobiernos estatales y municipales. Decían también que la Constitución era letra muerta. A los detenidos y encarcelados, las autoridades les aplicaban "la ley de fuga": abrir la celda, obligar a salir al prisionero y dispararle cuando "tratara de escapar". Para disminuir el miedo de sus ministros y acreedores, Díaz restableció el puesto de vicepresidente en las elecciones de 1904 y extendió el periodo presidencial a seis años. La elección de 1910 coincidiría con la gran celebración del centenario.

Porfirio Díaz se levantó a las seis de la mañana, hizo gimnasia y se dio una ducha fría, como era su costumbre. Igual que había cambiado la imagen de su país, también había cambiado la suya. Su piel se había vuelto más blanca y su espalda más derecha. Habiendo sido siempre un hombre apuesto, se había convertido en la viva imagen de un aristócrata elegante.

Carmelita desayunó con él en el comedor particular de su suite en el castillo, su residencia de verano. Ella vestía ropa de montar y se preparaba para salir a trotar con su esposo, como todas las mañanas, por el bosque de ahuehuetes gigantes del bosque de Chapultepec. Miró a su marido y preguntó: "¿Qué te pasa, Porfirio? Te ves pálido y preocupado". "Nada", contestó él, "estoy bien". Ella le miró sin poder leer su expresión. Uno de sus ministros lo había descrito perfectamente: "Siempre guardando la compostura, sin sonreír, sentado recto como una tabla, sin mostrar placer o desagrado en su expresión enigmática. Es una esfinge perfecta". Ella lo quería y adoraba el papel de "Doña Carmelita", la esposa perfectamente educa-

da de ese gran hombre. Tendría que tomarle la temperatura
esta noche para ver si era algo físico.

En 1908 comenzó a circular un librito en el país. Se titulaba *La sucesión presidencial* y examinaba cuidadosamente la situación que se presentaría si moría el presidente.

En resumen el librito decía que:

> al desaparecer de la escena el general Porfirio Díaz, habría una reacción inmediata a favor de principios democráticos, garantizando el voto a todos los ciudadanos, pues era su derecho... Esperábamos que Díaz hubiera cambiado al instituir el cargo de vicepresidente y convocar la convención de su llamado Partido Nacionalista, pero impuso su elección para ese puesto sin escuchar las voces de la oposición... La convención fue una farsa. Díaz impuso como su candidato a Ramón Corral, mal visto e impopular, pues había vendido a los indios yaquis del norte como esclavos para las plantaciones de Yucatán. Corral es el 'elegido'. Comprendí entonces que no podíamos esperar cambio alguno cuando desaparezca el general, porque su sucesor, impuesto a la república, será el hombre escogido por él.

El libro indicaba que para reconquistar sus derechos, los ciudadanos tal vez tendrían que recurrir a las armas. Su autor era Francisco I. Madero, un terrateniente acaudalado del estado norteño de Coahuila, hijo de una familia muy respetada, con conexiones importantes e inversiones en todo México. A Díaz le molestó que no fuera un rebelde pobre a quien podía encarcelar, aunque dos años más tarde encontró una excusa para hacerlo.

Para 1910, la Ciudad de México se había convertido en una capital de estilo europeo. Pero las sombras de los árboles temblaban en las aceras; los problemas sociales estaban al descubierto. Los huesos de Cortés rechinaban en su cripta del Hospital de Jesús cerca del Zócalo. Sus restos se reían del soldado vuelto dictador que había propiciado que su república devolviera la tierra al viejo sistema feudal en un mundo moderno.

Puntualmente a las once de la noche del 15 de septiembre de 1910, el venerable patriarca, portando la banda de la república, salió al balcón del palacio y derecho como una tabla enfrentó a la masa humana en el Zócalo que tocaba trompetas y ondeaba banderitas mexicanas esperando el "Grito". Don Porfirio tomó el cordón con firmeza e hizo sonar la campana de. "Viva Hidalgo", gritó. "¡Vivaaaa!", resonó el Zócalo al unísono. "¡Vivan los héroes de la Independencia!" "¡Vivaan!" "¡Viva México!" "¡Vivaaa!", volvió a contestar la multitud… Fuegos artificiales estallaron en mil colores en el cielo nocturno. Los mariachis tocaron y cantaron para él bajo el balcón. Con lágrimas en los ojos, Díaz se retiró y se dirigió al salón de los embajadores, donde recibió a un centenar de invitados especiales reunidos para brindar por su cumpleaños número ochenta.

Los niños se subían a los árboles y a las ventanas para ver el gran desfile. Con un redoble de tambores, la banda militar comenzó a tocar. Ola tras ola de marineros y soldados extranjeros dieron la vuelta al Zócalo y desaparecieron seguidos de los cadetes de la Academia Militar Mexicana desfilando con precisión. El aplauso fue ensordecedor cuando aparecieron los charros con sus trajes adornados con plata, maravillando también a los visitantes extranjeros. El viejo general español, el marqués de Polavieja, portando la banda de Carlos III al pecho, marchaba al frente de un cañón que mostraba los efectos personales de Morelos, héroe de la Independencia, capturado y ejecutado por el ejército realista en 1815, y que era devuelto ahora tras su larga estancia en la Armería de Madrid. La multitud lloraba y gritaba entusiasmada. El enviado de Francia devolvió las llaves que la Ciudad de México le había dado al mariscal Forey al derrotar al ejército mexicano en 1863. Un sentimiento de fraternidad surgió cuando el francés saludó a la bandera mexicana.

La mañana del 16 de septiembre de 1910, "el gran hombre de las Américas" vestido con su uniforme de gala, lleno de medallas, inauguró la estatua de la Independencia. En un mármol perfecto las figuras de los héroes se agrupaban alrededor de la esbelta columna. Cuatro grandes figuras femeninas de bronce en las cuatro esquinas de la base simbolizaban la justicia, la paz, la guerra y la ley. En la cima, la victoria abría sus alas, sosteniendo una cadena rota en una mano y una corona de laurel en la otra. Todos miraban hacia el "ángel" flotando en el cielo, mientras un coro de niños entonaba el himno nacional.

De madrugada, la campana de la pequeña iglesia de la hacienda sonó recia y largamente llamando a los trabajadores a su reunión diaria. De pie en el arco del patio central, el administrador asignaba a los capataces su tareas para el día: cuál campo cosechar, cuál arar, a qué prado llevar a pastar al ganado, quién iba a limpiar los establos y arreglar los caballos, entrenar a los toros, ordeñar las vacas y todas las tareas propias de una hacienda activa. Todos sabían que el patrón se había ido a la ciudad con una de sus muchas queridas. Un día sin sus castigos y hostigamientos era bienvenido. Los capataces se dispersaron para reunirse con sus peones.

Tras rezar sus oraciones matutinas y dar sus órdenes a los sirvientes, doña Clarita salió al patio a bordar. "¿Qué estás haciendo ahora, mamá?", preguntó su hija de siete años. "Un cojín, mi hijita. Anda, vete a correr un rato." No le dijo que estaba bordando sus tristezas y sus miedos. Mantenerse ocupada y escuchar el canto de sus canarios le ayudaba a aminorar sus preocupaciones. De sobra sabía de las infidelidades de su esposo y de la rudeza con que trataba a sus peones y de la "compra" de tierras de los campesinos, con lo que había logrado incorporar su pueblo a la hacienda. ¿Por qué Alfonso no podía tratarlos como don Ignacio, su vecino? Don Ignacio les proporcionaba doctor, sacerdote, alimentos, agua y piñatas para los niños en navidad. ¡Por eso los trabajadores de Alfonso se iban a trabajar con don Ignacio, a quien Alfonso había jurado poner en prisión. "Esos peones me deben, deben dinero a la tienda de la hacienda, igual que lo harán sus hijos y sus nietos. Son deudores, no pueden escaparse de esta hacienda", gritaba enfurecido.

Doña Clarita se secó los ojos con un pañuelo que sacó de su manga.

Las únicas personas que tenían libertad de escaparse de ese pueblo miserable eran la comadrona, el horticultor que estaba plantando el nuevo huerto, el carpintero, el zapatero y los artesanos. Ellos se movían de pueblo en pueblo, pero los pobres peones casi estaban encadenados. Era un mundo injusto. Doña Clarita presentía que bajo la superficie había descontento e inquietudes, pero ella no podía hacer nada más que rezar y transformar sus miedos en flores bordadas con sus dedos temblorosos.

Dos cargueros franceses esperaban en el puerto de Veracruz para descargar. Enormes grúas y garruchas levantaban cajas de vino, cognac, champagne, cristalería, vajillas de porcelana fina, manteles, mesas y sillas, mientras los camareros y cocineros franceses paseaban por el puente.

El gran baile del centenario en 1910 parecía una celebración real. Cincuenta mil focos iluminaban los edificios históricos del Zócalo. Un gran anuncio emitía en luz intermitente las palabras: "Paz y progreso". La multitud se agolpaba para ver pasar los carruajes y automóviles de los que descendían sus pasajeros a la puerta del Palacio Nacional. Un desfile de modas para el populacho embobado.

Dando la bienvenida a los jefes de estado del mundo, don Porfirio y su joven esposa, doña Carmelita, que llevaba una tiara de diamantes, saludaban con elegancia mientras introducían a sus huéspedes al área de recepción. Todos los personajes importantes de México eran recibidos por "la pareja real", incluyendo a los barones del petróleo, arquitectos, artistas y hombres de negocios invitados para la ocasión.

Díaz no había estado nunca tan pletórico. El mundo había reconocido sus logros. Había gobernado México durante treinta y tres años alcanzando la paz, el orden y el progreso. Con la bendición de Dios, y la ayuda de una nueva legislatura de jóvenes, podía continuar así. En el balcón frente a ellos, una orquesta de treinta miembros tocaba un vals. Díaz tomó de la cintura a Carmelita y comenzó el baile...

En una esquina cercana, una multitud marchaba hacia el Zócalo gritando: "Muera Díaz", enarbolando una bandera con las palabras: "Viva Madero". ¡Porfirio Díaz no sabía que estaba bailando sobre un volcán!

CAPITULO XIV

LA REVOLUCIÓN-FRANCISCO I. MADERO

1910. Francisco Madero ha sido considerado por muchos como "David enfrentándose a Goliat". Era un hombre de baja estatura pero fuerte, vital y con gran energía. Como todas las familias del norte que habían tenido que luchar contra las incursiones apaches y yaquis, los Madero era gente de carácter recio. También eran considerados gente honesta, de mente abierta, que daban buen trato a sus peones, quienes recibían un salario justo y tenían libertad de mudarse donde quisieran. Era difícil encontrar buenos trabajadores para los ranchos del norte, porque muchos preferían cruzar a Estados Unidos, donde se les pagaba más. Francisco I. Madero mantenía contacto personal con sus trabajadores. A menudo se le veía con su bolsa de homeopatía visitando a algún trabajador enfermo; los hijos de sus peones tenían desayuno y escuela gratuitos.

Los Madero eran del estado de Coahuila, en la frontera con Estados Unidos; constituían un gran clan presidido por el patriarca, don Evaristo, cuya sagacidad para los negocios los había hecho ricos: minas de plata, bancos, ranchos de ganado, plantaciones de henequén en Yucatán, plantaciones de algodón en el norte, inversiones en acero, industria del cuero, viñedos y muchas otras a menor escala. Todo esto les había puesto en contacto con la comunidad extranjera y con los funcionarios del gobierno. Eran queridos e inspiraban confianza. Francisco era el mayor de los doce, un hombre de sonrisa pronta y a quien le gustaba bailar la polka... Había estudiado en una escuela comercial en París y agricultura en la Universidad de California. Impresionado por los logros de un estado democrático, estaba convencido de que México debería estar gobernado democráticamente y de que el pueblo debería tener igualdad de oportunidades. Díaz les había arrebatado el voto: ¡Deberían hacer oír su voz! Su libro *La sucesión presidencial*, publicado en 1908, había comenzado a desempolvar las conciencias y a hacer que su nombre se conociera en todo el país.

En la famosa "entrevista con Creel", de 1908, Díaz había expresado sus opiniones y planes a un reportero americano de un modo más abierto que anteriormente a ningún periodista. Defendiendo su dictadura dijo:

> Cuando tomé la presidencia, no había un centavo en la tesorería, el país estaba endeudado fuertemente y la anarquía reinaba en el campo. ¿Cómo podía yo gobernar democráticamente si los mexicanos no son un pueblo inclinado a la democracia? Ignoran la ley y defienden sus propios derechos, pero no los de los demás. Se necesitaba un puño de hierro. Pero el propósito de mi dictadura ha sido guiar a México hacia la democracia y yo dejaré el poder en 1910.

La entrevista estaba destinada a publicarse sólo en el extranjero, pero un año después se filtró desde Estados Unidos, escapó a la censura de Díaz y apareció en grandes titulares: "Extra, extra, Díaz declara que dimitirá en

1910". Tal vez era su intención, pero al aproximarse la elección de 1910 se encontró entre los candidatos que él mismo había puesto para que compitieran entre sí —los dos hombres de gran renombre y popularidad— así que la única solución era reelegirse.

Francisco I. Madero había tenido algunas entrevistas con Díaz en las que cortésmente, pero con firmeza, había expresado su posición, aunque fue tachado de joven loco. En 1909, Madero decidió revivir el viejo partido de los antireeleccionistas, y viajó por todas las ciudades formando "clubs" y nombrando dirigentes. Se llevó a cabo una convención en 1910, donde se eligió a Madero como su candidato presidencial. De repente Díaz vio un foco rojo de peligro. Tras un discurso apasionado en Monterrey, Madero fue detenido por incitar a una rebelión y encarcelado en San Luis Potosí. Desde ahí escribió una proclama invitando a la nación a levantarse en armas contra el dictador el 20 de noviembre de 1910.

He hecho todo lo posible para lograr un acuerdo. Estaba dispuesto incluso a dejar mi candidatura si el general Díaz hubiera permitido a la nación, por lo menos, votar por un vicepresidente para sucederle. Pero con su orgullo incomprensible, no escuchó los gritos de la nación y prefirió precipitar una revolución." Disfrazado de ferrocarrilero, Madero escapó tomando el tren a San Antonio, Texas, donde se le unieron su hermanos y partidarios.

Qué impulsó a Madero a llamar a las armas es un tema que discuten muchos historiadores. Madero defendía el derecho a votar, no las causas sociales. ¿Tenía idea de lo que iba a provocar? Sí, México necesitaba jóvenes que comprendieran lo que era la democracia. Madero apeló a ellos. En un periódico popular, una caricatura presentaba a Díaz y a su gabinete como momias sentadas en sus ataúdes. El hermano de Francisco, Julio, declaró: "Francisco es pacifista. Odia la violencia, pero odia más todavía la injusticia".

En la ciudad de Puebla, el 20 de noviembre de 1910 murió, a causa de las fuerzas federales, Aquiles Serdán, el primer mártir de la Revolución. Ha pasado a la historia como un héroe.

La Revolución empezó sin fuerza. El 13 de febrero de 1911, Madero cruzó la frontera hacia México con un pequeño ejército de voluntarios armados. Tras algunas escaramuzas contra las fuerzas federales, Pancho Villa y Pascual Orozco se unieron a su causa. Uno era un bandido y el otro un mulero, ambos con grandes motivos de queja contra los rurales de Díaz y los grandes hacendados del norte. Villa estuvo luchando contra los federales de forma independiente desde que Madero había llamado a las armas. Madero era un hombre adinerado, respetado y con una familia fuerte respaldándolo. En su primer encuentro armado había probado su valor en la batalla. ¿Qué mejor líder podían tener? Al ver que los rebeldes del norte estaban cosechando éxitos, Emiliano Zapata se levantó en el sureño estado de Morelos. Su grito de guerra se escuchó por todo el país. La pequeña flama que Madero había encendido pronto se extendió como llamarada incontenible. Surgieron, como reguero de pólvora, levantamientos en Chihuahua, Sonora, Sinaloa, Coahuila, Durango, Tamaulipas, Guerrero, Morelos, Yucatán...

Un senador dijo: "Madero ha dejado suelto al tigre...".

En su diario, un amigo de Madero, Albert Blair, escribió:

San Antonio, 17 de mayo de 1911.
El presidente Taft está concentrando miles de tropas america-
nas en la frontera desde Brownsville a El Paso. Los grandes
ranchos americanos piden a voces a sus congresistas que les
protejan. La inversión americana en México es de más de mil
millones de dólares, más que el capital que poseen los propios
mexicanos. Un oficial del ejército del fuerte Sam Houston me
pidió que dijera a mis amigos, los hermanos Madero, que si el
conflicto en México crece, con un tiro que cruce la frontera el
tío Sam acaba con su función... Hace tres días que Pancho
Villa entró a sangre y fuego a la ciudad de Torreón, Coahuila,
el nudo ferroviario más importante para las plantaciones de
algodón del norte y del centro. El periódico Laredo Times
informó que fue una matanza. Parece ser que Villa mató
también sin motivo a trescientos chinos, disparando a sus la-
vanderías, empujándolos desde las ventanas de sus bancos y sus
casas de juego y llevándolos como ganado a las afueras de la
ciudad. Al parecer son descendientes de los peones que trajeron
de China a Estados Unidos para trabajar en el ferrocarril
Union Pacific, y pasaron a México a hacer fortuna. ¡Pobres
diablos! ¡Villa es un bárbaro! Pero el hecho es que tomó To-
rreón...

31 de marzo: Recibí una larga carta de Raúl Madero. Está
con Pancho Villa y Francisco. Me dice: "Cada día más reclutas
se presentan para dar su vida por la Revolución. La mayoría
es carne para los cañones Federales. Aquí no hay campo de
entrenamiento ni tiempo para entrenarlos, pero siguen lle-
gando. Perdemos doscientos o trescientos, pero el ejército vuelve
a crecer con nuevos voluntarios que desean salirse de cultivar

los campos. Las tropas de Villa han estado luchando contra los federales sin cesar desde diciembre, solamente a base de frijoles aguados en su estómago y un sarape para protegerse del frío de la noche. Debes saber que Villa lleva dieciséis años escapando y "jugando" con los federales y los rurales. Francisco le ha perdonado sus crímenes y es un oficial leal, un táctico astuto y no tiene una gota de sangre de cobarde. Ahora tenemos a los federales saltando por el aro. Perseguimos a esos sombreros azules, los atraemos sacándolos de sus guarniciones para defender y tomar las ciudades, y nosotros las tomamos después. Nos ahorramos municiones y los tenemos en constante zozobra. Estamos cabalgando como locos, atacamos, nos retiramos a las montañas, dormimos donde podemos, comemos tortillas y frijoles, nos pinchamos con las espinas de los cactus y casi nunca nos podemos bañar. ¿Estás seguro de que quieres luchar en esta Revolución?[36]

Cientos de exranjeros se unieron a la revolución de Madero: Giuseppe Garibaldi, nieto del libertador de Italia, lideraba a un grupo de voluntarios texanos; el estratega principal de Madero, el general Benjamín Viljoen, un veterano de la guerra de los bóer en África y recientemente un ranchero de Nuevo México, entrenaba a los comandos campesinos. El experto en dinamita de Pancho Villa era Oscar Creighton, un antiguo corredor de bolsa de Nueva York. Pero los soldados mejor entrenados eran los desertores del Ejército Federal.

A últimos de abril, cuando adquirió más fuerza, Madero se dirigió al norte a enfrentar a los federales en la importante Ciudad Juárez. Las azoteas de El Paso, Texas, al otro lado del río, estaban llenas de hombres de negocios que miraban con sus binoculares, señoras

---

[36] *A la sombra del Ángel*, de Kathryn S. Blair, Suma de Letras, 2010, México, p. 664.

con faldas floreadas, sombrillas y catalejos, trabajadores mirando a través de telescopios —todos observando ávidamente la batalla de Ciudad Juárez, al otro lado del río. La batalla de Juárez fue decisiva. Terminó el 10 de mayo de 1911. El 21 de mayo, en una mesa con los faros de un automóvil encendidos para alumbrar, se firmó el acuerdo de rendición. Díaz y su vicepresidente dimitieron. Por ley, el secretario de Relaciones Exteriores tomaría el mando hasta realizar las elecciones.

Madero y sus seguidores tomaron el tren a la Ciudad de México donde un victorioso David que había derrotado a Goliat fue recibido por la muchedumbre con banderas y bandas de música en cada estación. Al acercarse a la ciudad se produjo un terrible terremoto; se dijo que era un presagio que indicaba el final de un viejo régimen, pero dijeron otros que era presagio de desastre. Multitudes se reunieron para darle la bienvenida, jóvenes subían a los edificios para sentarse en los alfeizares o trepaban a las estatuas para verle mejor. Gritaban: "Madero y democracia". Las campanas de las iglesias redoblaban gozosas cuando pudo atravesar la multitud y descender de su carruaje frente al Palacio Nacional.

Díaz fue derrotado por su edad y por su funesta decisión de reelegirse una vez más. Sus generales eran viejos y sus espadas estaban oxidadas. Firmó su dimisión mientras soportaba un tremendo dolor de muelas.

Con su generosidad innata, Madero dio una escolta armada a Díaz para llevarle a Veracruz, desde donde navegó a Francia, al exilio. Le acompañaban muchos de sus ministros y partidarios de élite, que prefirieron el destierro antes que vivir bajo el régimen de la Revolución. En Veracruz se cubrió de flores el camino de Díaz.

mientras que las notas de "Las Golondrinas", el canto de adiós mexicano, llenaron de lágrimas los ojos del general que se embarcaba en el Ypiranga rumbo a Francia.

Díaz murió en París en 1915. La Primera Guerra Mundial ya había comenzado y las sangrientas consecuencias de la Revolución de Madero destrozarían en mil pedazos el país y todo lo que Díaz había establecido. A pesar de haber sido solicitados varias veces a Francia, los restos de don Porfirio nunca han sido regresados a México. Se puede ver su tumba en el cementerio de Montparnasse, en París.

Dos hombres de Oaxaca dedicaron su vida a la integración de México. Uno salvó la república, el otro unió a los liberales y conservadores, logrando así la paz y el progreso. En los libros de historia oficial, Benito Juárez es presentado como héroe y Porfirio Díaz como villano. Ambos se aferraron al poder; uno fiel y leal a la ley, pero con poderes extraordinarios más allá de la Constitución; el otro ignorando la ley, respetándola o moldeándola según sus intereses. Ambos estaban convencidos de actuar para el interés del país. De cualquier modo que sean juzgados, estos dos personajes de Oaxaca son gigantes en la historia de México.

La presidencia de Madero duró solamente quince meses. Se dice que era ingenuo, idealista, confiado y que creía básicamente en la bondad del ser humano. Esperó a ser elegido por cauces legales y ganó la elección abrumadoramente. El presidente interino, Francisco León de la Barra, había estado en el poder seis meses. Como "porfirista", De la Barra consideraba la revolución de Madero como "un estallido de pasión que había que controlar." Se consideraba un disciplinador en medio del caos. Durante los seis meses en su cargo saboteó los esfuerzos de Madero para lograr acuerdos, especialmente en uno de los mayores problemas: la reforma agraria.

Zapata no había depuesto las armas y exigía el inmediato regreso de las tierras ancestrales usurpadas por algunos hacendados pudientes. Madero insistía en hacerlo en un marco legal y le pidió paciencia. Las matanzas, saqueos y destrucción de las haciendas en Morelos habían dejado heridas muy difíciles de curar. La mejor manera de llegar a un acuerdo era hablar con Zapata en persona.

El líder agrarista arregló un encuentro con Madero en la ciudad de Cuautla, cerca de Cuernavaca, territorio zapatista, en una actitud conciliadora. Sin el conocimiento de Madero, De la Barra ordenó al ejército federal entrar a la ciudad y comenzar una campaña violenta contra los zapatistas. Zapata, naturalmente, desconfió de Madero y canceló la reunión. Entonces hizo una proclama llamando a su pueblo a tomar la tierra por la fuerza.[37] Durante años continuarían estas acciones: luchar contra los federales, saquear y quemar haciendas y matar a los hacendados y a sus familias.

Madero garantizaba la libertad de la prensa, permitía el crecimiento de los sindicatos y su derecho a la huelga, instituyó el desayuno gratuito en las escuelas y construyó más escuelas. Decía: "Un buen gobierno puede existir sólo cuando hay buenos ciudadanos". Un individuo franco y honesto, cuya muerte se debió precisamente a su confianza en el pueblo, a conservar a muchos "porfiristas" en el congreso y a dejar el ejército en manos de uno de los generales de Díaz.

---

[37] Zapata utilizaba el lema "La tierra es del que la trabaja".

¿No era el trabajo del Ejército Federal servir a la nación y obedecer a su comandante en jefe? ¡Él era ahora el comandante en jefe! Sus amigos cercanos y sus partidarios, incluso su hermano Gustavo, que era muy astuto, le advirtieron que debería deshacerse de todos los hombres de Díaz, especialmente de los generales. De la Barra había desarmado y licenciado a las fuerzas revolucionarias de Madero, conservando solamente unos cuantos expertos, a quienes los federales llamaban "bandidos".

El 9 de febrero de 1913, una conspiración permitió escapar de la cárcel a uno de los máximos generales de Díaz y ex gobernador de Nuevo León, Bernardo Reyes. Así comenzó lo que ha sido llamada la Decena Trágica, en la capital.

Reyes y sus partidarios marcharon por la ciudad y cruzaron el Zócalo hasta las puertas del Palacio tratando de tomarlo, pero fueron abatidos a tiros. Hubo disparos en todas direcciones que mataron a ciudadanos inocentes. Poco después se presentó un levantamiento en los cuarteles.

¡Estaban disparando en las calles! Félix Díaz, un sobrino de don Porfirio, que también se había escapado de la cárcel, había tomado la ciudadela, el almacén de armas. Madero envió al general Victoriano Huerta para acabar con la rebelión. Pero el fuego aumentaba y los cuerpos se apilaban, eran rociados con keroseno e incinerados. Un olor espantoso se esparció por la ciudad... Todo estaba preparado cuidosamente para capturar a Madero en el palacio y encarcelarle.

No existe en toda la historia de México un personaje más despreciable que el general Victoriano Huerta. En un discurso muy emotivo juró lealtad a Madero, mientras estaba conspirando para derrocarle. El día antes del ataque de Reyes, el hermano y consejero de Madero, Gustavo, fue engañado por Huerta, encarcelado y asesinado de una manera bárbara: soldados borrachos lo torturaron, lo mutilaron y después le dispararon. Su ojo postizo, como una canica, rodaba entre los soldados borrachos.

Otro opositor traicionero fue el embajador de Estados Unidos, Henry Lane Wilson. Un hombre arrogante que consideraba a Madero inepto, loco y un presidente que iba a ser una amenaza para las propiedades estadounidenses y las empresas comerciales. Wilson se volvió un enemigo rabioso e irracional del gobierno ante el que estaba acreditado. Entre sus acusaciones estaba el que Madero no escuchaba sus consejos. Huerta se entrevistó con él y Wilson le prometió el reconocimiento inmediato si derrocaba a Madero. Wilson también había estado enviando informes alarmantes al presidente Taft sobre la ingobernabilidad del país, aunque la rebelión era solamente local. El embajador informó a la prensa que Taft ordenaría una intervención militar en México si Madero continuaba con sus acciones irresponsables.

Con Madero prisionero en el palacio, el cuerpo diplomático y la familia Madero acudieron a Wilson para que usara su influencia con Huerta y asegurara la seguridad del presidente. ¡La respuesta de Wilson fue que no se podía inmiscuir en los asuntos internos del país!

Madero y su vicepresidente, José María Pino Suárez, fueron sacados de palacio en automóviles separados y llevados a la penitenciaría de Lecumberri, donde aparentemente fueron emboscados por fuerzas que trataban de rescatarlos y, en la confusión, murieron accidentalmente. Wilson telegrafió al presidente Taft que la explicación era satisfactoria y aconsejó al cónsul en

México aceptarla y presentarse al nuevo gobierno. Años mas tarde, el asesino de Madero, un oficial militar, confesó el asesinato.

Antes de sacarle del palacio, Huerta había obligado a Madero a dimitir como presidente a cambio del perdón para él y su familia. Convencido de que su familia estaba en peligro, Madero firmó. Con la dimisión en su mano, Huerta se presentó a un congreso favorable que, en vista de la renuncia, nombró presidente interino a Pedro Lascurain, secretario de Relaciones Exteriores. Su nombre está registrado en la lista de presidentes de México, aunque solamente estuvo en ese puesto cuarenta y cinco minutos. Por un acuerdo previo con Huerta, nombró a éste secretario de Relaciones Exteriores, firmó su propia renuncia como presidente interino y dejó el puesto libre para Huerta. ¡La farsa se ejecutó rápida, correcta y legalmente…!

El general Victoriano Huerta fue aclamado por los viejos "porfiristas", la élite y los latifundistas como un héroe y como el nuevo presidente de México.

El embajador Wilson no pudo cumplir la promesa del reconocimiento inmediato por parte de Estados Unidos. Taft no creyó la historia de la muerte accidental de Madero y dos meses después, el presidente electo, Woodrow Wilson, amigo de Madero, rechazó tajantemente reconocer al gobierno de Huerta como legítimo.

Así se preparó el escenario para la avalancha de protestas que condujeron a la continuación de la Revolución y que costó la vida a un millón de mexicanos durante los siguientes siete años…

CAPITULO XV

Carranza, Villa, Zapata y Obregón

El 18 de febrero de 1913, el gobernador de Coahuila, Venustiano Carranza, leyó con gran enojo un telegrama de Victoriano Huerta en el que informaba a todos los gobernadores de que, con la aprobación del senado, se había convertido en el presidente provisional de México.

¡Usurpador! ¡Traidor! Carranza llamó a una reunión de emergencia a la Legislatura estatal de Coahuila y obtuvo un mandato para cuestionar la legalidad de la presidencia de Huerta, ya que la Constitución no daba al senado el derecho a designar al presidente de la nación. Carranza contactó inmediatamente a otros gobernadores y líderes del norte, muchos amigos de Madero, quien todavía estaba en el Palacio Nacional. Cuatro días después, la noticia de la muerte "accidental" de Madero añadió otra palabra más al discurso de Carranza contra Huerta: ¡Asesino!

La única solución contra esta situación intolerable era levantarse en armas para expulsar al usurpador. ¡La legalidad debía ser restaurada! ¡La muerte de Madero tenía que ser vengada!

Alto, derecho, digno, con una barba blanca bien peinada, Carranza proyectaba confianza y autoridad. Mandó llamar a los pequeños grupos armados de Coahuila, guardianes profesionales de la seguridad pública y a las tropas armadas que protegían el área rural. Otros se unieron a sus fuerzas armadas para dar pie así al Ejército Constitucionalista.

Carranza no era un general, sino un hombre adinerado y un político. Se declaró "primer jefe del Ejército Constitucionalista", en recuerdo de Iturbide, primer jefe del Ejército Trigarante. Pronto su ejército comenzó a aumentar. En Chihuahua, Pancho Villa le dio su apoyo. Enfurecido por la muerte de Madero, Villa reclutó a mineros, rancheros, ferrocarrileros, bandidos y campesinos que habían soportado durante siglos las injusticias de los ricos. Entró en las cantinas y barrios de las ciudades de la frontera donde siempre había peleas. Ya sea que lucharan con los federales o los constitucionalistas, no importaba mucho. Lo que importaba era pelear, ése era el *modus vivendi* para conseguir el botín. La vida era barata. La población del norte estaba compuesta desde trabajadores casi analfabetas hasta hombres educados y emprendedores.

La respuesta a la llamada de Carranza para unirse a su ejército fue inmediata. Su causa, expulsar a Huerta y vengar la muerte de Madero, atraía también a muchos civiles de la clase media. Su general más valioso era Álvaro Obregón, del sur de Sonora. Era un ranchero y pequeño empresario que había estado del lado de Madero. Era inteligente, carismático y llegó a ser un estratega militar sobresaliente. Compartía con pasión las ideas de Carranza. Obregón logró formar un ejército en el noroeste, como Pancho Villa en el norte y, en el sur, Emiliano Zapata, quien no había depuesto las armas. Su grito de guerra animaba a destruir las haciendas y recuperar las tierras ancestrales indígenas. Todos unidos a la causa de Carranza.

Huerta había sido comandante general del presidente Díaz y era admirado por sus tropas por su rudeza, astucia y habilidad. Tenía el respaldo de los "porfiristas" acaudalados y de algunos miembros de la iglesia católica.

Carranza sabía que para triunfar en su causa y liderazgo tenía que derrotar y desbandar a los federales, algo que Madero no había hecho. Los constitucionalistas tendrían que luchar contra los federales hasta tomar la Ciudad de México.

La poderosa División del Norte de Villa pronto tomó todos los ferrocarriles. Sus tropas viajando en trenes seguían su marcha... las locomotoras exhalando humo... vagones de carbón... vagones de equipaje... Encima, soldados con sus pies colgando a los lados de los vagones abrazando a sus mujeres bajo el ardiente sol, soldaderas que encenderían un fuego en cualquier paraje desolado, les darían de comer, les cuidarían y dispararían un rifle tan bien como sus hombres... Los pullmans abarrotados con los más afortunados, los oficiales, un conjunto de caras morenas. Los jinetes cabalgaban a un lado del tren, la guardia de élite de Villa, sus "Dorados", vistiendo su camisa amarilla y sombreros texanos, más temibles que el mismo Satanás.

Los vagones de plataforma llenos de cañones... vagones de carga llenos de municiones y de armas: Howitzer, Louis y Maxim, Winchester... Carros-hospital con olor a yodo y personal médico sin experiencia para atender a los heridos día y noche. Vagones de ganado pasaban cargados de alimento para los animales; vagones y más vagones de carga llenos de algodón, miles de pacas de algodón, botín para el mercado de la Ciudad de México. Por último el vagón de cola, con sus cortinillas floreadas flotando en el viento por la ventana, intento "hogareño" de la última "esposa" de Pancho Villa.[38]

Arrasar y saquear ciudades, violar, tomar el botín y robar las iglesias se convirtió en el método de los revolucionarios en su camino hacia el sur. Solamente el general Álvaro Obregón del ejército del noroeste se oponía a estas acciones. Se le conocía como disciplinado, un hombre de buen criterio, querido por sus hombres. Carranza deseaba que Obregón entrara primero a la capital, pacificara a los ciudadanos y preparara el camino para su entrada futura.

En el Palacio Nacional, Huerta estudiaba su posición. El presidente Taft no había reconocido a su gobierno como le había prometido el embajador Henry Lane Wilson. Ahora, otro Wilson, con aspecto de profesor, era el presidente en Washington y había impuesto un embargo a la entrega de armas a Huerta, a la vez que había hecho un pacto con Villa: armas a cambio de no dañar las propiedades ni los intereses estadounidenses.

Huerta entonces decidió negociar con los alemanes, pues Alemania estaba repleta de armas, sus ejércitos estaban preparándose para la guerra. Huerta había disuelto el congreso y encarcelado a los senadores, por lo que solamente necesitaba firmar su propio nombre en un contrato de armas con Alemania. ¡Pero el plan de Huerta llegó a oídos del presidente Wilson que no permitiría que se armara al usurpador! Para evitar que los

---

[38] Se dice que Pancho Villa obligó a un sacerdote a punta de pistola a casarle varias veces, para hacer que la mujer en turno se sintiera bien. No fumaba ni bebía pero sus vicios eran las mujeres y el helado.

barcos alemanes entraran en Veracruz, el 21 de abril de 1914 Wilson ordenó el bloqueo del puerto por la marina de Estados Unidos. Los *marines* americanos tomaron la ciudad. En la batalla mataron a algunos civiles y a algunos jóvenes cadetes de la escuela naval que trataron de defender la ciudad. ¡Era una violación a los derechos de un estado soberano! Los defensores de Huerta bombardearon a la prensa: los barones del petróleo en Tampico, Hearst en California y los ganaderos estadounidenses de la frontera publicaban artículos contra la destrucción que estaban causando los constitucionalistas.

Los inversionistas de Estados Unidos y Europa consideraban a Huerta como una vuelta al *status quo* que les había beneficiado tanto bajo la presidencia de Porfirio Díaz. También parte de la clase adinerada y de la iglesia de México opinaba así. Pensaban que sólo Huerta podía estabilizar el país y solicitaron al presidente Wilson que levantara el embargo de armas. Wilson se mantuvo firme. Insistió en que un gobierno institucional ayudaría más a las relaciones México-Estados Unidos que un gobierno militar. Irónicamente, se supo después que los barcos de Alemania pudieron navegar por la costa y entregar armas a Huerta. No le sirvieron de nada, pues tras un año y medio tratando de consolidar su posición, Huerta comprendió que estaba acabado. Se dio cuenta de que era víctima de las promesas incumplidas de un Wilson, el embajador, y perseguido por otro Wilson, el presidente, que había convencido a Francia y a Inglaterra de revocar un gran préstamo que habían prometido al gobierno de Huerta, a la vez que enviaba su apoyo a Carranza.

Huerta estaba atrapado. Zapatistas al sur, constitucionalistas avanzando rápidamente y los *marines* en Veracruz. Eligió el exilio dejando a su secretario de

Relaciones Exteriores como presidente interino. En secreto, Huerta salió para el puerto de Coatzacoalcos para embarcar hacia Europa; desde allí a Nueva York y a El Paso, Texas, donde esperaba infiltrarse en México y reunir un ejército. Enfermo, con el hígado destruido por el alcohol, el usurpador fue apresado y encarcelado en Fort Bliss. Un año más tarde moría oficialmente de cirrosis, aunque algunos historiadores sugieren que fue envenenado por los "maderistas".

Pancho Villa y Alvaro Obregón se apresuraron para llegar a la capital, sosteniendo sangrientas batallas en el camino. Decidido a no dejar entrar a Villa antes que él, Carranza cortó el suministro de carbón para sus locomotoras dejando el camino libre para que Obregón entrara en su nombre. El 15 de agosto de 1914, Obregón llegó cabalgando a la cabeza del Ejército Constitucionalista. Las campanas de las iglesias no tocaron ni hubo fuegos artificiales ni gritos de "viva". Llegaron en silencio, observados por ojos desconfiados. La ciudadanía cautelosa veía cómo la Revolución había logrado lo impensable: ¡tomar y ocupar la capital! El primer acto de Obregón fue salir al balcón del palacio y dirigirse a la multitud inquieta que llenaba el Zócalo. "No habrá saqueo; el primer mandatario del Ejército Constitucionalista llegará pronto para reestablecer la paz y el orden y devolver la legalidad a la nación", dijo. Su segundo acto fue juntar a ciento ochenta sacerdotes que habían venido a la capital escapando de la Revolución, manteniéndolos como rehénes en el palacio y pedir quinientos mil pesos a la iglesia por su libertad.

La entrada de Carranza a la capital fue triunfal, lo recibieron con flores y banderas. Se firmó el acuerdo de paz y la rendición del ejército federal. Al no poder afrontar la situación tan difícil y complicada, el presidente interino simplemente abandonó el país. ¡La Revolución había terminado!

Los ejércitos de Villa y Zapata llegaron después cabalgando por la ciudad, atemorizando a todo el mundo. Los zapatistas se dispersaron por la ciudad buscando comida, más humildes que los villistas, llevaban el estandarte de la virgen de Guadalupe. Villa se apoderó, por la fuerza y a su antojo, de las mansiones para utilizarlas como cuarteles de sus generales y sus hombres. Como establo temporal para su caballería de élite eligió el Palacio de Bellas Artes, aún sin terminar, y siguiendo su ejemplo, el hermano de Zapata tomó la parte trasera del Palacio Nacional, abandonado por el último presidente interino, como cuartel para sus hombres y establo para sus caballos.

De repente, Carranza, Obregón, Villa y Zapata se miraron. ¡El puesto de presidente estaba vacío! ¿Quién era el legítimo heredero a la presidencia? Ya se habían presentado dificultades entre ellos; Villa no se fiaba de Carranza, le llamaba "Don Venus, el perfumado", cuyo uniforme y barba blanca bien peinada siempre lucían impecables. Le consideraba taimado y decía que todo el mundo sabía que llevaba anteojos oscuros para que la luz iluminara la cara de su visitante mientras la suya permanecía en la sombra. Él, Pancho Villa, había ganado esta revolución. Tal vez debería sentarse en la silla presidencial.

Sin embargo, cuando se le preguntó por sus ambiciones presidencialistas, con una sonrisa, Villa dijo: "este rancho es demasiado grande para mí".

Zapata no tenía ambiciones políticas, sólo quería derrotar a los terratenientes poseedores de las tierras comunales. La tierra era la vida; "mi tierra" era sinónimo de "mi hogar", lo único por lo que valía la pena pelear.

Obregón continuaría apoyando a Carranza mientras éste cumpliera sus intenciones de formar un gobierno constituido legalmente.

Carranza citó a una convención en la que estarían representadas todas las facciones para elegir a un presidente interino. Tras una acalorada discusión se escogió la ciudad de Aguascalientes como sede neutral. Carranza no estuvo de acuerdo y no asistió a la convención, por lo que no fue elegido presidente interino.

El presidente electo fue Eulalio Gutiérrez, un general que no representaba a ninguna facción en particular. Villa y Zapata se salieron de la convención y convocaron la suya propia. Carranza convocó otra convención de sus seguidores, quienes restauraron su mando… La Revolución se fracturaba. Villa y Zapata rompieron con Carranza. Surgió el desorden y desde noviembre de 1914 a octubre de 1915 se nombraron tres presidentes interinos por los convencionalistas de las distintas facciones. Surgieron luchas entre facciones y quien dominaba la capital se quedaba temporalmente a cargo del gobierno.

Al igual que Benito Juárez, Carranza repentinamente decidió mudar su cuartel general a Veracruz. De todos los líderes revolucionarios él era el mas apropiado para gobernar y exigir el respeto a la autoridad. Sabía que solo él podía imponer la paz. En Veracruz rápidamente negoció un acuerdo con Woodrow Wilson para que sacara su armada del puerto más importante de México. El 23 de noviembre de 1914, los barcos estadounidenses levantaron anclas. Durante un año Carranza formuló y promulgó una serie de reformas necesarias mientras se libraban batallas feroces entre las facciones de la meseta.

En 1915, los ciudadanos de la capital sufrieron los saqueos y destrozos de las luchas internas. El peor estrago fue el hambre. En sus hogares la gente sacudía los contenedores de arroz, frijol, harina, azúcar, maíz, botes de leche… todos vacíos. Peleaban con los perros en las calles, entre los botes de la basura. Un sentimiento de rabia empezó a crecer contra los revolucionarios que habían detenido los vagones y camiones de aprovisionamiento, confiscando sus cargas mientras libraban sus sangrientas batallas. El pueblo hambriento demostraba en vano su rabia contra las fuerzas revolucionarias cambiantes que llegaban a la capital, tomando posesión de ella, imponiendo sus reglas y su dinero, anulando la autoridad y los billetes de la facción previa.

Las cortinas de hierro se cerraban furiosamente cuando los comerciantes y tenderos rechazaban el papel moneda sin valor. El hambre, como un torniquete, se había incrustado en la población, con excepción de los quinientos generales que parecía haber producido la Revolución.

Bandas de soldados pululaban por la ciudad, entrando en las casas y negocios para robar lo que se les antojara, arrancaban pisos de las casas y madera para utilizarla como combustible. Los generales paseaban por las calles a bordo de Daimlers, Italas, Cadillacs, Mercedes, Renaults, Hudsons, chocando contra todo lo que se les ponía delante. En los bares, las balas acompañaban los versos cantados de "La cucaracha". Pancho Villa raptó a una joven francesa muy hermosa y creó un incidente internacional. Se excusó diciendo que no sabía que la muchacha era francesa:

En un ranchito en el campo, una joven tiró de la falda de su abuela. "Oigo caballos", dijo en voz baja. Su abuela continuó estoicamente moviendo la olla de hierbas y unos pocos frijoles. Todos eran igual, pensó, carrancistas, zapatistas, villistas... Habían venido tres veces llevándose a sus hijos, disparando a su marido por negarse a ir con ellos, llevándose la mula, el cerdo, sus pollos... y finalmente a su hija, que se había ido gritando. "Todavía tengo un pollito", dijo la anciana, "átale el pico y las patas y escóndelo en los arbustos". Miró a su nieta más joven que apenas tenía doce años y le dijo: "He cavado un hoyo en el granero. Métete en él y acuéstate. Pondré una plancha de madera encima y la cubriré con paja... no te preocupes, le hice algunos agujeros para que puedas respirar". El sonido de los caballos se oía más cerca...

Todavía siendo un constitucionalista leal, Obregón se dispuso a derrotar a Villa, el invencible Centauro del Norte. En una de las más sangrientas batallas de la Revolución, Obregón y Villa se enfrentaron en Zacatecas. Estando al tanto de las tácticas modernas de la guerra actual en Europa, Obregón puso alambradas y cavó trincheras, lo que mutiló a la caballería de Villa cuando atacó de frente, con una intensidad brutal. Montones de caballos muertos de la orgullosa División del Norte frenaron el avance de Villa hasta que se vio obligado a retirarse. Más tarde, en la batalla de Celaya, Obregón perdió su brazo; ésa era la venganza de Pancho Villa, se decía.

Obregón había obtenido un biplano y su piloto mexicano lanzó las primeras bombas lanzadas desde un avión en México, primero en la batalla de Zacatecas, luego en Celaya. Batalla tras batalla, Obregón empujó a Villa hacia el norte hasta que, totalmente debilitado, se rindió en Chihuahua y depuso sus armas.

Carranza volvió a la Ciudad de México en agosto de 1915, enfrentándose a una huelga general y a una población hambrienta y furiosa. Mudó su cuartel general a la Villa de Guadalupe, fuera del tumulto, y empezó a poner en práctica el plan que había formulado en Veracruz. En 1916 invitó a todos los estados a participar en una convención constitucionalista, ya que la Constitución de 1857 no cubría las necesidades de 1916.

Sobreponiéndose a las sospechas de que Carranza estaba negociando con los alemanes que estaban ahora en guerra contra Francia e Inglaterra, en 1915, Woodrow Wilson puso un embargo sobre las armas que se vendían a Villa y había reconocido a Carranza como el legítimo presidente interino hasta que se llevaran a cabo las nuevas elecciones. *El telegrama Zimmerman*, el famoso libro de Bárbara Tuchman, describe las maniobras de Alemania para que Carranza provocara a Estados Unidos a intervenir en México para proteger sus inversiones, principalmente el petróleo. "Intervención" significaría tropas; tropas en México significaría desviar la atención de Estados Unidos hacia Alemania, donde la primera guerra mundial había estallado. Zimmerman era el ministro general alemán en México y cuando el famoso telegrama fue interceptado y descifrado, avivó sentimientos antialemanes en los Estados Unidos. Pronto se unirían a Inglaterra y Francia en Europa para derrotar al ejército germano.

México sufría un estancamiento económico, el comercio con sus inversionistas europeos estaba parado por la guerra en Europa y gran parte de su comercio en la frontera era intervenido por las tropas irregulares. En 1916, para vengarse de Estados Unidos, quien le había retirado su apoyo, Pancho Villa invadió Columbus, Nuevo México, disparando a todo y a todos, matando a estadounidenses. Carranza no tuvo más remedio que dejar entrar al general Pershing a realizar una "expedición" de castigo para detener y encarcelar a Pancho Villa. Un año después, el general Pershing tuvo que regresar a su país sin haber podido encontrar a su escurridiza presa. Al partir dijo: "Villa está en todas partes y en ninguna".

LA NUEVA CONSTITUCIÓN-1917

En 1917 se llevó a cabo la convención constitucionalista en Querétaro. Los villistas y zapatistas derrotados no fueron admitidos, pero acudió un número representativo de delegados de todos los estados.

La nueva Constitución abordaba todas las demandas que habían dado lugar a la Revolución: económicas, sociales y políticas. Los artículos más importantes eran el 27, que otorgaba a la nación jurisdicción sobre todo su suelo y subsuelo; el artículo 123, que se refería a las relaciones laborales; el artículo 3, que trataba de la educación, y el 130, que definía la relación estado-iglesia. Los delegados fueron testigos de la creación de un nuevo estado que cimentaría la reforma durante un largo proceso.

Carranza fue elegido presidente para el periodo 1917-1920. Era más una figura patriarcal que política, pero aceptó su papel de presidente constitucionalista con una fe inquebrantable hacia la ley. Sin embargo, la realidad le obligó a tomar medidas difíciles. Su permanencia en el poder estuvo plagada de levantamientos, hambre, epidemias y huelgas. No estaba a tono con la nueva ideología promulgada por la Constitución, especialmente, con los radicales que defendían los derechos de los trabajadores. No comprendía que las nuevas generaciones tocaran a las puertas del gobierno.

Durante su presidencia cometió grandes errores: cada caudillo esperaba recibir una recompensa por su participación en la Revolución y Carranza les dejó gobernar a su antojo. Permitió la corrupción entre sus administradores. Los años que había servido bajo Díaz le habían inspirado una actitud de "enfrentar a un contrario contra otro". También llegó a ejercer su poder y autoridad de manera cruel. En 1919 ordenó a su más temible general, Pablo González, que acabara con Zapata. Los zapatistas se habían retirado y dividido en varias bandas, hostigados y perseguidos por los carrancistas. Zapata había logrado eludir su captura durante años, pero en un acto de traición bien planeado fue capturado y fusilado.

Carranza cometió su mayor error al acercarse las elecciones de 1920. Ignorando el clamor de la mayoría que apoyaba la candidatura del general Álvaro Obregón, victorioso, popular y carismático, Carranza le dio la espalda y escogió a un títere desconocido que era el embajador en Washington. Declaró: "La Revolución no es el premio para los generales, necesitamos un civil que respete y haga respeta la ley". Los obregonistas protestaron fuertemente y, para aumentar sus problemas, el gobernador de Sonora le acusó de inmiscuirse en los asuntos estatales. La respuesta de Carranza fue enviar un ejército al norte y decretar la desaparición de todas las oficinas de gobierno locales. Sucedió lo inevitable: un levantamiento armado en Sonora. En un corto lapso de tiempo se produjeron rebeliones por todo el país, a cuyo frente estaban los caudillos decepcionados que no habían recibido su premio. Tras un mes de revueltas, Carranza se encontró solo y con su sueño de controlar la presidencia terminado. Su carácter pragmático le aconsejó dejar la capital y mudar su gobierno otra vez a Veracruz, donde podría evaluar su situación, como había hecho Benito Juárez.

Llevando consigo el tesoro nacional, Carranza abordó un tren hacia el sureste, pero traicionado por sus antiguos amigos, el viaje fue muy corto. Bandas armadas emboscaron el tren y Carranza logró escapar por las montañas de Puebla acompañado por algunos partidarios, entre ellos el general Rodolfo Herrera. Después de varios días de lluvia, hambre y calor, Carranza y su grupo llegaron al pueblo de Tlaxcalantongo. Cansado y resignado a su captura, aceptó la hospitalidad de un campesino y se echó a dormir en un petate bajo un techo de paja encomendando su alma a Dios. En la madrugada del 21 de mayo de 1920, fue asesinado por un soldado bajo las órdenes del general Rodolfo Herrera, quien declaró que Carranza se había suicidado.

Cientos de libros se han escrito sobre la Revolución Mexicana en la que un millón de mexicanos murieron. El país que había dejado Porfirio Díaz en una situación estable quedó destruido. Pueblos, haciendas y ciudades en ruinas, desplazando al pueblo de su tierra y su hogar. Las cicatrices de la Revolución permanecieron en el alma de generaciones venideras. Considerada como una revolución agraria y no política, como la bolchevique, duró diez años, de 1910 a 1920. Comenzada por Madero, cuyo lema era "Sufragio efectivo, no reelección", después de su trágica muerte se convirtió en lucha agraria para Zapata y una razón legítima para expulsar a Huerta para los "constitucionalistas", restaurando así un gobierno elegido legalmente. Pero la Revolución nunca se amalgamó verdaderamente. Los soldados eran leales a sus caciques, que en realidad defendían sus propios intereses. Tras la derrota de Huerta, la Revolución se partió en tres facciones que dirimieron una guerra civil durante casi tres años. La historia muestra que es imposible parar una revolución; debe seguir su curso.

En México, con la elección de Carranza debería haber terminado la Revolución, pero los residuos de venganza, resentimiento, inconformidad y deseo de poder todavía estaban latentes. No hubo un verdadero vencedor. Madero, Carranza, Zapata, Villa, incluso Obregón fueron asesinados. Sin embargo, del baño de sangre surgió un nuevo espíritu de nación. La Constitución de 1917 garantizaba la soberanía nacional sobre el suelo, el subsuelo y los recursos naturales; trataba también sobre la reforma agraria, la educación y los derechos de los trabajadores. Cimentar un nuevo estado firme, democrático y bien establecido bajo las nuevas leyes sería el reto para el futuro.

CAPITULO XVI

EL NUEVO ESTADO. LOS GENERALES PRESIDENTES

Álvaro Obregón: 1920-1924

Mientras Carranza huía, un ejército revolucionario tomaba la capital e instauraba a un presidente interino, Adolfo de la Huerta, un colaborador cercano a Obregón. Afortunadamente para Obregón, que pronto fue elegido legalmente por el Congreso, De la Huerta había concentrado su esfuerzo en establecer la paz en la nación destruida dejándole un camino más fácil hacia el Palacio Nacional. Tomó el poder a fines de 1920. El periodo presidencial se había limitado a cuatro años, sin reelección.

Álvaro Obregón era práctico, autoritario, un hombre de acción. Como secretario de guerra de Carranza había instituido una escuela médica para los militares, un departamento de aviación y una fábrica de municiones. Era lo suficientemente inteligente como para saber que sus méritos militares no igualaban a sus responsabilidades administrativas.

Los acaudalados conservadores, algunos jerarcas de la iglesia y Estados Unidos, le consideraban un radical. Sin hacer caso a sus críticas, sintió que su primer deber era atacar el problema social, todavía sin resolver. La educación era primordial. Muchos intelectuales y profesionistas que se habían ido al exilio comenzaron a regresar a México. Entre ellos estaba José Vasconcelos. Obregón le nombró secretario de educación. Jamás en la historia un gobierno había dedicado tantos fondos a la educación. Veinte por ciento del presupuesto federal fue designado para alfabetizar a la población menos favorecida, pues el índice de analfabetismo superaba el ochenta y cinco por ciento.

Vasconcelos era un escritor y un filósofo, una persona educada que había sido profesor en universidades de Estados Unidos, conocido en América Latina y Europa. Organizó una cruzada moderna: un equipo de "maestros-misioneros" que llegaron hasta los pueblos remotos para construir escuelas y preparar a los futuros maestros. Si enseñabas a las personas a leer tendrían que tener libros. Cuando era un muchacho, Vasconcelos vivió en una ciudad fronteriza y cruzó diariamente en el puente para asistir a la escuela estadounidense del otro lado. Leyó casi la totalidad de los libros que había en la biblioteca de la pequeña escuela. Cada escuela que Vasconcelos abría en México tenía una biblioteca. Su tesis era: "Un libro es una escuela portátil".

El primer gran impulso para crear la industria editorial había sido lanzado.

Con el mismo entusiasmo, Vasconcelos inició una renovación cultural. Se unió a un grupo de intelectuales para formar el Ateneo de la Juventud, una sociedad literaria para los jóvenes. Tras diez años de Revolución, los escritores y poetas jóvenes estaban ansiosos por entrar al mundo moderno y expresar nuevas ideas. México estaba atrasado veinticinco años con respecto a Europa y Estados Unidos.

A petición del pintor Diego Rivera, Vasconcelos se reunió con un grupo de pintores, entre los que sobresalían José Clemente Orozco, Fermín Revueltas, Roberto Montenegro y David Alfaro Siqueiros, y les ofreció los muros de viejos edificios gubernamentales para que pintaran y se expresaran. Los vetustos edificios virreinales del centro de la ciudad comenzaron a vibrar con el color con el que los pintores pintaban su propio "evangelio" sobre la Revolución. El nombre de Lenin surgía con fuerza en los encabezados de los periódicos acerca de una nueva revolución; gorros de piel comenzaron a aparecer en el campus de la universidad. Diego Rivera se declaró comunista y se hizo miembro del partido.

Antonio Rivas Mercado, director de San Carlos, la escuela de Artes y Arquitectura, quien había sido responsable de una beca a Diego Rivera para estudiar en París cuando era joven, alzó su mirada al mural que estaba pintando Diego en el techo de la escuela preparatoria. Mujeres excesivamente pesadas y desproporcionadas, miraban hacia abajo desde varios ángulos. Una rubia voluptuosa en la curva de la bóveda hizo que el profesor se parara asombrado. Diego le gritó desde el andamio: "Ésta representa la sabiduría. ¿Qué le parece maestro?". "¡Si ella es la sabiduría, ruego a Dios que los ignorantes hereden la tierra!" Bajándose el ala del sombrero, el profesor dejó el lugar.

Un hecho importante del régimen de Obregón es que los obreros estuvieron bajo el patronazgo del gobierno. Ya anteriormente los sindicatos habían buscado el respaldo gubernamenal para lograr sus demandas hacia las compañías extranjeras, con el fin de lograr salarios más equitativos, especialmente en las industrias petrolera y minera. Los mexicanos recibían un salario mínimo mientras que los trabajadores extranjeros gozaban de grandes privilegios. Apareció un nuevo líder sindical, Luis Morones, quien comenzó a probar su fuerza. Un pacto no oficial entre el gobierno y los sindicatos se estaba preparando.

Obregón concedió derecho a huelga a los agremiados al sindicato de Morones. Instituyó el domingo como día de descanso pagado y, para asegurar el apoyo de los sindicatos, ofreció puestos lucrativos a sus líderes, incorporándoles al aparato gubernamental. Los votos "comprados" de lo sindicatos fueron un gran apoyo durante el largo régimen que surgió de la Revolución. Hoy en día todavía los sindicatos gozan de impunidad y no rinden cuentas a nadie.

Si bien la reforma agraria no se llevó a cabo inmediatamente, la concesión de pequeñas parcelas, o ejidos, crearon una alianza por parte de Obregón y la población rural, que en los años venideros puso a los campesinos bajo el dominio total del gobierno. Uno de los adagios de Porfirio Díaz era: "Da un hueso a un perro y dejará de ladrar…".

Una espinita clavada en Obregón era que, tras la muerte de Carranza, el presidente Wilson de Estados Unidos no había reconocido la legalidad de su gobierno, como ya habían hecho muchos países del mundo. Los inversionistas extranjeros que se dedicaban a la extracción del petróleo, los ferrocarriles, las minas, la electricidad y los bancos le mostraban una actitud hostil. Además, existían todavía bandas armadas que cometían saqueos, atropellos y los sindicatos presionaban para un aumento en los salarios.

Obregón trató de hacer la corte a Estados Unidos. Utilizó su influencia sobre la Suprema Corte para conceder el contrato de la Texas Oil Company, que fue firmado previo al artículo 27 de la Constitución de 1917, lo cual les otorgaba el derecho de explorar el subsuelo. Nuevas perforaciones doblaron la producción de petróleo. También se obligó a pagar la enorme deuda a Estados Unidos, con lo cual se logró un acuerdo inmediato de amistad y comercio. En 1923, un tren, cargado de equipo nuevo, cruzó a México de la frontera norte. Se agasajó a los inversionistas americanos con una gran comida en el castillo y se firmó el Tratado de Bucareli.[39]

Durante la presidencia de Obregón, se enmendó la Constitución para permitir un segundo término, tras una presidencia interina. En 1924, Plutarco Elías Calles tomó el gobierno. El acuerdo era que Calles devolvería a Obregón el mandato presidencial al final de su presidencia en 1928.

Plutarco Elías Calles: 1924-1928

Nacimiento del Partido Nacional Revolucionario (PNR).

Calles era un general revolucionario elegido por Obregón. Era un líder fuerte y un buen administrador, más político que militar. Obregón había asegurado una fuerte alianza entre los sindicatos y el gobierno, por lo que Calles se concentró en sentar las bases de una economía que permitiera el crecimiento del país. Fundó el Banco de México, extendiendo el crédito a las industrias

---

[39] Por este acuerdo México dependería por generaciones, de la industria de Estados Unidos. Se considera nefasto este tratado que firmó Obregón.

incipientes. Fundó también el Banco Rural para impulsar la agricultura. Abrió escuelas en los barrios de la clase trabajadora, promoviendo el deporte y cursos de oficios prácticos. Durante su gobierno se exploraron nuevos sistemas de irrigación y se construyeron muchos kilómetros de carreteras. Pronto las ciudades se llenaron de "fotingos", coches Ford baratos. El México rural se empezó a transformar en un México de población urbana.

En 1927, Dwight Morrow, un banquero miembro de J P. Morgan fue enviado a México como embajador de Estados Unidos. La mayoría de los embajadores anteriores habían tratado a los mexicanos como inferiores y no habían mostrado respeto por la soberanía del país.

En vez de mostrarse indiferente o amenazador, Morrow logró inmediatamente la amistad de Calles. Para adular al pueblo invitó al coronel Charles Lindberg a realizar una visita de buena voluntad a México. El vuelo de Lindberg a través del Atlántico en 1927 lo había convertido en héroe internacional. En la embajada de México, Lindberg conoció a su futura esposa, la hija de los embajadores, Anne Morrow. Fue el embajador Dwight Morrow quién le encargó y le pagó a Diego Rivera pintar los famosos murales del Palacio de Cortés en Cuernavaca. Los Morrows habían comprado una casa en Cuernavaca y pasaban los fines de semana allí, pues sentían un gran afecto por México.

La amenaza de rotación entre Calles y Obregón causó levantamientos, violencia y asesinatos. Los políticos de cualquier tendencia querían compartir el poder. Se sabía que tanto los obregonistas como los callistas estaban acumulando grandes fortunas. Se dice que Morrow convenció a Calles de la importancia de institucionalizar la revolución, es decir, convertir a la *revolución* en una *institución*, darle sustancia, significado y utilizarla para legitimizar su presidencia y los gobiernos futuros.

Calles fue el fundador de lo que sería posteriormente el Partido Revolucionario Institucional (PRI), que comenzó llamándose Partido Nacional Revolucionario (PNR). El partido adoptó los colores nacionales e inmediatamente fue asociado con el estado. El PNR se convirtió en el único heredero del futuro político y económico de México durante los próximos setenta y un años. Se realizaban elecciones "amañadas" cada seis años para simular la democracia.

El reto más importante que enfrentaba Calles era otra vez la iglesia católica. Al haber sufrido la profanación de sus templos durante la Revolución, la iglesia había perdido el control de la educación y la influencia en la cultura y la política que ahora estaban en manos del gobierno. En 1926, la tensión se hizo insoportable. Calles persiguió a la iglesia, decretó leyes imposibles de aceptar por un pueblo católico y envió a los sacerdotes y monjas al exilio. De 1926 a 1929 el grito de "Viva Cristo Rey" se extendió por montañas y valles de los estados del centro y oeste de México, especialmente en Jalisco y Michoacán, en la llamada Cristiada o Guerra Cristera.

Los rancheros pensaban que la reforma agraria era una amenaza y no una solución, así que decidieron unirse a las guerrillas. Los católicos, particularmente los jóvenes profesionistas y las mujeres de la capital, formaron la Liga Nacional para la Defensa de la Libertad Religiosa y ayudaron a armar a las guerrillas. Muchas familias escondieron en su casa a sacerdotes y celebraron misas clandestinas allí. Los "cristeros" no tenían un ejército unificado, pero eran luchadores comprometidos. Calles sabía que la base de su poder era el ejército. Aumentó el número de elementos y mantuvo al Ejército Federal contento con base en premios y privilegios. ¡La inestabilidad tenía que ser atacada a toda costa!

Finalmente se llegó a una tregua con los cristeros. El gobierno prometió no invocar todas las leyes anticlericales de la Constitución de 1917 y la iglesia acordó no meterse en política. En 1928, justo antes de firmar este acuerdo, Álvaro Obregón había sido declarado el candidato oficial del partido PNR.

Un estremecimiento iba a sacudir a México. El 17 de julio de 1928 en una comida en su honor, León Toral, un joven fanático católico se acercó a Obregón y le disparó. El general murió de inmediato.

Según la Constitución, Calles no podía ser su propio sucesor. Rehusó enfáticamente extender su mandato o volverse a postular en el futuro. En su discurso a la nación declaró que cualquier partido político legalmente constituido podía convocar un congreso para proponer y elegir un presidente.

Reuniendo rápidamente un congreso, el PNR con Calles a la cabeza, propuso al general Emilio Portes Gil como presidente interino hasta las elecciones de 1929 y, para calmar los temores de perpetuar a los obregonistas en el poder, enmendó la Constitución y declaró que el mandato presidencial sería de seis años, sin reelección, como ha permanecido hasta hoy.

José Vasconcelos, el carismático secretario de educación bajo Obregón, fue propuesto por un grupo de intelectuales y políticos para candidato del antiguo partido de Madero, el Partido Anti-Reeleccionista. Su campaña comenzó en el noroeste bajando hacia la capital, formando clubes políticos, dando discursos en plazas de toros y en plazas de pueblo y ciudades, pregonando su incuestionable creencia en la justicia, las oportunidades y sobre todo en la educación. Prometió acabar con la corrupción y luchar por los salarios equiparables entre los mexicanos y los trabajadores estadounidenses. En su campaña, Vasconcelos también prometió a las mujeres el derecho a votar.[40]

Como candidato del PNR, Calles propuso al embajador mexicano en Brasil, Pascual Ortiz Rubio. Nadie lo conocía en México y resultaba un títere perfecto. Cuando Calles se dio cuenta de que Vasconcelos iba tomando fuerza y podía ganar, la máquina partidista comenzó a funcionar: los líderes vasconcelistas empezaron a desaparecer, los mítines fueron boicoteados, las luces de las plazas donde iba a hablar Vasconcelos se apagaban y, finalmente, a plena luz del día, Germán de Campo, un joven orador vasconcelista fue acribillado a tiros en presencia de una multitud en la capital.

El día de las elecciones, la ciudad apareció sitiada, algunos centros de votación misteriosamente aparecieron cerrados, cajas enteras de votos desaparecieron y se escucharon disparos durante todo el día. Cuando todo terminó, Pascual Ortiz Rubio fue declarado oficialmente presidente, el ganador de la elección por millones de votos. A Vasconcelos le "concedieron" sólo doce mil votos. Ésas fueron las primeras "elecciones" bajo el PNR.

Ortiz Rubio dimitió después de dos años. La creencia general fue que su familia le obligó a renunciar tras un intento de asesinato. Pero los que conocían bien el sistema y podían leer entre líneas supieron que, al tratar de probar su autoridad, Ortiz Rubio había despedido a dos

---

[40] La mujer mexicana obtuvo el derecho al voto en 1953.

de los elegidos por Calles. El día siguiente se leyó en el periódico: "A causa de su mala salud, el presidente Rubio ha dimitido". El general Abelardo L. Rodríguez fue el tercer presidente interino que completó el periodo presidencial que finalizó en 1934. Un chiste contado por los taxistas era: "Aquí es donde vive el presidente (señalando el castillo), pero ahí es donde vive su jefe (señalando a una casa cerca del bosque de Chapultepec)". Esos seis años se conocen como "El Maximato", debido a que Calles era el jefe máximo.

Lázaro Cárdenas: 1934-1940

De 1934 a 1940, Lázaro Cárdenas, otro protegido de Calles, se convirtió en uno de los presidentes más fuertes, polémicos y queridos del país. Se declaró socialista, no marxista. Al igual que Calles era anticlerical y apoyaba una educación socialista en la que no se mencionaba la religión. Declaró la libertad de cultos, apoyando el regreso de los protestantes.

Algunos historiadores le consideran como el último estadista revolucionario. Después de su presidencia, las promesas sociales y políticas revolucionarias fueron olvidadas. Cárdenas viajó por todo el país para comprobar la situación de los pobres. Como auténtico socialista agilizó la reforma agraria, confiscó las grandes haciendas, ranchos y grandes terrenos heredados o conservados como inversión. Ante estas medidas, durante su régimen algunos extremistas llegaron a enarbolar la hoz y el martillo…

La joven Mariana acababa de desayunar cuando oyó un martilleo de cascos proveniente del camino bordeado de árboles que conducía a la hacienda. ¿A quien habían invitado sus padres? En la cocina, la madre de Mariana, disponiendo con su cocinera el menú del día, también oyó los caballos. Miró extrañada. Un muchacho del establo llegó corriendo por el patio de la casa chocando contra Mariana. "Son muchos", dijo sin aliento, "son revolucionarios". La madre, la hija y los sirvientes salieron y el patrón se les unió. El padre de Mariana se acordó de cuando los villistas galopaban hacia el rancho de su padre. Sabía quiénes eran estos jinetes: los elementos radicales del gobierno local que habían sido autorizados a emitir un decreto de expropiación. En una nube de polvo, la brigada de jinetes frenó sus caballos. Llevaban un estandarte con la hoz y el martillo. Mariana observó al jefe bajarse del caballo y entregar un papel a su padre. "Su hacienda ha sido expropiada", anunció mientras miraba su reloj. "Tiene cuarenta minutos para recoger sus posesiones y dejar esta propiedad".

Durante su gobierno, Cárdenas distribuyó cienta ochenta mil ejidos a los campesinos; un total de cuarenta y seis millones de acres. El Banco Rural dio préstamos a los agricultores y, para equilibrar el poder creciente de los sindicatos, creó la Confederación Nacional Campesina.

Otra de las preocupaciones de Cárdenas era el tema de los energéticos. Construyó enormes presas para electrificar los pueblos y crear más tierras irrigadas, especialmente en el norte siempre seco.

La ciudad de Monterrey estaba creciendo rápidamente y convirtiéndose en un centro industrial. En el mundo cultural, el radicalismo era lo que prevalecía: Diego Rivera, David Alfaro Siqueiros y Clemente Orozco continuaban propagando el comunismo en sus murales, mientras que en el "campus" de la universidad, los profesores preferían mantener a los socialistas a distancia. Creían en la libertad de expresión y libertad de religión. Cárdenas no se oponía a la práctica de una religión, sino al fanatismo que llevaba a la explotación de los pueblos.

Uno de los retos de Cárdenas era descubrir cómo eliminar de una vez por todas a los inversionistas extranjeros. El petróleo se había convertido en oro negro para ellos. Los mexicanos durante siglos habían recogido el producto de unos charcos pegajosos que salían misteriosamente de la tierra. Vieron que se podía quemar y lo utilizaban en sus ceremonias. Bajo el dominio español se utilizó para calafatear los barcos y las leyes de Indias declaraban el petróleo como propiedad exclusiva de la corona española.

A comienzos de siglo XX, Eduardo Doheny, un texano, hizo brotar un surtidor gigante de petróleo en Tampico. Los ingleses acudieron rápidamente al botín. Porfirio Díaz otorgó a las compañías petroleras extranjeras, sin imponer impuestos, los derechos de explotación. El petróleo mexicano produjo enorme riqueza. Como almirante de la Marina Real Británica, Winston Churchill había cambiado el combustible de la marina de carbón a petróleo, alentando así la explotación del petróleo mexicano por los inversionistas ingleses.

La Primera Guerra Mundial comprobaría la superioridad del petróleo sobre el carbón.

En 1937, una huelga general paralizó la producción de petróleo. Los trabajadores mexicanos demandaron un aumento salarial y mejores condiciones de trabajo, privilegios de los que ya gozaban sus compañeros trabajadores extranjeros. Las compañías petroleras protestaron y se negaron a conceder sus peticiones. La situación se agravó y para probar que México era dueño de sus riquezas y que era su derecho constitucional el control de sus recursos naturales, en 1938 el general Cárdenas expropió las compañías estadounidenses y británicas. Gritos, acusaciones y amenazas surgieron inmediatamente, pero Cárdenas permaneció firme. Tras negociaciones febriles e inútiles, las compañías petroleras desmantelaron sus plantas, refinerías, ductos, infraestructura, mapas, planos, diagramas y manuales. Fue negada la venta de contenedores. Además, las compañías expropiadas organizaron un boicot al petróleo mexicano. El gobierno británico elevó una protesta tan fuerte que Cárdenas rompió relaciones con Inglaterra. Por el contrario, Roosvelt, el presidente de Estados Unidos, reconoció el derecho de los mexicanos a expropiar las compañías extranjeras y sólo pidió una compensación justa.

Cárdenas vio la necesidad de firmar contratos con Alemania, Italia y Japón a cambio de maquinaria, justo al comienzo de la Segunda Guerra Mundial. La hacienda pública estaba vacía y las negociaciones acerca de las compensaciones pendientes duraron varios años hasta que la compañía Shell y la Standard Oil de Nueva Jersey lograron un acuerdo con el gobierno mexicano. El pueblo de México apoyó unánimemente la expropiación, incluso la jerarquía de la iglesia. La conmemoración del "Día de la Expropiación" es una fiesta nacional.

Petróleos Mexicanos tuvo que comenzar de cero. Pemex, como se le llama ahora, todavía es propiedad del gobierno y está subsidiado. Calles había comenzado el control gubernamental de la economía y Cárdenas eliminó cualquier fuente extranjera, convirtió al gobierno en el principal proveedor de fondos para el control de la economía. Concedió a los líderes sindicales puestos importantes en la nueva administración de la compañía petrolera, por lo que su poder ha ido en aumento hasta nuestros días. Pemex se volvió la mayor fuente de ingresos para el gobierno federal, como se mantiene hasta la fecha.

Cárdenas, con sentimiento humanitario, tendió su mano a los refugiados políticos izquierdistas. En 1937 abrió las puertas de México a expatriados de varias partes del mundo. León Trotsky era un aliado cercano a Lenin, pero cuando Stalin subió al poder fue enviado al exilio, perseguido, blanco de varios intentos de asesinato y expulsado de varios países de Europa. Diego Rivera abogó por él ante Cárdenas y éste le permitió venir a vivir en México. A pesar del revuelo que causó esta decisión, Trotsky llegó a México y llevó una vida tranquila hasta que fue asesinado por un extremista español en 1940.

En 1939, Cárdenas aceptó a varios miles de refugiados españoles republicanos que buscaron asilo en México tras la victoria del general Francisco Franco en la Guerra Civil. Los mexicanos de derecha protestaron: "Ahora ha llegado a nuestras costas una ola de comunistas", decían. Los republicanos se trajeron el oro y el tesoro de España y hasta ahora nadie ha dicho dónde quedó, a quién se lo dieron o qué hicieron con él. (Informar sobre su paradero aún se considera una deuda de honor entre muchos españoles ya que desde hace décadas existe un gobierno democrático en España). Muchos intelectuales, científicos, empresarios y trabajadores españoles que llegaron contribuyeron con su talento y conocimientos a México y posteriormente se les otorgó la nacionalidad mexicana. Los primeros refugiados que llegaron fueron quinientos huérfanos que Cárdenas albergó en Michoacán en una escuela especialmente construida para ellos.

Durante los primeros años de la presidencia de Cárdenas, Calles trataba de volver a ganar su posición de "jefe máximo". Para evitar sus continuas apariciones, Cárdenas le arrestó y lo puso en un avión con destino a Texas. Calles dijo a la prensa: "Si el presidente ha decretado mi destierro, lo acepto". Los partidarios de Calles criticaron fuertemente a Cárdenas por haber sacrificado al hombre que le había puesto en el poder. De Texas, Calles se fue a vivir a California, donde según una nota de los periódicos de entonces, se reunió con José Vasconcelos, quien también vivía allí su exilio. Años más tarde, Calles volvió a México y murió en su casa.

En las elecciones violentas y fraudulentas tras finalizar el periodo de Cárdenas, la maquinaria partidista volvió a ponerse en funcionamiento. El último candidato legítimo de la oposición, el popular general Juan Andreu Almazán fue aniquilado políticamente. Cárdenas había elegido como sucesor al general Manuel Ávila Camacho.

A partir de entonces, se llamaría "el tapado" al candidato elegido y designado de antemano por el presidente saliente. La especulación acerca del candidato escogido producía alianzas políticas que a veces terminaban mal al divulgarse el nombre del verdadero "tapado". Los que se habían equivocado y habían llevado a cabo alianzas con el candidato equivocado, eran llamados "los quemados", y no alcanzarían puestos importantes en el nuevo gobierno.

Durante los años de la guerra mundial, la reforma agraria se estancó al dar el gobierno preferencia a la economía. México firmó un tratado comercial con Estados Unidos para proveer de material estratégico para la guerra: petróleo, minerales y fibras fuertes a cambio de crédito para modernizar la economía.

Un México estable implicaba una frontera estable; un factor importante para Estados Unidos. Cuando empezó la guerra se llevó a cabo el programa "Bracero"; miles de trabajadores del campo y de las fábricas cruzaron la frontera legalmente con un contrato renovable. También ingresaron a Estados Unidos gran cantidad de ilegales. Roosevelt denominó a esta nueva relación "La política de buen vecino".

Al final de la guerra, se hizo evidente que México y Estados Unidos debían tomarse en consideración mutua tanto en el aspecto económico como político.

Al incrementar las exportaciones de México se abrieron nuevos pozos petroleros y se construyeron caminos y carreteras. El Banco Rural continuó dando préstamos a los agricultores, pero los administradores corruptos se aprovecharon y lograron grandes ganancias.

"¡Aquí está compadre! Me lo dio el Banco Rural a plazos." "¿Te lo dio?", interrumpió el compadre. "Bueno, vendí mis bueyes. Ya verás que con esta máquina en un ratito araré el campo y sembraremos cebollas para tener una de las primeras cosechas. Vamos a ser ricos, compadre!" El compadre Nacho miró el tractor. "¿Pusiste todo tu dinero en esa máquina? ¿Qué va a pasar si no llueve?"

Al terminar los años dorados de la Segunda Guerra Mundial, acabó también la era de los generales: Carranza, Obregón, Calles, Cárdenas y Ávila Camacho nunca pretendieron adoptar las reglas de la democracia.[41] Un

---

[41] Los descendientes de estas "familias revolucionarias" todavía son la élite adinerada de México.

cambio radical en la dirección política se produjo con la elección de Miguel Alemán, un abogado, en 1946. A partir de entonces comenzó una larga lista de licenciados-presidentes.

PRESIDENTES DEL PRI (1946-2000)

Miguel Alemán: 1946-1952

Miguel Alemán pronto se dio cuenta de que existía un mundo exterior en proceso de reconstrucción tras los seis años de la segunda guerra mundial. Carismático, enérgico, deseoso de poner a México en el plano internacional, comenzó a viajar al extranjero. Sabiendo que las inversiones extranjeras eran necesarias para el crecimiento de México, Alemán rompió con el "grupo revolucionario" y utilizó su personalidad para fomentar una economía en expansión favoreciendo la industrialización. La población se había duplicado desde 1930 y una clase media demandaba atención del gobierno. Alentar la educación superior también era un punto necesario. Entre sus actos, Alemán donó un gran terreno para la construcción de la Universidad Nacional Autónoma de México y creó un campus moderno y atractivo con un estadio olímpico, donde actualmente se practica profesionalmente el futbol.

Con miras al turismo, Alemán limpió Acapulco, convirtiéndolo en la playa favorita del *jet set*.[42] Acapulco se considera obra de Alemán, quien no dejó de tomar ventaja para contribuir a su fortuna construyendo varios desarrollos de los cual era dueño.

---

[42] Hoy en día Acapulco es lugar de vacaciones para la clase media mexicana, y una supercarretera ha acortado el viaje desde la Ciudad de México, a unas cuatro horas.

Adolfo López Mateos: 1958-1964

De todos los presidentes del PRI, destacó Adolfo López Mateos. De 1958 a 1964, una era de bonanza se desarrolló durante su gobierno. La relación "especial" con Estados Unidos continuó y las inversiones europeas se incrementaron. El crecimiento económico había creado una sociedad urbana cosmopolita cuyo poder adquisitivo provenía de sus pequeños negocios. López Mateos creó el Seguro Social, fomentó el acceso a la educación gratuita y editó libros de texto gratuitos, aunque escritos desde el punto de vista "oficial y revolucionario". En ellos, Porfirio Díaz se presentaba como un dictador malévolo, traidor a su patria y Zapata y Villa eran héroes... Entre el legado de López Mateos sobresale la construcción del Museo Nacional de Antropología, considerando uno de los mejores museos del mundo.

Con la llegada de Fidel Castro a la escena latinoamericana en 1959, López Mateos supo mantener el equilibrio entre los conservadores y los liberales pro-Castro, durante todo el periodo de su gobierno. Bajo López Mateos el gobierno compró los intereses de las compañías extranjeras en el ramo de la energía. La Compañía de Luz y Fuerza, creada por Porfirio Díaz, todavía era propiedad de británicos y canadienses. Aumentó el control gubernamental, con lo que dio lugar a airadas protestas de los industriales, sobre todo cuando las huelgas laborales eran apoyadas por el gobierno y los sindicatos ganaban mas poder cada día. En el sector privado, una nueva generación de tecnócratas estaba obligando al gobierno a mirar más allá de su burocracia autocomplaciente.

La invasión de Estados Unidos en la Bahía de Cochinos en Cuba provocó sentimientos y demostraciones antiyanquis en todo México. En la universidad, los estudiantes ondeaban banderas y llevaban pancartas y camisetas de su nuevo ídolo: el Che Guevara. La Guerra Fría había creado una gran brecha entre la izquierda y la derecha, y el movimiento izquierdista estaba afectando a gran parte de América Latina. México había podido superar los golpes militares endémicos en el continente gracias al control del ejército por el PRI y a una economía estable. Las protestas eran sofocadas rápidamente por el ejército con las consabidas desapariciones "inexplicables".

Para contrarrestar el naciente poder de la izquierda en México, López Mateos eligió a un conservador pro-Estados Unidos para sucederle como presidente.

Gustavo Díaz Ordaz: 1964-1970

Gustavo Díaz Ordaz es recordado principalmente por ordenar la matanza de estudiantes en 1968. Un levantamiento llevado a cabo por estudiantes en Francia fue la mecha que provocó otros en muchos países. El control de las escuelas de preparatoria en México por parte del gobierno inhibía la libre expresión y provocó una huelga de los estudiantes jóvenes. Los soldados ocuparon el campus de las escuelas y arrestaron a los líderes estudiantiles. Los estudiantes de la universidad apoyaron inmediatamente la causa de los jóvenes y las manifestaciones contra el gobierno crecieron hasta que miles de jóvenes marcharon hacia el Zócalo y el Palacio Nacional exigiendo justicia, democracia y alto a la represión.

La Ciudad de México hacía esfuerzos sobrehumanos por terminar los últimos detalles para los Juegos Olímpicos que se llevarían a cabo en octubre. La inversión de ochenta millones de dólares estaba en peligro al conocerse en el mundo los desórdenes que se extendían cada vez más. Los soldados ocuparon el campus universitario y después de dos meses de encuentros y peleas, en su discurso a la nación del 1° de septiembre, el presidente prometió solemnemente que nada evitaría la apertura de la Olimpiada, programada para el 12 de octubre.[43]

El 2 de octubre, diez días antes de que la llama olímpica se encendiera en el estadio universitario, los líderes estudiantiles convocaron a una manifestación masiva en Tlatelolco, en un lugar llamado Plaza de las Tres Culturas por conmemorar la última batalla en que Cuauhtémoc se rindió ante Cortés. Miles de estudiantes partidarios se congregaron esa tarde. Se proponían retomar el campus de la escuela preparatoria cercana ocupada por el ejército. De repente un cordón policiaco rodeó la plaza apoyado por soldados armados. En un momento, los soldados comenzaron a disparar. Se dice que cientos de estudiantes fueron abatidos o arrestados. Los cadáveres desaparecieron rápidamente. Hasta hoy, la masacre de Tlatelolco no ha sido aclarada del todo; todavía está pendiente de resolución en la Suprema Corte con las familias que piden saber el paradero de sus hijos o parientes desaparecidos. Varios murieron en prisión, sin aparecer en las listas de las cárceles... Cuando se reveló esta horrible masacre los mexicanos y el mundo se conmocionaron.

La palabra "Tlatelolco" se grabó profundamente en el alma de los mexicanos. Muchos consideran a Tlatelolco como el fin de una era. El PRI había mostrado

---

[43] Los Juegos Olímpicos se inauguraron a tiempo y México fue aplaudido internacionalmente por su magnífica organización.

su ineficiencia para tratar con las personas que clamaban por apertura a ideas nuevas. El diálogo no existía en su vocabulario. El gobierno negó toda la responsabilidad en la masacre y censuró a la prensa. Algunos analistas creen que era el momento de desenmascarar la mascara de la "democracia", enterrar el estandarte de la Revolución, reformar a Pemex con su corrupción rampante y empezar un proceso real de educación donde se enseñaría al estudiante a razonar y pensar, no a aprender de memoria. Era el momento de enfrentar el problema de la pobreza y de analizar el papel del gobierno. Según Enrique Krauze, un historiador, escritor y analista político conocido internacionalmente: "Simular la democracia, era secundario. El teatro se había hecho realidad. La máscara se había fundido con la cara". La farsa de democracia que mostraba el PRI se había representado durante muchos años. Los actores controlaban los boletos y compraban a los críticos de antemano. La libertad de prensa sólo era una frase que se pronunciaba en la obra, que se representaba en pueblos y ciudades cada seis años: el "público" era transportado de una ciudad a otra para aplaudir al candidato y seguía con más "partidarios acarreados" a la siguiente plaza municipal. El premio del acarreado era una fiambrera con algo de comida, a veces dinero, y siempre promesas y más promesas. Para aparentar ser un gobierno democrático, el PRI concedía un asiento o dos al partido de oposición, el Partido Acción Nacional (PAN).

La matanza de Tlatelolco debió haber sido el fin del teatro pero "la máscara se había fundido con la cara."

Al finalizar este periodo de economía estable, dos por ciento de la población percibía casi la mitad del ingreso nacional, siendo los estados del norte los más favorecidos. El México rural se había convertido en un México semiindustrializado. La población había aumentado, los pobres se habían vuelto más pobres, resignados a las promesas huecas de "papá gobierno" acerca de clínicas de salud, pozos y más tierra. El analfabetismo era de setenta por ciento y el salario de unos cinco dólares al mes.

Luis Echeverría (1970-1976) y José López Portillo (1976-1982)

Los siguientes dos periodos presidenciales, el de Luis Echeverría y de José López Portillo (de 1970 a 1982) son páginas negras en la historia del PRI. Sus doce años de poder se conocen como la "Docena trágica", parodiando a la "Decena trágica", los diez días convulsos del levantamiento y traición que condujeron al asesinato de Madero.

Durante el gobierno de estos dos presidentes, la inflación se disparó. Se imprimió dinero para crear la ilusión del bienestar y el dólar, que se había mantenido a 12.50 pesos durante los últimos veintidós años, subió repentinamente a 20 pesos en 1976 y siguió subiendo. Algo positivo de Echeverría fue que la inversión pública estuvo dirigida a mejorar los servicios de salud y la educación.

En 1973, Echeverría declaró a México como un país del "tercer mundo" y auspició el congreso del Tercer Mundo. La palabra "antimperialista" surgió con fuerza entre los grupos políticos de la universidad, los sindicatos y los intelectuales de izquierda: el imperialismo de Estados Unidos era culpable de todos los males de México.

Cuando la Organización de Estados Americanos (OEA) rompió relaciones con Cuba y expulsó a Fidel Castro, México se abstuvo de votar y mantuvo relaciones con Castro, incluso regalando un tercio del terreno perteneciente al Conservatorio Nacional de Música de la Ciudad de México para construir el enorme edificio de la embajada cubana.

Más tarde, en el momento en que en Chile se produjo la caída del régimen izquierdista de Salvador Allende por un golpe de estado militar, Echeverría recibió a miles de refugiados de aquel país y de otros regímenes militares de países sudamericanos. ¡Para ellos México fue un paraíso!

El descubrimiento de enormes depósitos de petróleo en el suroeste del país fue la salvación. El precio del barril de petróleo subió de tres dólares en 1970 a treinta y cinco dólares en los próximos años. Esto salvó al gobierno de Echeverría del caos económico.

En 1976, cuando tomó el poder, José López Portillo presumió que todos los mexicanos deberían participar en el *boom* del petróleo y que el único problema que tendría México era no poder administrar la abundancia. De repente en 1981, el precio del petróleo cayó estrepitosamente y los intereses de la deuda se incrementaron. El gobierno se vio obligado a disminuir el despilfarro. El presidente declaró que defendería el peso "como un perro", pero lo devaluó de veintiséis a setenta pesos por dólar y la inflación subió casi cien por ciento. Además congeló las cuentas en dólares creando malestar, incertidumbre y conmoción. Los mexicanos se despertaron un día con la noticia de que los bancos habían sido nacionalizados. Los salarios cayeron y el desempleo aumentó.

Los vendedores ambulantes se apropiaron de las calles del centro de la capital, ocupando plazas y aceras. Miles de mexicanos, incluyendo profesionistas, comenzaron a cruzar hacia Estados Unidos ilegalmente en busca de trabajo. El PRI no hacía nada mientras la policía corrupta demandaba mayores "mordidas" (sobornos) o se pasaban a las bandas de narcotraficantes, que iban en aumento.

Hacia el final de su gobierno, López Portillo y sus amigos construyeron un enorme complejo de casas de lujo, incluyendo la suya, en una reserva federal propiedad del gobierno, en lo alto de una colina en el oeste de la Ciudad de México. Los mexicanos irónicamente la llamaron "La colina del perro".

La crisis financiera de 1982 comenzó a agrandar las fisuras del sistema político y a enfocar la atención del mundo financiero sobre México. Si el país declaraba una moratoria al pago de su deuda externa, repercutiría en los mercados internacionales. La imagen de un México inestable y corrupto empezó a presentarse en la prensa. El flujo de inmigrantes y la corrupción empezaron a preocupar a Estados Unidos. El presidente Ronald Reagan buscó la manera de ayudar a México a evitar la crisis financiera y renegociar su deuda sin ejercer presión en cuanto al tiempo límite para pagarla. Sin embargo, presionó a México sobre la ineptitud.

El PRI ignoró la importancia de resolver el problema del tráfico de drogas, el problema de la inmigración y el incremento de la corrupción en las fuerzas policiales. Pasar los conflictos a su sucesor para no cargar con la responsabilidad fue el *modus vivendi* del presidente al final de sus seis años de gobierno.

Miguel de la Madrid: 1982-1988

Miguel de la Madrid, quien sucedió a López Portillo, recibió un país en ruina económica y moral. Su lema de campaña había sido "Renovación moral de la sociedad". Como economista con un *master* en Harvard, pensaba que un sistema más eficiente haría más difícil la práctica del soborno y ayudaría a la economía. Lo primero que debía enfrentar era el problema de la corrupción en la policía y el abuso de poder que había permitido López Portillo. De la Madrid arrestó al jefe de la policía y encarceló al director de Pemex. Muchos opinaban que debería también castigar a López Portillo para restaurar la fe en la presidencia. Pero el "presidente imperial", como le denomina el historiador Enrique Krauze al mandatario del PRI en turno, era intocable e inmune, al igual que el resto de la "familia real", secretarios y congresistas. Todos se quedaron vegetando durante el periodo de Miguel de la Madrid.

Los discursos del día de la Revolución sonaban huecos. El México moderno estaba despertando. En 1984, una terrible explosión en un gasoducto mató a docenas de personas y destruyó una gran área, sacando así a la luz la falta de mantenimiento que existía en Pemex. El sindicato también era intocable...

En 1985, un fuerte terremoto destruyó gran parte de la Ciudad de México. El presidente De la Madrid actuó con lentitud e ineptitud al tomar medidas. Su primer declaración fue: "No necesitamos ayuda del exterior, manejaremos esta catástrofe nosotros mismos". Los ciudadanos respondieron espontáneamente; ricos y pobres, jóvenes y ancianos formaron grupos cívicos y los equipos de rescate se pusieron a trabajar. Nadie esperó a que "papá gobierno" empezará a actuar. La idea de "papá gobierno" y la confianza en él estaban llegando a su fin.

Para aumentar los problemas de De la Madrid, Cuauhtémoc Cárdenas, hijo del ex presidente Lázaro Cárdenas, abandonó el PRI y formó alianzas para contender por la presidencia. Otros "priístas quemados" y de tendencia izquierdista desertaron con él y le apoyaron.

De la Madrid eligió a un tecnócrata joven, Carlos Salinas de Gortari, para sucederle en la presidencia. Hubo grandes protestas de la "vieja guardia" del PRI, pero fueron acalladas poco a poco. El respeto al presidente era la ley del PRI. Cuauhtémoc Cárdenas llevó a cabo una campaña vigorosa y fue considerado por muchos votantes como ganador. A diferencia de otras elecciones en las que el público no se molestaba en votar, esa vez había una considerable fila de votantes desde antes de que abrieran las casillas. Nuevas computadoras se habían instalado para contar los votos. Por la tarde parecía que Cárdenas iba a ganar. De repente, se anunció que "se había caído" el sistema de cómputo. A la mañana siguiente, De la Madrid declaró a Carlos Salinas vencedor. La maquinaria partidista todavía funcionaba.

Carlos Salinas de Gortari: 1988-1994

La subida al poder de Carlos Salinas trajo un nuevo enfoque hacia la economía y la visión del mundo. Con la caída del Muro de Berlín en 1989 cayeron también los países socialistas del bloque del este de Europa. El estado soviético socialista que había nacido en la Revolución Rusa de 1917 se desintegró. El marxismo había fracasado irremediablemente y con él, el socialismo en general.

Reconociendo que existía un vacío en México al haber cortado las relaciones con la iglesia, Salinas trató de reestablecerlas con el Vaticano. Anteriormente, durante la visita del popular presidente católico estadounidense, John Kennedy y su esposa, el presidente anfitrión no pudo asistir a la misa en la catedral en su honor. Con Salinas, en la tercera visita oficial del papa Juan Pablo II aclamado por la multitud en México, el presidente dio la bienvenida al pontífice con el protocolo oficial. Antes de este momento, por decreto, el presidente no tenía permitido participar en ceremonias religiosas oficiales.[44]

Salinas estaba listo para reformar completamente el sistema económico. Hombre inteligente y manipulador que utilizó su puesto para hacer realidad sus propuestas, a veces por decreto.

La palabra "neoliberalismo" entró en escena. Era imprescindible la reforma del mercado y Salinas puso muchas compañías, propiedad del gobierno, incluyendo los bancos, en subasta internacional, pero prevalecieron la corrupción y el despilfarro. Desafió a los sindicatos metiendo a la cárcel al líder más corrupto y poderoso de Pemex: "La Quina". Para atacar el problema de la pobreza siempre en efervescencia, cambió la Constitución para que los ejidatarios fueran dueños de sus parcelas.[45] Hasta entonces la tierra podía ser utilizada por la familia del campesino a perpetuidad mientras trabajara la tierra,

---

[44] Cuando el presidente Kennedy y su esposa visitaron México en 1962, el presidente López Mateos no les acompañó a la misa especial en su honor en la Basílica de Guadalupe.

[45] Ello provocó el acaparamiento de tierras y el dominio de grandes extensiones de terreno por compañías extranjeras. El artículo 127 de la Constitución se vio rebasado.

pero el campesino no tenía título de propiedad y su ejido era una pequeña parcela para alimentar a su familia en crecimiento. Salinas pavimentó los caminos de los pueblos, construyó miles de kilómetros de carreteras, miles de escuelas y hospitales, perforó pozos de agua potable y llevó la electricidad a las comunidades rurales. Puso fin a la reforma agraria, que había sido utilizada más como instrumento de control que como solución al problema. La Secretaría de la Reforma Agraria fue eliminada como dependencia de gobierno.

Aunque era leal al PRI, Salinas tenía un estilo nuevo de gobernar. Mirando hacia el norte trabajó y convirtió en cruzada personal lograr un acuerdo de libre comercio con Estados Unidos y Canadá que eliminaría tarifas entre los tres países y uniría al hemisferio norte. Después de acalorados debates, el Tratado de Libre Comercio fue ratificado por el congreso de Estados Unidos en 1993, para entrar en vigor en 1994. En 1996, México ingresó a la Organización Mundial de Comercio, abriendo su mercado a la comunidad internacional. Salinas presumió entonces haber convertido a México en un país del primer mundo y parte de la población sintió un enorme orgullo.

Durante la presidencia de Salinas la inflación llegó a alcanzar cifras catastróficas. Por decreto presidencial, Salinas eliminó tres ceros del tipo de cambio peso-dólar. Los pobres vendedores en los mercados se sintieron todavía más pobres. Estaban acostumbrados a los billetes de cien, quinientos y mil pesos por sus verduras, frutas, carne y flores; a partir de ese instante, recibían solamente unas monedas por sus productos. Sus millones en papel moneda se había convertido en algo sin valor. El dinero comenzó a salir del país ante la inseguridad, y las inversiones y cuentas corrientes fueron retiradas de los bancos. La esperanza de Salinas de una economía estable había rebotado y su primer mundo estaba de nuevo en situación caótica.

Una sombra pesa sobre Salinas personalmente: la muerte de Luis Donaldo Colosio, elegido como su sucesor y asesinado en campaña. Poco después, un ex cuñado de, miembro importante del PRI, José Francisco Ruíz Massieu, fue asesinado; y el hermano del presidente, Raúl, fue acusado de estar implicado en tráfico de drogas con millones de dólares depositados en un banco de Suiza.

Para acabar este periodo gubernamental tan indigno, el 1 de enero de 1994 un grupo de guerrilleros se levantó con el grito de "¡Ya basta!" en la región de Chiapas al mando de un enmascarado: el subcomandante Marcos, supuestamente un profesor de una universidad en la Ciudad de México. Era el autodenominado Ejército Zapatista de Liberación Nacional (EZLN). La televisión mostró a guerrilleros amenazando al gobierno; Salinas decidió pasar este problema a su sucesor.

Tras esfuerzos vanos por limpiar su nombre de tanta crítica, Carlos Salinas salió de México al final de su gobierno y se fue a vivir a Irlanda.

Ernesto Zedillo: 1994-2000

En 1994, México era un país en bancarrota con robos, homicidios y secuestros en las ciudades. Los traficantes de drogas habían comenzado a penetrar también en las escuelas.

Diez años de inestabilidad económica habían aumentado el número de chozas en las montañas que circundan la Ciudad de México, convirtiéndola en una urbe con más de veinte millones de habitantes. El tráfico obstruía calles y carreteras. El tráfico de drogas se infiltraba en la frontera. El Tratado de Libre Comercio no había traído la bonanza al México rural ni había creado los puestos de trabajo esperados. La tierra, erosionada tras décadas de métodos agrícolas inadecuados, no producía siquiera el maíz indispensable para las tortillas, alimento base en la dieta del mexicano. Cargamentos de maíz barato subsidiado por Estados Unidos hicieron aún más difícil para los agricultores sufragar su costo de producción. Muchas de las parcelas se quedaron ociosas, pues padres e hijos preferían cruzar la frontera ilegalmente en busca de trabajo para el sustento de sus familias. Éste era el panorama cuando Ernesto Zedillo tomó el poder en 1994.

Él era un hombre pragmático que no había sido designado para ser presidente. Había encabezado la campaña del candidato asesinado y había visto de cerca los problemas de México. A pesar de recibir un país en crisis, el pueblo comenzó a ver en él a un presidente que iba a gobernar para el interés de la nación. Cuando estaba a punto de acabar su mandato, Zedillo decidió que era hora de respetar el voto del pueblo. Los "dinosaurios" del PRI estaban furiosos y le instaban a utilizar cualquier cantidad de trucos fraudulentos en las elecciones. Viendo la fila de votantes más numerosa en la historia, Zedillo esperó hasta el cierre de las urnas y el conteo de los votos. Mirando de frente a las cámaras de televisión, el último presidente del PRI anunció la victoria de Vicente Fox, el candidato de la oposición, el PAN, por un margen convincente.

Se considera a Ernesto Zedillo como el presidente de la transición hacia la democracia. Durante setenta y un años la maquinaria electoral del PRI había operado manipulando su dinámica perpetua, nombrando gobernadores, presidentes municipales, senadores y diputados. El congreso era un títere del presidente y el poder legislativo servidor del ejecutivo. La familia revolucionaria era la primera en la jerarquía. Los que apoyaban los acuerdos del presidente tenían garantizado un buen puesto en el gobierno y podrían llegar a ser embajadores de un país importante o gobernadores de un estado. El PRI protegía a las grandes industrias, no se inmiscuía en los asuntos de la iglesia, controlaba al ejército, los sindicatos y los campesinos. Tenía mayor autoridad central que el tlatoani azteca o el virrey español que habían existido en las raíces de México.

El sistema del PRI, unipartidista, fue descrito por el escritor Mario Vargas Llosa como "la dictadura perfecta".

En el año 2000 terminó este reinado de los "presidentes imperiales." Hoy el PRI es uno de tres principales partidos en un gobierno multipartidista.

CONCLUSIONES

La mayoría de los mexicanos están de acuerdo en que el PRI, a pesar de sus muchos errores, aportó una contribución importante a la nación durante setenta y un años, pues mantuvo la paz y creó estabilidad. Los levantamientos eran sofocados inmediatamente, la paz por medio de la fuerza mantenía la estabilidad y los mexicanos estaban deseosos de lograr un respiro después de tanta revolución. Durante su largo régimen, el PRI construyó miles de escuelas, miles de kilómetros de carreteras, reparó y construyó caminos, aumentó y mejoró comunicaciones, imcrementó el número de clínicas y hospitales a partir de la creación del Seguro Social y el índice de analfabetismo cayó al quince por ciento. Sin embargo, hoy en día los pobres todavía representan más del cincuenta por ciento de la población y los problemas básicos se mantienen aún vigentes.

En retrospectiva, hay infinitos "deberían" y "podrían haber hecho". Se acusa al PRI de no haber atacado a los cárteles de la droga. Con el control omnipotente que poseía, pudo haber bloqueado su crecimiento. Debería haber mejorado la calidad de la educación en lugar de servir al sindicato de maestros. Podía haber legislado para ayudar a evitar la corrupción en el gobierno y la policía. Debería haber enfrentado al poderoso e "intocable" sindicato de Pemex. Podría haber invertido en mejorar el campo para evitar la huida de migrantes a los Estados Unidos. Sin embargo, la lealtad al partido se sobreponía al interés nacional. No existía un plan a largo plazo; el PRI nunca miraba más allá de los seis años presidenciales. La corrupción se infiltraba en todas las oficinas de gobierno y en la sociedad civil, una situación de convivencia para a ambas partes. Cualquier persona podía salir de una situación con base en "mordidas" (soborno). Un viejo chiste definía la ley como una vara que se podía doblar, torcer, romper y descartar cuando fuera necesario. La actitud del ciudadano era anteponer sus intereses a las propias leyes. Si no le convenía ¿para qué acatarlas?

El año 2000 marcó la primera transición democrática de gobierno en la historia de México. Vicente Fox, candidato del Partido Acción Nacional, el PAN, fue elegido libremente. Se introdujeron e impusieron algunas nuevas reglas de gobernar. La transparencia y el diálogo son avances innegables. Rendir cuentas sobre el gasto del presupuesto excesivo a los municipios y estados es obligatorio. Tambien se logró mantener estabilidad monetaria durante su régimen. Hoy, el ciudadano y el público tienen acceso a la información y a los documentos gubernamentales. Han despertado de su letargo. Bajo el sexenio del actual presidente, Felipe Calderón, también del PAN, ha habido debates seguidos en el nuevo Congreso multipartidista. Algunos cambios necesarios se han logrado por el voto mayoritario pero muchos más han sido bloqueados. Diversas facciones del partido de izquierda, el Partido de la Revolución Democrática (PRD), todavía acusan a Calderón de haber ganado la presidencia por fraude y no lo reconocen como el legítimo titular del poder Ejecutivo.

Los mexicanos aún no confían en el gobierno. Ser elegido político es considerado como el camino más rápido hacia la riqueza. Los ciudadanos saben que el compadrazgo y la camaradería aglutinaban el PRI. Muchos ven el multipartidismo igual. Pero se empieza a vislumbrar una nueva actitud; con la televisión, internet, los blogs y la tecnología moderna, el pueblo está mejor informado y busca conocer las cosas por sí mismo. En lugar de descartar un problema con el tradicional "ni modo", muchos están diciendo ahora: "hasta aquí".

Los mexicanos han vivido muchas crisis a lo largo de su historia. Sin confianza o fe en el gobierno o en la ley, el mexicano se encierra en su hogar. Ve la crisis nacional que están viviendo con cierto desgano y fatalismo pues sabe que eso también pasará.

La familia es la que proporciona la estabilidad en México. La familia acoge al primo sin trabajo, a la tía "quedada", a la anciana, a la viuda, a la madre soltera. Las abuelas cuidan a los niños de las madres que trabajan. Las mujeres son el eje de la familia, y con el flujo de migrantes que cruzan la frontera, hoy más que nunca las mujeres se han hecho cargo de la situación. Y no solamente las mujeres en los pueblos o en el campo. Mujeres de la ciudad, educadas, mujeres en el mundo de los negocios, mujeres en todos los niveles de la vida del país se unen para formar grupos cívicos y encontrar soluciones a los problemas locales. La mujer mexicana se ha deshecho del manto de martirio y sumisión y ha hecho oír su voz, promoviendo así la unidad comunitaria y la confianza en sí misma, incluso en las comunidades indígenas.

México está dotado de tantas riquezas: playas hermosas en el Golfo, el Caribe y el Pacífico, pirámides y volcanes, un clima en el amplio altiplano como pocos en el mundo, artesanos que confeccionan bellos y creativos objetos de todo índole (sólo hay que visitar el mercado en cualquier pueblo). La comida, el baile y la música regional mexicanos sobresalen frente a los de cualquier país de América Latina (y he visitado a todos). Hoy tanto el gobierno como los ciudadanos apoyan la cultura y el arte regional e internacional. Hay que conservar lo antiguo pero a la vez estimular lo nuevo: en la medicina, la ciencia en todos los nuevos ramos de negocio que se van abriendo.

En su libro *Vecinos distantes*, Alan Riding escribe:

> probablemente no existen en el mundo dos países tan diferentes como México y los Estados Unidos viviendo uno junto al otro… Probablemente no hay en el mundo dos vecinos que se entiendan tan poco…

Un gran peligro se cierne sobre la frontera: las batallas y la violencia de los cárteles de la droga y el problema sin resolver de la migración. Estos cárteles utilizan a México como el camino más corto para llegar al enorme mercado que representa la droga en los Estados Unidos, y al mismo tiempo al haberse atrincherado en México,están desarrollando un creciente mercado local. Se necesita la cooperación total de Estados Unidos y México, en un nuevo enfoque conjunto para ganar esta batalla. La base de esta cooperación deberá ser la confianza mutua.

Durante mucho tiempo los estadounidenses han considerado a los mexicanos vecinos incompetentes e indignos de confianza, y los mexicanos han visto a los norteamericanos como oportunistas interesados solamente en obtener ventajas. Hay que fortalecer la confianza mutua y trabajar en equipo para tratar de encontrar soluciones a estos gigantes problemas que se incrementan en la frontera.

Hay un dicho: "Si te encuentras en un hoyo no escarbes, busca la salida". A doscientos años de haber logrado su independencia a costo de invasiones, guerras fratricidas, levantamientos y constantes desacuerdos —monárquicos contra republicanos, centralistas contra federalistas, conservadores contra liberales, cientos de miles de ciudadanos muertos, corrupción endémico que debilita, farsas políticas para obtener o mantener el poder, protestas sin cesar—, ya es hora de lavar el cerebro de derrotas y con verdadero empeño ponerse a trabajar, a concebir planes para mejorar la vida y el país a largo plazo.

Educar desde abajo es imprescindible, implementando una nueva formación que despierte el criterio del niño, que lo haga pensar. Combatir la corrupción también es imprescindible. Y es hora de verdadera y constante participación ciudadana.

Benito Juárez nació en una aislada sierra y llegó a ser figura clave en la historia de México: el presidente que creyó y practicó la autoridad de la ley, el indio zapoteco que a través de la educación se elevó y se convirtió en el incorruptible y ávido defensor de la Constitución. Juárez representa una imagen y un rayo de luz. Asimismo, generaciones de mexicanos que no aparecen en los libros han contribuido con trabajo, patriotismo y entusiasmo a crear esta patria: humildes y ricos. Verdaderos héroes han luchado en esta larga trayectoria de la historia de México. Yo me asombro al reconocer lo que ha sobrevivido este país, lo que ha superado, lo que ha logrado. El nuevo camino que ha emprendido México hoy, con trabajo y perseverancia, puede encender un Fuego Nuevo que forjará la gran nación que será líder de América Latina.

Al constituir la nación en 1824, se le dio a México el nombre de

ESTADOS *UNIDOS* MEXICANOS

Kathryn S. Blair,
Ciudad de México, 2011

CRONOLOGÍA

7000 a.C.   Hombres nómadas habitan el actual territo-
                rio de México.

3000 a.C.   Comienzan a asentarse pueblos en el actual
                territorio de México.

1200 a.C.   Los olmecas se asientan a lo largo de la costa
                del Golfo de México.

900-250 a.C.   En el periodo clásico precolombino los ma-
                yas alcanzan el cénit de su gran civilización.

1000   Florecimiento de la metrópoli de Teotihuacan.

1000-3000   Construcción de ciudades y centros ceremo-
                niales: La Venta en Tabasco, Tajín en Vera-
                cruz, Teotihuacan en el Estado de México,
                Tula en Hidalgo, Monte Albán y Mitla en
                Oaxaca, Palenque en Chiapas, Uxmal, Chi-
                chen Itzá y Tulúm en la península de Yucatán.

1100   Sucumben los toltecas.

1259	Año de la celebración de la fiesta del Fuego Nuevo. Los mexicas entran al Valle de Anáhuac.
1271	Marco Polo parte con su padre y su tío a China.
1295	Marco Polo viaja a Venecia.
1325	Fundación de Tenochtitlan. Se publica el libro de Rustichello sobre las aventuras de Marco Polo. Contrucción del templo a Huitzilopochtli por los mexicas.
1469	Boda de Isabel de Castilla y Fernando de Aragón.
1468	Muere Moctezuma Ilhuicamina I. Asciende al trono Axayacatl.
1489	Cristóbal Colón presenta su plan de navegación a Fernando e Isabel de España.
1428	Nezahualcóyotl se convierte en gobernante de Texcoco.
1485	Nace Hernán Cortés.
1492	Isabel financia la expedición de Colón.
1493	Bula papal de Alejandro VI donde reparte las tierras de América entre Portugal y España.

1502	Moctezuma Xocoyotzin (Moctezuma II) asciende al trono azteca.
	Colón, en su último viaje, entra en contacto con los mayas.
1511	Cortés forma parte de la expedición de Diego de Velázquez que conquistó Cuba.
1515	Guerra entre Teotihuacan y Tlaxcala.
1519	Cortés arriba a las costas de México.
1520	Matanza de 3000 indios por Pedro de Alvarado.
	Muere Moctezuma II.
	Derrota del ejército de Cortés en la llamada "Noche triste" de Tacubaya.
1521	Muere Cuitláhuac.
	Caída de Tenochtitlan a manos de Hernán Cortés.
	Muerte de Cuauhtémoc.
	Enrique VIII funda la iglesia anglicana.
	Martín Lutero proclama la Reforma en Alemania, desafiando el poder de la iglesia.
	Magallanes descubre las Filipinas.
	Miguel Ángel termina la Capilla Medici.
1522	Creación del sistema de encomienda en la Nueva España.
1523	Fray Pedro de Gante funda la primera escuela de música en América.

1524	Llegan misioneros a la Nueva España. Se establece el Consejo de Indias.
1528	Francisco Pizarro llega al imperio inca.
1531	Aparición de la virgen de Guadalupe a Juan Diego.
1533	Pizzarro vence a los incas.
1535	Llega el primer virrey a la Nueva España.
1537	Edicto del papa Pablo III, en el cual reconoce la racionalidad de los indios y su disposición para ser bautizados.
1547	Muere Hernán Cortés.
1550-1590	Guerras de los españoles contra los chichimecas.
1551	Establecimiento de las primeras universidades en México y Perú.
1571	Viajes de la "nao" de la China a Acapulco. Se instituye la santa Inquisición en la Nueva España.
1580	Portugal se anexa a España.
1581	Francis Drake vence a la "Armada Invencible" española.

1620	El "Mayflower" desembarca en América.
1621	Se funda la colonia Plymouth.
1678	Nace sor Juana Inés de la Cruz
1680	El Consejo de Indias decide qué libros se pueden leer y qué otros están prohibidos en la Nueva España.
1687	El padre Eusebio Kino evangeliza Sonora, Sinaloa, Arizona y parte de California.
1689	España traspasa el negocio de esclavos a Inglaterra.
1692	Crisis de alimentos en Nueva España genera levantamientos contra la corona. En Salem queman a mujeres acusándolas de brujas.
1695	Muere sor Juana Inés de la Cruz.
1700	Muere Carlos II, termina el reinado de la Casa de Austria.
1749	Fray Junípero Serra funda las misiones en la Sierra Gorda.
1750-1840	Revolución industrial europea.
1755	Se funda la misión de Santa Clara.

1759	Coronación de Carlos III de España.
1762-1763	Inglaterra ocupa la Habana y Manila.
1764	Se forma el ejército regular en la Nueva España.
1767	Expulsión de los jesuitas de la Nueva España.
1776	Independencia de las colonias inglesas.
1788	Se establece la Biblioteca Metropolitana en la capital de la Nueva España.
1789	Revolución francesa.
1803	Alexander von Humboldt viaja a México. Estados Unidos compra la Louisiana a Napoleón, entonces primer cónsul francés.
1804	Coronación de Napoleón Bonaparte.
1806	Nace Benito Juárez.
1808	Napoleón invade España.
1810	Conspiración en San Miguel el Grande por Ignacio Allende, participan la corregidora Josefa Ortiz de Domínguez y el cura Miguel Hidalgo. Comienza el levantamiento de Independencia.

1811	Cuelgan las cabezas de Hidalgo, Allende, Aldama y Mariano Jiménez en la Alhóndiga de Guanajuato.
1812	Abolición total de la Inquisición. Morelos y sus tropas se refugian en Cuautla y controlan el sur. Las Fuerzas Insurgentes lo nombran comandante supremo generalísimo de las Fuerzas Insurgentes. Napoleón intenta invadir Rusia.
1813	Morelos proclama una "declaración de Independencia" y se promulga la Constitución de Apatzingán. Luego es derrotado en Valladolid.
1814	Fernando VIII Borbón regresa al trono y suprime la Constitución de Cádiz.
1815	Ejecución de Morelos. El general inglés Wellington vence a Napoleón en Waterloo, y el general francés es desterrado.
1819	Estados Unidos adquiere La Florida de Inglaterra.
1820	Agustín de Iturbide y Vicente Guerrero deponen armas y promulgan un decreto aceptado por insurgentes y realistas, simbolizado por el "abrazo de Acatempan".
1821	Juan O'Donojú (último virrey) firmó el Tratado de Córdoba con Iturbide, con lo que se

declara la Independencia de México.

Entrada del ejército trigarante a la Ciudad de México.

Fernando VIII rechaza la Independencia de México.

1822 Establecimiento del Congreso Constituyente.

Iturbide se proclama emperador.

Antonio López de Santa Anna se levanta en armas contra Iturbide.

El imperio mexicano autoriza a Moses Austin para que colonizadores católicos anglosajones vivan en Texas.

1823 Plan de Casa Mata que exige la reinstalación del congreso.

Se convoca un nuevo congreso que propuso una nueva constitución.

"Doctrina Monroe" del presidente James Monroe en Estados Unidos.

1824 Ratificación de la nueva constitución.

México se declara como una república federal con el nombre de Estados Unidos Mexicanos.

Guadalupe Victoria es electo primer presidente de México.

1825 Comienzan las logias masónicas en México.

1827 Expulsión de españoles de México.

1828 Fin de la presidencia de Guadalupe Victoria.

Sube Vicente Guerrero a la presidencia.

1829	España intenta reconquistar México.
1831	Ejecución de Vicente Guerrero. Anastasio Bustamante toma el poder.
1832	Stephen Austin, hijo de Moses Austin, viaja a la Ciudad de México con la petición de que Texas sea un estado independiente. En respuesta, es encarcelado.
1833	Inicia primera presidencia de Santa Anna.
1835	Stephen Austin regresa a Texas y se une al movimiento independentista. Los centralistas toman el control del congreso de México. Enfrentamiento entre texanos y Santa Anna.
1843	Juárez concluye sus estudios de leyes en el Instituto de Ciencias y Artes de Oaxaca.
1836	Santa Anna es apresado y luego enviado a Washington a firmar el reconocimiento de la independencia de Texas.
1837	Francia demanda 700 mil pesos de indemnización por pérdidas en 1828. Francia ocupa el puerto de Veracruz.
1841	Santa Anna asciende a la presidencia de nuevo.
1841-1847	México sufre levantamientos, cambios de gobierno y presidentes interinos.

1847   Juárez es gobernador de Oaxaca.

1845   Texas se anexa a Estados Unidos.
              Un terremoto azota la Ciudad de México.

1846-1848   Invasión de Estados Unidos a México.
              Lucha de los cadetes de la escuela naval con-
              tra el ejército de EE.UU.
              James Polk ofrece 30 millones de dólares
              por California, Nuevo México y Texas, pero
              México lo rechaza.
              El "Batallón de San Patricio", de soldados
              de irlandeses-norteamericanos, se une a los
              mexicanos.
              Batallas de Chapultepec y Molino del Rey.
              Se firma y ratifica el tratado de Guadalupe Hi-
              dalgo, en el cual se cede el norte de California,
              Nuevo México y Texas a Estados Unidos.

1853   Se vende parte de Arizona a 10 millones de
              dólares.
              Juárez conoce a Melchor Ocampo en Nueva
              Orleans.

1854   Se canta por primera vez el himno nacional
              mexicano.

1855   Plan de Ayutla.
              Inicia presidencia de Ignacio Comonfort y
              Benio Juárez es presidente de la Suprema
              Corte.

1856	Promulgan la ley Lerdo que pone a la venta propiedades de la iglesia y corporaciones extranjeras.
1857	Promulgación de la Constitución política de México.
1857-1861	Guerra de Reforma.
1858	Comonfort se exilia.
1859	Incautan monasterios y conventos. Expulsan a monjas y sacerdotes a España. Surge la Ley de Nacionalización de Bienes Eclesiásticos. Promulgación de las Leyes de Reforma.
1860	El ejército liberal vence al ejército conservador. Juárez vuelve a gobernar pero continúan las guerrillas.
1861	Juárez declara una moratoria al pago de la deuda externa a Inglaterra, Francia y España.
1861-1865	Guerra civil de Estados Unidos.
1862	Inicia invasión francesa. La Ciudad de México le da las llaves al mariscal Forey al derrotar al ejército mexicano. Ignacio Zaragoza y Porfirio Díaz luchan contra el ejército francés y ganan la batalla de Puebla.

1864	Maximiliano y Carlota de Habsurgo llegan a Veracruz para instaurar el segundo imperio mexicano.
	Coronación de Maximiliano en la Catedral de la Ciudad de México.
	Maximiliano pide la rendición de Juárez y le ofrece el puesto de presidente de la Suprema Corte de Justicia.
1865	Muere Abraham Lincoln. Sube Andrew Jackson como presidente.
1866	Napoleón III manda retirar sus tropas sin avisarle a Maximiliano.
1867	Encarcelan y fusilan a Maximiliano.
	Juárez regresa a la preseidencia.
1871	Reelección de Juárez.
1872	Muere Juárez.
1873	Inauguración del ferrocarril Veracruz-México.
1876	Muere Santa Anna.
	Sebastián Lerdo de Tejada es electo presidente.
	Porfirio Díaz gana la lucha contra Lerdo de Tejada, quien se exilia.
	Porfirio Díaz es presidente provisional y permite la entrada de nuevos misioneros y educadores en las escuelas parroquiales.
	Estados Unidos reconoce al gobierno de Díaz.

1879	Díaz instala líneas telefónicas y expande líneas telegráficas.
1880	Díaz elige a Manuel González como presidente.
1881	Díaz se une en matrimonio con Carmelita Romero Rubio. Construcción del hipódromo, el Jockey Club y la Casa de los Azulejos en la Ciudad de México y alumbrado en las principales calles y avenidas.
1884	Reelección de Díaz como presidente. Díaz expande la cláusula constitucional para permitir la reelección indefinida.
1886-1900	Instalación del sistema moderno de drenaje para la Ciudad de México.
1888	Díaz abre las puertas a la inversión extranjera.
1900	El americano Edward Doheny encuentra petróleo en Tampico. Weetman Pearson, ingeniero inglés, construye el ferrocarril del Istmo de Tehuantepec. Los extranjeros introducen los deportes como: tenis, ciclismo, boxeo, carreras de caballos, futbol, béisbol, golf y cricket.
1901-1911	Justo Sierra es ministro de educación en el gobierno de Díaz.

1902	Inicia la construcción de la Oficina de Correos.
1903	Comienzan las conspiraciones para derrocar a Díaz.
1904	Inicia la construcción del Teatro de la Ópera (Palacio de Bellas Artes). Díaz restablece el puesto de vicepresidente y extiende el periodo presidencial a seis años.
1908	Ives Limantour, secretario del tesoro de Díaz, une todas las compañías de ferrocarril en una con mayoría de capital mexicano. Comienza a circular el libro *La sucesión presidencial* de Francisco I. Madero. Díaz anuncia que dejará el poder en 1910.
1909	Madero revive al partido antireeleccionista y viaja a ciudades para formar "clubs" y nombrar dirigentes.
1910	Centenario de la Independencia, presidido por Díaz. Un enviado diplomático regresa las llaves que la Ciudad de México le dio al mariscal Forey. Inauguración de la Columna de la Independencia. El partido antireeleccionista elige a Madero como candidato presidencial. Detienen a Madero por incitar una rebelión. Madero proclama el Plan de San Luis, invitando a la nación a levantarse en armas contra Díaz el 20 de noviembre.

Madero escapa a San Antonio, Texas.
Asesinan a Aquiles Serdán, el primer mártir de la revolución.

1911   Pancho Villa y Pascual Orozco se unen al ejército de Madero.
Zapata se levanta en armas en Morelos.
El presidente estadounidense Taft concentra miles de tropas en la frontera desde Brownsville hasta El Paso para proteger la inversión americana.
Giuseppe Garibaldi y Benjamín Viljoen se unen al ejército maderista.
Madero y sus seguidores llegan a la Ciudad de México.
Francisco León de la Barra es nombrado presidente interino.
Porfirio Díaz se exilia en Francia.

1913   Bernardo Reyes sale de la cárcel y comienza "la Decena Trágica".
Victoriano Huerta traiciona a Madero.
Pedro Lascuráin es nombrado presidente interino.
Asesinan a Madero y a Pino Suárez.
Venustiano Carranza cuestiona la legalidad de la presidencia de Huerta. Forma el ejército constitucionalista y se alía con Villa y Zapata para derrocar a Huerta.

1914   Huerta pide armas a Alemania y la marina estadounidense bloquea el puerto de Veracruz para impediro.

Estados Unidos apoya a Carranza y Huerta se exilia.

Huerta intenta regresar a México con un ejército, pero lo apresan y encarcelan en Fort Bliss. Muere de cirrosis.

Obregón y su ejército llegan a la capital.

Carranza entra en la capital y el presidente interino abandona el país.

Presidencia de Eulalio Gutiérrez.

Estados Unidos retira su armada de Veracruz.

1914-1915	Nombran tres presidentes interinos. Conflictos entre Villa, Zapata y Carranza.
1914-1918	Primera Guerra Mundial.
1915	Muere Porfirio Díaz en París. Batalla de Celaya entre Villa y Obregón, en la que éste último pierde su brazo. Villa se rinde en Chihuahua. Carranza vuelve a la Ciudad de México.
1916	Villa invade Columbus, Nuevo México y mata a varios norteamericanos.
1917	Se promulga la nueva constitución política, en la que sobresalen el artículo 3° sobre la educación, el artículo 130 sobre la relación estado-iglesia, el artículo 127 sobre las relaciones laborales, y el artículo 27 acerca de la soberanía nacional sobre el suelo. Creación de la URSS tras la revolución soviética.

1917-1920	Presidencia de Venustiano Carranza.
1919	Carranza ordena al general Pablo González acabar con Zapata, quien termina fusilado en Chinameca.
1920	Conflictos entre diferentes facciones revolucionarias desembocan con el asesinato de Carranza en Tlaxcalantongo.
1920-1924	Presidencia de Álvaro Obregón. José Vasconcelos es secretario de educación. Formación del Ateneo de la Juventud. Comienza el muralismo mexicano, con Diego Rivera, José Clemente Orozco y David Alfaro Siqueiros a la cabeza. Obregón logra tratados de comercio con Estados Unidos y se compromete a pagar la deuda. Firma del Tratado de Bucareli.
1924-1928	Presidencia de Plutarco Elías Calles. Se fundan el Banco de México y el Banco Rural. El embajador Dwight Morrow le pide a Diego Rivera pintar el mural en el Palacio de Cortés, Cuernavaca.
1926	Se promulga la llamada Ley Calles, que desemboca en la guerra cristera.
1927	Calles funda el Partido Nacional Revolucionarios (PNR). Muere Carlota de Habsburgo.

1928	Obregón muere asesinado. Calles reúne un congreso y propone a Emilio Portes Gil como presidente interino. El mandato presidencial vuelve a ser de seis años.
1929	Surge el Partido Revolucionario Institucional (PRI). El partido antireeleccionista elige a Vasconcelos como candidato a la presidencia. Pascual Ortiz Rubio es declarado presidente. Inicia el Maximato con Calles como jefe máximo. Dimite Pascual Ortiz Rubio.
1932-1934	Presidencia de Abelardo L. Rodríguez.
1934-1940	Presidencia de Lázaro Cárdenas. Se declara la libertad de cultos.
1936	Cárdenas exilia a Calles.
1937	Cárdenas abre las puertas de México a los expatriados. Trotsky llega a México.
1938	Fundación de la Confederación Nacional Campesina. Construcción de presas para electrificar pueblos. Expropiación petrolera.
1939	Surge el Partido Acción Nacional (PAN).

1939-1945	Segunda Guerra Mundial.
1940	Asesinato de Trotsky.
1940-1946	Presidencia de Manuel Ávila Camacho.
1943	Creación del Seguro Social. Acceso a la educación gratuita.
1945	Muere Calles en México México firma un tratado comercial para proveerle material para la guerra a Estados Unidos. Comienzo de la llamada guerra fría, que se extiende hasta 1989.
1946-1952	Presidencia de Miguel Alemán
1946	Comienza la construcción de Ciudad Universitaria de la Universidad Nacional Autónoma de México.
1958-1964	Presidencia de Adolfo López Mateos.
1959	Sube al poder Fidel Castro en Cuba tras el triunfo de la revolucion.
1961	Invasión de Estados Unidos a la Bahía de Cochinos en Cuba.
1962	La Organización de Estados Americanos (OEA) rompe relaciones con Cuba. México mantiene relaciones con Cuba.

Construcción de la embajada de Cuba en México.

1963   Inicia la construcción del Museo Nacional de Antropología e Historia.

1964-1970   Presidencia de Gustavo Díaz Ordaz.

1965   Asesinato de Andreu Almazán, candidato de oposición.

1967   Muere el Che Guevara en Bolivia.

1968   Levantamiento de estudiantes en Francia y en México.
                Matanza de Tlatelolco el 2 de octubre.
                Juegos Olímpicos en México, a sólo diez días del asesinato de estudiantes.

1970-1982   Presidencia de Luis Echeverría Álvarez.

1973   En Chile cae el régimen de izquierda de Salvador Allende tras el golpe militar de Pinochet.
                Echeverría recibe refugiados chilenos.
                Se descubren enormes depósitos de petróleo en territorio mexicano.

1976-1982   Presidencia de José López Portillo.

1981   Cae el precio del petróleo e incrementan los intereses de la deuda.

1982	Devaluación del peso mexicano.
1982-1988	Presidencia de Miguel de la Madrid Hurtado.
1985	Terremoto que destruyó gran parte de la Ciudad de México.
1988	Cuauhtémoc Cárdenas se presenta a las elecciones como candidato de oposición, pero se declara la "caída del sistema", con lo que se da como ganador de la contienda al candidato del PRI.
1988-1994	Presidencia de Carlos Salinas de Gortari.
1989	Cuauhtémoc Cárdenas forma el Partido de la Revolución Democrática (PRD). Caída del muro de Berlín. Comienza la desintegración del estado soviético socialista.
1993	Tercera visita oficial del papa Juan Pablo II a México. Se firma el Tratado de Libre Comercio México-Estados Unidos. Salinas elimina tres ceros al peso mexicano.
1994	Asesinato de Luis Donaldo Colosio y José Francisco Ruiz Massieu. Levantamiento en armas el Ejército Zapatista de Liberación Nacional (EZLN). Una vez terminado su gobierno Salinas sale de México a Irlanda.

1994-2000   Presidencia de Ernesto Zedillo Ponce de León.

1995   México ingresa a la Organización Mundial de
              Comercio.

2000-2006   Presidencia de Vicente Fox Quezada, primer
              candidato de la oposición (PAN) en llegar a
              ocupar el cargo.

2006-a la fecha Presidencia de Felipe Calderón Hinojosa.

Este libro se terminó de imprimir en Mayo de 2011
en Editorial Penagos S.A. de C.V. Lago Wetter
No. 152, Col. Pensil, C.P. 11490 México, D.F.